Beck'sche Reihe
BsR 238

„Was wir bekämpfen, ist nicht dieser oder jener Gegner, der mit atomaren Mitteln attackiert oder liquidiert werden könnte, sondern die atomare Situation als solche. Da dieser Feind aller Menschen Feind ist, müßten sich diejenigen, die einander bisher als Feind betrachtet hatten, als Bundesgenossen gegen die gemeinsame Bedrohung zusammenschließen."

Günther Anders

Günther Anders wurde am 12. Juli 1902 in Breslau geboren. Nach dem Studium der Philosophie 1923 Promotion bei Husserl. Danach gleichzeitig philosophische, journalistische und belletristische Arbeit in Paris und Berlin. 1933 Emigration nach Paris, 1936 nach Amerika. Dort viele „odd jobs", unter anderem Fabrikarbeit, aus deren Analyse sich später sein Hauptwerk ‚Die Antiquiertheit des Menschen' ergab. Ab 1945 Versuch, auf die atomare Situation angemessen zu reagieren. Mitinitiator der internationalen Anti-Atombewegung. 1958 Besuch von Hiroshima. 1959 Briefwechsel mit dem Hiroshima-Piloten Claude Eatherly. Stark engagiert in der Bekämpfung des Vietnamkrieges. – Auszeichnungen: 1936 Novellenpreis der Emigration, Amsterdam; 1962 Premio Omegna (der ‚Resistanza Italiana'); 1967 Kritikerpreis; 1978 Literaturpreis der ‚Bayerischen Akademie der Schönen Künste'; 1979 Österreichischer Staatspreis für Kulturpublizistik; 1980 Preis für Kulturpublizistik der Stadt Wien; 1983 Theodor-W.-Adorno-Preis der Stadt Frankfurt; 1992 Sigmund-Freud-Preis für wissenschaftliche Prosa der Deutschen Akademie für Sprache und Dichtung. Günther Anders starb am 17. 12. 1992 in Wien. Eine Übersicht seiner lieferbaren Werke bei C. H. Beck findet sich am Ende des Buches.

GÜNTHER ANDERS

Die atomare Drohung

Radikale Überlegungen
zum atomaren Zeitalter

VERLAG C.H.BECK MÜNCHEN

Dieses Buch erschien in 1. Auflage 1972 unter dem Titel „Endzeit und Zeitenende. Gedanken über die atomare Situation" als Band 86 der Beck'schen Schwarzen Reihe

---

Die Deutsche Bibliothek – CIP-Einheitsaufnahme

Anders, Günther:
Die atomare Drohung : radikale Überlegungen zum Atomzeitalter / Günther Anders. – 6., durch e. Vorw. erw. Aufl. von „Endzeit und Zeitenende". – München : Beck, 1993.
  (Beck'sche Reihe Bd. 238)
  ISBN 3 406 37614 2
NE: GT

Originalausgabe
ISBN 3 406 37614 2

6., durch ein Vorwort erweiterte Auflage von
„Endzeit und Zeitenende". 1993
Einbandentwurf von Uwe Göbel, München
© C. H. Beck'sche Verlagsbuchhandlung (Oscar Beck), München 1981
Druck: Appl, Wemding
Printed in Germany

In memoriam

MAX BORN

Die Möglichkeit unserer endgültigen Vernichtung ist, auch wenn diese niemals eintritt, die endgültige Vernichtung unserer Möglichkeiten.

Inhalt

Vorwort IX

Vorbemerkung XI

   I. Die beweinte Zukunft 1

  II. Der Sprung 11

 III. Über Verantwortung heute 24

 IV. Atomarer Mord – kein Selbstmord 55

  V. Unmoral im Atomzeitalter. Warnung während einer Windstille 66

 VI. Thesen zum Atomzeitalter 93

VII. Die Wurzeln der Apokalypse-Blindheit 106

VIII. Verharmlosung. Ihre Methoden 127

 IX. Der hippokratische Eid. Erwägungen zum Problem des „Produktstreiks" 136

  X. Das monströseste Datum 168

 XI. Die Frist 170

Vorwort

Schon als diese Essaysammlung vor neun Jahren zum ersten Male herauskam, enthielt sie nicht „letzte Arbeiten", sondern solche, die von 1958 bis 1967 entstanden waren. Aber diese waren von einer nicht zu überbietenden Aktualität – womit ich meine Texte nicht zu loben versuche, sondern die Tatsache meine, daß die dargestellte Weltgefahr im Jahre 1972 noch genau so akut war wie im Jahre 1958, aus dem der erste Beitrag stammte.

Was vom Jahre 1972 gegolten hatte, das gilt nun auch vom Jahre 1981. Die in diesem Buche präsentierten Überlegungen können nicht inaktuell werden, weil deren Gegenstand: die Gefahr der Totalkatastrophe, pausenlos weiterbesteht. Sie besteht aber nicht nur deshalb weiter, weil wir die Methoden der Selbstauslöschung nicht mehr verlernen können, sondern auch deshalb, weil wir uns an die Tatsache der Bedrohung aufs erschreckendste gewöhnt haben, also überhaupt nicht mehr erschrekken: Die Redensart „mit der Bombe leben" ist uns bereits langweilig geworden. Nicht nur „apokalypseblind" sind wir (wie ich unseren Zustand vor dreißig Jahren genannt hatte), sondern, da wir nun ja zu wissen behaupten, was auf dem Spiel steht, *„apokalypsestumpf"*.

Grundsätzlich hat sich eigentlich seit der Abfassung meines ersten Aufsatzes über diesen „Gegenstand" vor dreißig Jahren nichts geändert. Die wahnwitzige Multiplikation des Brisanzkoeffizienten und der Reichweite und die unabzählbare Vermehrung der Anzahl der gelagerten Waffen und der durch Lagerung gefährdeten Regionen ist nichts grundsätzlich Neues. Sie beweist nur die damals schon angeprangerte spezifische Idiotie der Technokraten, Staatsmänner und Militärs, die nicht verstehen können, daß wir „das Ende des Komparativs" erreicht haben, daß sich die längst schon mögliche, um nicht zu sagen: wahrscheinliche, Vernichtung des Lebens auf Erden nicht steigern kann, daß es nicht den Komparativ „töter" gibt. Auch die Vermehrung der Zahl der Waffeneigentümer – heute gibt es freilich kaum einen Staat, der die Waffe nicht besitzt oder erzeugen könnte – ist nichts grundsätzlich Neues, dieses Problem hatte ich schon in meinem die Sammlung eröffnenden Aufsatz aus dem Jahre 1958 über den Bau der französischen Bombe behandelt. – Auch die Erfindung der Neutronenbombe stellt, trotz ihrer perversen Nuance – denn sie scheint auszusagen, daß die Erhaltung der toten Dinge wichtiger sei als die der Menschen – nichts grundsätzlich Neues dar: die Vernichtung der Menschheit, also der „Annihilismus", ist ihre Abzweckung so gut wie die Abzweckung der altmodischeren Modelle.

Nein, was grundsätzlich neu in der heutigen Situation ist, ist die Tatsache, daß Tausende, vielleicht Hunderttausende, die sich vor zwanzig Jahren mit Selbstverständlichkeit der „Anti-Atombewegung" angeschlossen hätten: die Kinder derer, die vor zwanzig Jahren marschiert sind, daß die nun, wie paradox das auch klingen mag, *vom Problem des Atomkrieges durch das Atomproblem selbst ferngehalten* werden. Was heißt das?

Ich bin wahrhaftig der letzte, der das Vernichtungspotential, das in den *Atomreaktoren* lauert, unterschätzt. Aber die heutige Jugend hat sich auf das Reaktorproblem so ausschließlich eingeschossen, daß sie die Gefahr des atomaren Krieges kaum mehr sieht. *In der Tat steht die Anti-Kernkraftbewegung der Anti-Atomkriegbewegung im Lichte.*

Für diese junge Generation der „Grünen", deren Eltern noch Ostermärsche veranstaltet hatten, die sich nun aber darauf beschränkt – was natürlich gleichfalls unerläßlich ist – „Harrisburgs" zu verhindern –, für diese junge Generation der „Grünen" bestimme ich nun, damit kein zynischer Witzereißer von „grünen Jungen" rede, diese zweite Auflage meines leider niemals alt werdenden Buches.

Wien, Februar 1981   Günther Anders

Vorbemerkung

In diesem Bande ist alles, was ich über die atomare Situation geschrieben habe, außer jenen Stücken, die ich bereits in Büchern vorgelegt habe, zusammengestellt. Die Niederschrift der Texte liegt rund ein Jahrzehnt zurück, die ersten sind sogar im Jahre 1958 entstanden, also noch vor meiner Reise nach Hiroshima und vor meinem Buche „Der Mann auf der Brücke", in dem ich über diese Reise Rechenschaft abgelegt habe. Ein sehr kurzes Stück, geschrieben zum 20. Jahrestage der Bebombung von Hiroshima, stammt aus dem Jahre 1965.

Ursprünglich hatte ich gehofft, die Untersuchungen, die ich nun vorlege, rasch nach deren Fertigstellung zu veröffentlichen. Wenn ich das damals unterlassen habe, so weil mir während der Arbeit gewisse Zweifel gekommen waren. Die Texte, so fand ich, und gewiß nicht ohne Recht, gaben keine endgültige Antwort auf die Frage, was gegen die drohende Atomgefahr getan werden konnte. Aus diesem Grunde begann ich zu zögern und hielt schließlich die Arbeiten zurück.

Mein Zweifel betraf vor allem jene Partien, in denen ich den sogenannten „Produktstreik" abhandelte. Unter diesem verstand ich einen Streik, der nicht, wie übliche Streiks, auf Lohnerhöhung, Arbeitszeitverkürzung oder dergleichen, sondern auf die Verweigerung der Erzeugung von moralisch unverantwortbaren Produkten, in diesem Falle also von nuklearen Waffen, abzielte.

Diesen Streik hielt ich im Jahre 58, als ich mit der Niederschrift der Texte begann, zwar für kein Kinderspiel, aber doch für durchführbar. In den Tagen ihres Starts hatte die „Antiatombewegung" beträchtlich hoffnungsvoller ausgesehen als heutzutage. Dazu kam, persönlich gesprochen, daß ich unmittelbar nach meiner Rückkehr aus Japan noch stark unter dem Eindruck der dortigen Massenbewegung stand und durch diesen Eindruck eine Zeit lang daran gehindert war, die Schwierigkeiten, mit denen das, was mir die einzige Rettung zu sein schien, verbunden war, in ihrem ganzen Ausmaß zu erkennen. Bald freilich – wie gesagt: ich war noch mitten im Schreiben – wurden mir diese Komplikationen klarer und klarer. Diese Zweifel unterschlug ich nicht, ich formulierte sie vielmehr offen in meinen Texten; und die, wie mir schien, Resultatlosigkeit dieser Darstellung ist es vor allem gewesen, was mich damals dazu bestimmte, auf Veröffentlichung zu verzichten.

Nun, nach ungefähr einem Jahrzehnt, habe ich die damaligen Texte noch einmal vorgenommen und durchgesehen und mich schließlich doch zu deren Publizierung entschlossen. Wenn ich das getan habe, so nicht deshalb, weil mir das damals Geschriebene heute ergebnisreicher erschiene, oder weil ich den „Produktstreik" heute für leichter durchführbar hielte als damals. Sondern vor allem aus folgendem Grunde:

Die Durchdiskutierung der Probleme ist heute dringlicher als damals. Und zwar deshalb, weil die „Antiatombewegung", die vor zehn Jahren – man denke nur an die Ostermärsche in England und an den „Kampf dem Atomtod" in Deutschland – einen Höhepunkt erreicht hatte, mittlerweile eingegangen, mindestens beinahe eingegangen ist. Eingegangen ist sie teils an Langeweile (weil unvermeidlicherweise immer wieder für ein und dasselbe Ziel geworben wurde); teils an der Wichtigkeit, die (ebenfalls zu Recht) die Opposition gegen den Vietnamkrieg angenommen hat, und zwar in denselben Kreisen, die vor zehn Jahren die „Antiatombewegung" getragen hatten; und schließlich an dem (ebenfalls berechtigten) täglichen Anwachsen der Angst vor der vielfältigen und gleichfalls apokalyptische Ausmaße annehmenden Umweltverseuchung.

Mit diesem letzten Grunde hat es wohl seine eigene Bewandtnis. Durch die Angst vor den vielfältigen Gefahren, denen die Menschheit heute ausgesetzt ist, ist nämlich in den Augen von Millionen die absolute Bedrohung, die die Atomwaffen darstellen, zu einer relativen Bedrohung geworden, mindestens – was beinahe auf dasselbe herausläuft – zu einer Bedrohung unter anderen Bedrohungen. Schließlich (so denken begreiflicherweise diese Millionen, und man darf sie wohl kaum dafür tadeln) kann man sich nicht täglich um alle Bedrohungen gleichzeitig kümmern. Außerdem gilt wohl – dieser Verdacht scheint mir nicht unberechtigt – daß die Überdeckung der Atomangst durch andere Ängste gewissen politischen und militärischen Kreisen willkommen ist; wenn nicht sogar, daß diese Kreise diverse Ängste hochgespielt haben und auch heute manipulieren, um die Antiatombewegung zu entkräften. Wie dem auch sei, die „atomare Gefahr" figuriert nicht mehr im Vordergrunde der öffentlichen Diskussion, sie stellt auch kaum mehr ein Thema der Opposition dar und ist schon beinahe vergessen. Diese im Vergessen der Bedrohung bestehende Bedrohung ließ es mir ratsam erscheinen, den Gegenstand wieder in den Vordergrund zu rücken. Mag es auch zutreffen, daß meine damaligen Texte das Thema nicht erschöpft und gewisse entscheidende Fragen überhaupt nicht beantwortet haben – worauf es mir nun vor allem anderen ankommt, ist, daß die Sache, deren Gefährlichkeit sich in der Zwischenzeit um nichts vermindert hat, von neuem in Blick komme.

Schließlich hat es für meinen Entschluß, die alten Texte doch zu veröffentlichen, noch einen letzten Grund gegeben. Im Laufe der zehn Jahre, die seit der Abfassung dieser Aufzeichnungen verflossen waren, war ich nämlich zu der Ansicht gelangt, daß die Unzulänglichkeiten meiner damaligen Aufsätze nicht allein meinem persönlichen Versagen: den Mängeln meiner Theorien oder den Schwächen meiner Darstellung, zuzuschreiben gewesen waren. Vielmehr glaube ich nun, daß diese Unzulänglichkeiten (also die Tatsache, daß ich keinen Ausweg aus der Kalamität aufzuzeigen vermocht hatte) in der Sache selbst begründet gewesen war, und daß die anderen Autoren, die sich diesem Thema gewidmet haben, ebensowenig wie ich imstande gewesen sind, die atomaren Probleme zufriedenstellend zu beantworten. Kurz: ich fürchte, daß die Schwierigkeiten der Atomsituation zu denjenigen gehören, die von uns nicht werden bewältigt werden können.

Wenn dem so ist, dann scheint es mir immer noch besser, das Vorläufige, das ich damals vor zehn Jahren niedergeschrieben hatte, vorzulegen, als mich auf den radikalen Alles-oder-Nichts-Standpunkt, d. h. auf den Nichts-Standpunkt zurückzuziehen und total zu verzichten. Mehr als nichts war ja, was ich vor zehn

Jahren geboten hatte, gewesen, denn die der Atomsituation innewohnenden Aporien, die hatte ich damals ja immerhin unverblümt dargestellt. Und diese Aporien lege ich nun vor.

Zum Schluß drei kurze technische Bemerkungen:

1. Die Reihenfolge der einzelnen Stücke ist im wesentlichen chronologisch.

2. Ihre Bearbeitung ist ganz geringfügig geblieben. Inhaltlich habe ich nichts verändert, lediglich sprachlich Widerborstiges geglättet. Diejenigen Stücke, die bereits früher einmal in Zeitschriften erschienen waren – es handelt sich um „Die beweinte Zukunft", „Der Sprung", „Thesen zum Atomzeitalter" und „Das monströseste Datum" – habe ich überhaupt nicht angetastet.

3. Schließlich habe ich, um immer wieder in Erinnerung zu rufen, daß es sich um kein heute geschriebenes Buch handelt, jedem Stück die Jahreszahl seiner Abfassung beigegeben.

Wien, Dezember 1971　　　　　　　　　　　Günther Anders

I

Die beweinte Zukunft

1961

Als Noah von seinem hundertsten Warnungsgang nach Hause zurückgekehrt war, da konnte er es sich nicht mehr verhehlen, daß so weiterzumachen, wie er es nun, niemals beraten von seinem Gotte und jedesmal auf eigene Faust hundert Male getan, wirklich keinen Sinn mehr hatte. Denn auch diesmal war es ihm nicht gelungen, auch nur einen einzigen seiner Mitbürger zum Bau seiner Archen anzuwerben, auch diesmal waren die Wenigen, denen er sich hatte aufdrängen können, auf nichts anderes gierig gewesen als auf das gerade Allerneueste; und auch diese hatten sich sofort beiseitegedrückt, wenn er ihnen mit der Flutwarnung gekommen war (mit „seiner Flut", wie sie es nannten), weil sie von dieser ja gestern schon gehört hatten und vorgestern und vorvorgestern.

Da geriet Noah in Zorn und zerriß die Bögen, auf denen er in langer Jahre Arbeit die Flotte seiner hundert Archen entworfen hatte und sprach: „Du kannst sie wiederhaben", und warf sie seinem Gotte hin. Und begann, auf und ab zu wandern wie ein Löwe in seinem Käfig.

„Hundert Male", haderte er, „habe ich meine Geduld bewiesen. Meine Füße sind geschwollen, meine Kehle hat sich wundgeschrien, meine Geschäfte habe ich verkommen lassen, und meinem Erstgeborenen bin ich fremd geworden. Aber ich habe meiner Wunden nicht geachtet, bei den Vorwürfen meines Sohnes habe ich mich fortgewendet – denn ich habe mich nicht abfinden können mit den Toten von morgen und bin auf die Jagd gegangen jeglichen Tag, um den Blinden die Augen zu öffnen und um den Tauben in ihre verstopften Ohren hineinzuschreien, daß die Flut nicht meine ist, sondern Deine, und daß sie ihre Hände nun selbst werden rühren müssen. Und habe Deine Partei ergriffen und habe ihnen zugesagt, daß auch Du sie in Deiner Langmut errettet zu sehen wünschest, und wäre es am Vorabend des Verderbens. Ich habe sie abgefangen wie ein Bettler, ich habe sie am Rock festgehalten wie ein Wegelagerer, ich bin ihnen nachgesprungen, wenn sie sich losrissen, und ich habe ihre Wut nicht gescheut und für nichts geachtet den Ruf der Lächerlichkeit. Aber Du hast Dein Angesicht fortgewendet, auch Du hast den Blinden gespielt, auch Du den Tauben, wenn ich Dich anrief in meiner Ratlosigkeit und Dich anflehte um eine Weisung, wie ich sie doch festhalten könnte und doch eindringen in ihre Verstocktheit. Nun aber ist es genug. Denn für die Klagen ist die Frist zu kurz, die Du mir gelassen hast, und ich werde es mir ersparen, ihren Mängeln weiter nachzujammern. Sondern ich werde ihre Schwächen verwenden, so wie Du sie geschaffen hast, und ich will sie zu meiner Stärke machen. Die im Trug leben, die werde ich betrügen. Die verführt sind, noch einmal verführen. Die neugierig sind, noch neugieriger machen. Die sich nicht ansprechen lassen, die sollen mir nachstellen mit ihren Fragen. Und die ängstlich sind, noch ängstlicher gemacht werden, bis daß sie teilhaftig werden der Wahrheit. Durch Gaukelei werde ich sie erschrecken. Und durch Schrecken zur Einsicht bringen. Und durch Einsicht zum Handeln.

Ich warne Dich also. Spiele mir nicht den Erstaunten, wenn Du mich unter den Komödianten entdeckst. Dein Erstaunen wird mich kalt lassen, Deine Gekränktheit wird mir den Schlaf nicht rauben. Deine Kraft der Drohung hast Du verspielt, seit Du mit dem Äußersten gedroht, und dem schlaflos Gemachten kannst auch Du den Schlaf nicht zum zweiten Male rauben. Halte also an Dich, wenn Du mich auffindest als Gaukler, denn Du bist es, der mich gezwungen hat, mit fremder Stimme zu heulen, und Du, in dessen Auftrag ich meinen Frevel begehen werde. Von Dir verleugnet zu werden, fürchte ich weniger, als das zu verleugnen, was ich zu tun habe. Die Rettung meines Nachbarn ist meinem Herzen näher als die selbstgerechte Gewißheit meines Gehorsams. Die geschminkte Wahrheit ist besser als die bescheidene Verschwiegenheit. Die geschriene Wahrheit wahrhaftiger als die Wahrheit, die nicht ankommt. Der verzweifelte Frevel tugendhafter als die Tugend, die niemals verzweifelt." – So also warnte er seinen Gott, zornig zugleich und liebend, und machte sich ohne Verzug daran, seine Ankündigung wahrzumachen.

Als er wenige Augenblicke später auf die Straße hinaustrat, da hatte er seine Warnung wahrgemacht. Denn nun spielte er eine Rolle, und sogar eine, die den Bräuchen seines Volkes zuwiderlief und die heiligsten Satzungen seines Gottes aufs allerschroffste beleidigte. Nicht genug damit, daß er sich nun plötzlich um einen Kopf kleiner gemacht hatte und als geschlagener Mann dastand – er war auch in Sack und Asche gekleidet, also in das Trauergewand, das außer nach dem Tode eines Nächsten zu tragen das schwerste Vergehen darstellte, und das bei anderen Gelegenheiten auch nur anzuschauen noch niemandem je in den Sinn gekommen war. Und auch er hatte dieses Kleid seit dem lang schon zurückliegenden Heimgang seines Vaters Lamech nie mehr berührt, geschweige denn angelegt, denn er war ja Noah der Begünstigte, der Mann der (aus unerfindlichen Gründen zum Glück verurteilt) dafür berühmt war, daß er seit Jahrzehnten keinen Sohn, kein Weib, keine Ernte, kein Stück Vieh und keinen Sklaven eingebüßt hatte, nein sogar in dem Geruch stand, diese gar nicht einbüßen zu können. Nun aber – darüber konnte es bei diesem Aufzug keine zwei Meinungen geben – nun aber mußte ihm jemand gestorben sein, und nicht nur irgendeiner aus seinem unübersehbaren vielköpfigen Familienstamme, sondern einer seiner Allernächsten. Denn er hatte sogar sein Haupt mit Asche bestreut, was nur demjenigen erlaubt und nur demjenigen geboten war, der einen Sohn verloren hatte oder eines seiner Lieblingsweiber.

So also: in allertiefster Trauer, verkleidet in das Kostüm der Wahrheit, ein Schauspieler des Schmerzes, der sein wirklicher Schmerz war, ein Hinterbliebener der Toten von morgen, so also stand er in der Mittagsglut seiner ausgestorbenen Straße. Und war nun fest dazu entschlossen, jene Schwächen und Laster seiner Mitbürger, deren Neugierde, deren Schadenfreude und deren Aberglaube, die er bisher immer nur gescholten, nun aufs allerweiseste zu verwenden; und jene Indolenten, die anzusprechen oder deren Vernunft zu erreichen er niemals zuwegegebracht, nun aufs skrupelloseste dazu zu verleiten, daß *sie ihn* ansprächen. – Und stand und wartete.

Da aber auf Neugierde guter Verlaß ist, brauchte er nicht lange zu warten. Denn im offenen Fenster des Hauses gegenüber lag, obwohl sich allerneuestes noch niemals in diese Gasse verirrt hatte, eine Frau, die seit Jahren nichts Besseres zu tun gehabt hatte als von morgens bis abends nach dem Allerneuesten Ausschau zu halten. Kaum hatte Noah diese Alte erspäht, als er, entschlossen, sich ihrer zu bedienen, noch kläglicher in sich zusammensank, und schließlich, um es ihr so leicht wie möglich zu machen, sich sattzusehen an seiner Erniedrigung, zum lebenden Bilde des völlig zusammengebrochenen Mannes erstarrte.

Und siehe: er hatte sich nicht verrechnet. Denn schon drängelten sich zwei weitere Frauen neben die erste, und während die eine auf ihn wies, wies die andere auf die gegenüberliegende Straßenseite. Denn auch dort hatte er bereits sein Publikum, auf einem der Balkons stritt man bereits um den besten Platz. Und auch dieser Streit schien seinetwegen ausgebrochen zu sein. Denn plötzlich geschah es, daß sich alle Erker und Galerien mit Gaffern anfüllten, und daß die Fensterplätze besetzt waren, so als zöge eine Truppe von Seiltänzern durch die Straße. Und auf einem Dache erschien sogar ein Knabe, der, eine Brezel im Mund, an einem Kamin emporkletterte, um von dem Schauspiel, das der trauernde Noah darstellte, um Gottes Willen nicht das mindeste zu versäumen.

„Die Suppe beginnt zu brodeln", dachte Noah nicht ohne Genugtuung, „es riecht schon nach Kirmes. Und es würde mich nicht wundernehmen, wenn sie da oben bald Wetten darüber abschließen würden, wer sich nun als mein lieber Toter herausstellen wird." So dachte er, und falsch schätzte er seine Mitbürger wahrhaftig nicht ein. Denn da er ja „Noah der Begünstigte" war, gab es niemanden in der Stadt, der so allgemein, und selbst bei denen, die ihn zu lieben meinten, verhaßt gewesen wäre wie er, und niemanden, dem Armut, Aussatz oder Tod so oft und so leidenschaftlich an den Leib gewünscht worden wären wie ihm. Daß einer aus dem Hause Noah, nicht anders als ihrereins, einfach so, ohne Krankheit, Unglück oder Mord, das Zeitliche gesegnet hätte, das hatte sich noch nie zuvor ereignet. Und obwohl die Chance, den unausstehlich rüstigen Noah doch einmal kleingemacht vor sich zu sehen und bemitleiden zu dürfen, reichlich spät kam, war doch die Freude darüber, daß sich dieser von Jahr zu Jahr vergeblich weitergetragene Wunsch nun doch erfüllte, groß genug, um sie für die tausend Tage der Benachteiligung und die tausend Nächte der Mißgunst zu entschädigen, und um sie mit der frommen Genugtuung zu erfüllen, daß wer ausharrt, schließlich doch den gerechten Lohn Gottes einheimsen durfte.

So also stand es um den großen Schauspieler Noah und um sein Publikum, als seine Chargen einzogen, um ihm ahnungslos die Stichworte für seine Rolle einzusagen. Denn nun näherten sich die fünf Frommen, die, schwatzend aus dem Tempel heïmkehrend, den gebrochenen Mann entdeckten und, nachdem sie sich tuschelnd miteinander verständigt, auf ihn zutraten, um ihm beizustehen.

„Dir ist jemand gestorben?" erkundigte sich schonend der Erste.

Noah schien aus der Starre seines Schmerzes erst erwachen zu müssen. „Ob mir jemand gestorben ist?" wiederholte er langsam. Und nach einer Weile, ohne aufzublicken: „Siehst du denn das nicht?"

Die Fünf nickten teilnehmend.

„Was hat er gesagt?" rief einer der Zuschauer schallend hinunter.

„Ihm ist einer gestorben, hat er gesagt!" rief einer von der Straße ebenso schallend hinauf.

„Das sehen wir alleine!" kam es von oben. „Aber wer?"

„Wer ist dir denn gestorben?" erkundigte sich da sanft der Zweite.

„Wer mir gestorben ist?" wiederholte Noah langsam. Und nach einer Weile, ohne aufzublicken: „Weißt du denn das nicht? Viele sind mir gestorben."

Die Fünf gaben einander fragende Blicke.

„Was hat er da gesagt?" kam es schallend von oben.

„Viele sind ihm gestorben, hat er gesagt!" rief der Dolmetsch ebenso schallend hinauf.

Da wurde es oben unruhig. „Namen!" rief Einer, und „Wer sind denn diese Vielen?" ein Anderer.

„Wer sind denn diese Vielen?" erkundigte sich da der Dritte voller Mitleid.

„Wer diese Vielen sind?" wiederholte Noah langsam. Und nach einer Weile, ohne aufzublicken: „Weißt du denn das nicht? Wir alle sind diese Vielen."

Die Fünf runzelten die Stirnen.

„Was hat er da wieder gesagt?" kam es schallend von oben.

„Wir alle sind diese Vielen, hat er gesagt!" rief der Dolmetsch schallend hinauf.

„Ich nicht!" rief da Einer hinunter, und: „Wann soll denn das passiert sein?" ein Anderer.

„Wann ist dieses Unglück denn geschehen, lieber Noah?" erkundigte sich da der Vierte.

„Wann dieses Unglück geschehen ist?" wiederholte Noah langsam. Und nach einer Pause, ohne aufzublicken: „Weißt du das denn wirklich nicht? Morgen ist es geschehen."

Die Fünf gaben einander erschreckte Blicke.

„Was hat er da wieder gesagt?" kam es schallend von oben.

„Morgen ist es geschehen, hat er gesagt!" echote der Dolmetscher hinauf.

„Morgen ist gut!" höhnte da Einer, und ein Anderer: „Warum nicht übermorgen?" und ein Dritter: „Das ist ja ganz was Neues!" Und sie lachten und tippten sich auf die Stirnen.

„Wirklich, mein lieber Noah", meinte da der Fünfte, „das ist etwas neuartig für uns. Wie soll denn das möglich sein?"

„Wie das möglich sein soll?" wiederholte Noah langsam. Und nach einer Pause, ohne aufzublicken: „Weißt du denn das wirklich nicht? Weil es übermorgen etwas sein wird, was gewesen *ist*."

Die Fünf trauten sich nicht mehr, einander anzublicken.

„Was hat er da wieder gesagt?" kam es von oben.

Da aber hatte der Alte genug von seinen Helfern. Mit einer einzigen Bewegung hatte er den Dolmetsch nach hinten befördert. Und wie er nun dastand, von neuem aufgerichtet in seiner Ehrfurcht gebietenden Größe, da brachte er die Lacher sofort zum Verstummen, die Fünf traten ängstlich um einen Schritt zurück, und sogar die in den Logen schienen plötzlich zu versuchen, die hinter ihnen Nachdrängenden zurückzuschieben, um sich Luft zu schaffen. Denn nun erst hatten sie erkannt, daß nicht nur sein Kleid mit Asche verschmiert war, sondern auch sein Gesicht, und daß er aussah wie Einer, der dem Grabe entstiegen war. Und war wohl keiner unter ihnen, der sich nicht heimlich fragte, ob denn der, der da wild und bedrohlich unter ihnen stand, wirklich *ihr* Noah war, oder ob sich da nicht irgendwer, irgendeiner, der noch gewaltiger war als er, betrügerisch des Bildes Noahs nur bediente, um sie in dieser Verkleidung zu erschrecken oder gar zu richten.

„Ihr habt es gehört", begann Noah nun von neuem. „Übermorgen wird die Flut etwas sein, was *gewesen ist.* – Und ihr wißt, was das bedeutet. Oder solltet ihr selbst das nicht wissen?"

Da geschah es zum ersten Male, daß niemand den Mund öffnete, um zu antworten.

„Wenn ihr es nicht wißt", fuhr er fort, und er beschrieb mit seiner Linken einen Bogen, der den ganzen Umkreis des Geschaffenen zu umfassen schien: die Fünf, die vor ihm standen; die Hunderte, die die Galerien anfüllten; die Stadt, die sich hinter ihren Häusern ausdehnte; die Hügel, die hinter ihrer Stadt aufstiegen; und die Welt, die hinter ihren Hügeln begann, um nirgendwo zu enden – „dies hier bedeutet es. Wenn nämlich die Flut übermorgen etwas sein wird, was *gewesen ist,* dann heißt das: dies hier, nämlich alles, was *vor* der Flut gewesen, wird etwas sein, was *niemals* gewesen ist. Nein, niemals. Und ihr wißt, warum niemals. Oder solltet ihr selbst das nicht wissen?"

Da geschah es zum zweiten Male, daß niemand seinen Mund auftat. Und Noah spürte, daß der Augenblick für seinen Angriff näherrückte.

„Weil es", erklärte Noah an ihrer statt, „wenn die Flut morgen kommt, fürs Erinnern zu spät sein wird und zu spät fürs Betrauern. Und weil es dann niemanden mehr geben wird, der sich unser wird entsinnen können, und niemanden, der uns wird betrauern können. Nein, niemanden. Und ihr wißt auch, warum niemanden. Oder solltet ihr selbst das nicht wissen?"

Da blieben sie zum dritten Male stumm. Und Noah wußte, daß sie nun beinahe sturmreif waren.

„Weil kein Unterschied sein wird", antwortete Noah an ihrer statt, „zwischen Weinenden und Beweinten, weil die Totenkläger in den Wassern dahintreiben werden neben den Toten, die Segnenden neben den zu Segnenden, die Zukünftigen neben den Gewesenen, und weil wir alle betrogen sein werden um unseren Kaddisch."

Da es nichts gab, was ihnen tieferen Schrecken hätte einjagen können als die aussichtslose Aussicht auf einen Tod ohne Kaddisch; und da nur dieser Tod für sie wirklichen Tod bedeutete, machte Noah eine Pause, um abzuwarten, bis dieser Schrecken ganz und gar Besitz von ihnen ergriffen haben würde. Einem der Fünf bebten zwar die Lippen, aber Sprache kam auch aus dessen Munde nicht. Da erkannte Noah mit Genugtuung die Wirkung seiner Worte und wußte, daß sein Augenblick nun gekommen war.

„Wenn ich hier vor euch stehe", fuhr er nun fort, „so weil ein Auftrag an mich ergangen ist. Der Auftrag, diesem Schlimmsten zuvorzukommen. – Drehe die Zeit um – sprach die Stimme zu mir, – nimm den Schmerz schon heute vorweg, vergieße die Tränen im voraus! Und das Totengebet, das du als Knabe gelernt, um es am Grabe deines Vaters zu sprechen, das bete nun für die Söhne, die morgen sterben werden, und für die Enkel, die niemals geboren sein werden! Denn übermorgen wird es zu spät sein! – So lautete der Auftrag."

Die Fünf, die ihn umstanden, versuchten abwehrend die Hände zu heben. Aber selbst das gelang ihnen nicht mehr.

Denn da hatte Noah, der keine Verzögerung mehr zuließ, den Kaddisch bereits heulend angestimmt. Und wie frevelhaft es auch sein mochte, wie dreifach frevelhaft, ihn am falschen Ort, zur falschen Zeit und für die Falschen anzustimmen – da die Einen es für undenkbar hielten, daß eine solche Schändung der von Gott selbst eingesetzten Sitte ohne Einverständnis Gottes hätte durchgehen können; und die Anderen schon nicht mehr gewiß waren, ob sie denn, da sie in den Segen nun miteinbezogen waren, wirklich noch den Lebenden zugehörten oder nicht vielmehr schon den Toten; und da den einmal begonnenen Segen zu unterbrechen ein weiterer Frevel gewesen wäre; und da selbst den Fünfen keine Regel bekannt war, die die Sühnung eines so ungeheuerlichen Verbrechens vorgesehen hätte – aus allen diesen Gründen war niemand da, der Noah ins Wort gefallen wäre oder der ihn davon abgehalten hätte, den Text bis zum letzten Wort durchzusingen. In die Strophenpausen drangen zwar Stimmen aus den Nebenstraßen, die Rufe der Eseltreiber und der Obsthändler, aber die schienen bereits ungültig und gewesen. Und so geschah es, daß dieses Unerhörte plötzlich etwas war, was geschehen *war*, also nun *nicht* mehr war; und daß dieses ein für alle Male Geschehene rückgängig zu machen nun nicht mehr in Frage kommen konnte. –

Die Fünf standen, als hätten sie die Richtung verloren, und als wäre es ihnen unbekannt, in welches Zeitgelände sie sich verirrt hatten, ob in das des Vorgestern oder das des Übermorgen. Und wagten es nicht, sich zu rühren, und blickten entsetzt auf Noah, ob der wohl noch imstande sein würde, den Weg zurückzufinden, das Zeichen zum Wiederbeginn der Zeit zu geben und sie noch zu erlösen aus der eisernen Umklammerung, in der er sie festhielt.

Der aber tat, als spürte er nichts von ihrer Angst. Auf diesen Augenblick hatte er seit Monaten gewartet, und nichts lag ihm ferner, als sie nun vorzeitig aus ihrer Gefangenschaft zu entlassen. Die Schreie der Eseltreiber verloren sich in der Vorstadt, die Fruchthändler hatten bereits Feierabend gemacht, die Schatten begannen, lang zu werden, über den Dächern wuchs eine weiße Quellwolke, die vorher nicht dagewesen – aber die Fünf standen noch immer wie gelähmt, und die Balkons blieben noch immer angefüllt mit den reglosen Opfern seines Segens. Und keiner hätte wohl sagen können, wie lange er so dagestanden, ehe Noah seine Hand ausstreckte, um zu prüfen, ob es schon regnete, und „Noch ist es Zeit" sagte und: „Es ist heute"; und sie mit den Worten: „die Vorstellung ist beendet" freiließ und in seinem Hause verschwand.

Dort aber legte er sein Sackkleid ab, wusch sich und saß bald wieder an seinem Arbeitstische. Kaum aber war er damit fertiggeworden, eine erste neue Arche zu entwerfen, *die* Arche, als es klopfte.

Da trat ein Zimmermann ein, der eine Axt in seiner Rechten trug. Und Noah fragte: „Was wünschst du?" – Und der sprach: „Es wird finster draußen. Laß mich mitbauen. Damit dein Kaddisch unwahr werde!" – Und Noah hieß ihn willkommen. Und es klopfte zum zweiten Male.

Da trat ein Dachdecker ein, der einen Korb voll Schindeln anschleppte. Und dieser sprach: „Über den Hügeln regnet es. Laß mich mitbauen. Damit es unwahr werde!" – Und Noah hieß auch ihn willkommen. Und es klopfte zum dritten Male.

Da trat ein Steuermann ein und wischte sich den ersten Tropfen aus dem Haar. Und sprach: „Was taugen uns morgen noch Landkarten? Ich komme mit leeren Händen. Aber laß mich mitbauen. Damit es unwahr werde!" Und auch ihn hieß Noah willkommen, und es klopfte zum vierten Male und noch viele weitere Male. Da streckte Noah seine Beine weit von sich, denn seine Spannung war nun vorüber und sprach: „Es ist soweit. Wir können anfangen." – Und da sie zusammen auf den Hof hinaustraten, da prasselte es bereits auf das Teerdach des Geräteschuppens, und sie begannen mit ihrer Arbeit im strömenden Regen.

Und nicht nur die Arche wäre niemals gebaut worden, die *eine* klägliche Arche, die schließlich zustande kam anstelle der stolzen Flotte, die er einst erhofft und entworfen hatte; sondern auch wir wären nicht da, wir, seine Ururenkel, und keiner von uns hätte je die Freude gehabt, die Schönheit der wiederergrünten Welt zu bewundern; und auch Gott würde nicht thronen über seinen Geschöpfen, sondern über verstummtem Gelände, das ihn anöden würde in alle Ewigkeit – hätte nicht Noah den Mut aufgebracht, zu hadern, Komödie zu spielen, in Sack und Asche aufzutreten, die Zeit umzudrehen, die Tränen im voraus zu vergießen und den Totensegen zu sprechen für die noch Lebenden und die noch nicht Geborenen.

II

Der Sprung*

1958

1. Via Allmacht zur Großmacht

Bis heute hatte der Unterschied zwischen den „Weltmächte" genannten Großstaaten und den nicht in diese Klasse gehörenden als eine wirklich qualitative Differenz gegolten. Mit Recht. Denn das territoriale, das Bevölkerungs-, das industrielle, das Export-, kurz: das Macht-Potential der Großen überstieg das der Mittel- und Kleinstaaten um ein so Vielfaches, daß es durchaus rechtmäßig und sinnvoll war, für die Verwandlung, die ein zum Großstaat aufrückender Staat durchmachte, den Hegelschen Ausdruck „Sprung aus der Quantität in die Qualität" anzuwenden.

Aber ich sage: *war*. Denn das Zeitalter, in dem diese qualitative Unterscheidung rechtmäßig gewesen war, scheint nun sein Ende zu nehmen. Und zwar deshalb, weil unterdessen ein *neuer Sprung* stattgefunden hat. Und dieser Sprung, der sich vor dreizehn Jahren, am Tage der Bebombung von Hiroshima und Nagasaki, ereignet hat, war nicht nur ein neuer Sprung, sondern ein *Sprung neuer Art;* einer von so unerhörter und so ungeheuerlicher Art, daß es irreführend sein würde, ihn unter die uns gewohnte Klasse der „Sprünge in die neue Qualität" zu subsumieren. Neu war seine Art insofern, als er einen *Sprung ins Absolute* darstellte. Und weil er sich als solcher von den uns vertrauten „Sprüngen in die neue Qualität" noch einmal unterschied; wenn man will, selbst noch einmal auf qualitative Weise.

---

* Veröffentlichung in „Blätter für deutsche und internationale Politik", August 1958.

Was meinen wir mit dem neuen Ausdruck „Sprung ins Absolute"?

Unseren *Gottes-Status:* die Tatsache, daß wir durch den Besitz der „Atomwaffen[1]" *Omnipotenz* gewonnen haben. Denn *der neue Sprung, um den es sich handelt, ist der aus dem Großmacht-Status in den Allmacht-Status.*

Natürlich, ein im theologischen Sinne vollständiger „Gottes-Status" ist unserer nicht. Daß er die Allmacht der Schöpfung nicht einschließt, ist evident. Dennoch handelt es sich – und das ist ungeheuerlich genug – um „Allmacht" mindestens *im negativen Sinne;* das heißt insofern, als es nun in unserer Hand liegt, apokalyptisch über das fernere Sein oder Nichtsein des Menschengeschlechts (vermutlich sogar allen irdischen Lebens) zu entscheiden. – Politisch bedeutet das – denn mit dem Wörtchen „wir" sind nicht die Privatpersonen Sie oder ich bezeichnet – daß, *während es früher zum Wesen politischer Gebilde, wie groß diese auch immer gewesen sein mochten, gehört hatte, daß ihr Machtpotential limitiert blieb, ihr Machtpotential nun schrankenlos geworden ist.*

Diese Tatsache kann aus verschiedenen Richtungen beleuchtet werden. Jede dieser Beleuchtungen macht eine Absurdität sichtbar.

Erste Absurdität: Das ad infinitum gesteigerte Infinitum. – Im metaphorischen Sinne „schrankenlose Macht" hatte es auch früher gegeben, zum Beispiel in Kolonialkriegen, in denen das Machtpotential des Eroberers die Waffenkraft der Eingeborenen um ein so Vielfaches überstieg, daß es diese dadurch zum (relativen) Nichts reduzierte. Um diese metaphorische Schrankenlosigkeit handelt es sich heute nicht. Das Machtpotential, das heute ein Staat gewinnen oder besitzen kann, ist nicht nur im Verhältnis zu diesem oder jenem Gegner, also relativ, sondern *absolut* das größte. Das „absolut Größte" besagt:

a) daß der Besitz eines größeren Machtquantums undenkbar ist;

---

[1] Dieser Ausdruck wird hier nur mangels angemessenen Vokabulars mitbenutzt. Inwiefern es sich nicht mehr um „Waffen" handelt, siehe d. V. „Die Antiquiertheit des Menschen", S. 247 ff.

b) daß ein größeres Machtquantum in Wahrheit garnicht größer wäre als dasjenige, das man bereits besitzt; weil zum Beispiel der Eigentümer von 4000 Wasserstoffbomben[2] nicht mehr besitzt als der Eigentümer von 2000; weil jeder Staat, der über einen gewissen Mindestvorrat von atomaren Waffen verfügt, damit bereits allmächtig *ist*.

Daß dieser Gedanke dem Denken Schwierigkeiten bereite, kann man nicht behaupten. Aber auf Widerstände anderer Art stößt er offensichtlich. Jedenfalls kann er sich nicht durchsetzen. Umgekehrt gilt es, trotz der Absurdität dieser Analogie, als selbstverständlich, daß sich diese Allmacht genau so akkumulieren und „verbessern" lasse wie die Qualität anderer heutiger Produkte; daß das *Infinite ad infinitum gesteigert* werden *könne*. Bedenkenlos (das heißt: ohne auch nur zu ahnen, daß man sich eines Analogieschlusses bedient) schließt man also von der Regel, die für die meisten normalen gestrigen und heutigen Produkte gilt, auf die völlig andersartigen „absoluten" Produkte von heute, die eine völlig neue (sowohl theoretische wie praktische) Behandlung erfordern.

An anderem Orte haben wir die These aufgestellt[3], daß der heutige Mensch außerstande sei, sich dasjenige, was er effektiv *herstelle*, in seinem wirklichen Ausmaß und in seinen wirklichen Effekten *vorzustellen;* daß er, da er seine heutigen Produkte mit gestrigen Kategorien und Behandlungsmodi bewältigen zu können glaube, „antiquiert" sei; und daß dieses „prometheische Gefälle" zwischen seinen zwei Vermögen „Herstellen" und „Vorstellen" das Wesen, beziehungsweise die skandalöse Wesenlosigkeit des heutigen Menschen ausmache. Seine Bemühung, das von ihm selbst produzierte „Infinitum" ad infinitum zu steigern, ist ein zusätzlicher Beweis für die Richtigkeit unserer These, mindestens eine neue Illustration.

Zweite Absurdität: Die Pluralität der Allmacht. – Die durch Besitz der „Atomwaffen" gewonnene Omnipotenz liegt nicht in der Hand eines einzigen Staates. Seit die Vereinigten Staaten das atomare Monopol eingebüßt haben, ist die *Allmacht* zur

---
[2] Die Ziffern sind beliebig.
[3] Siehe l. c. S. 17 ff.

Qualität anderer Staaten geworden; ist sie „pluralisiert" worden. Philosophisch bedeutet das: Da mehrere Mächte die größtmögliche Macht innehaben, gibt es keinen „Größten" mehr; der Superlativ ist sinnlos geworden. Und da man schließlich zwischen „größerer" und „kleinerer Allmacht" auch nicht unterscheiden kann, der Komparativ ebenfalls. Der Wettlauf zwischen den Partnern oder Gegnern, der, da die Allmachteigentümer offenbar noch immer „nicht wissen, was sie haben", das Ereignis der letzten Jahrzehnte dargestellt hat, ist ein absurder Kampf, mindestens zu einem solchen geworden.

Dritte Absurdität: „Via Allmacht zur Großmacht". – Staaten, die in jeder anderen (nicht atomaren) Beziehung klein, ja unvergleichlich viel kleiner sind als andere, könnten durch Erwerb dieser Allmacht die gleiche Macht wie die Großmächte zu erringen suchen; was sie ja bereits tun. Der Fall Frankreich (aber nicht nur dieser) zeigt, daß Staaten, die aus der Großmachtsklasse abgesunken sind und vermutlich nicht mehr in der Lage wären, diesen Stand wiederzuerreichen; die andererseits dieses voratomare politische Ziel heute noch für erstrebenswert halten, bereits daran gehen, *den Großmachtstatus auf dem Umwege über den Allmachtstatus,* also *das relativ Große auf dem Umwege über das absolut Große zurückzugewinnen.* So absurd dieser Umweg scheint, die eigentliche Absurdität besteht darin, daß dieser Weg gangbar ist. Das heißt: daß sie, die unfähig wären, sich das relativ Große, also den Großmachtstatus im traditionellen Sinne mit Hilfe traditioneller Mittel anzueignen, effektiv in der Lage sind, das absolut Große zu erwerben. Denn dieses zu erwerben, ist ja lediglich eine technische Aufgabe, die heute von jedem industriell und wissenschaftlich entwickelten Staate, morgen also von jedem Staate, gelöst werden kann.

Diese Aktion „via Allmacht zur Großmacht" hat zum Beispiel de Gaulle ausdrücklich zu seinem Programm gemacht. Es versteht sich, daß, was heute Frankreich recht ist, morgen jedem anderen Staate billig sein wird[4]: daß also dieser Weg allgemein versucht werden wird.

---

[4] „Billig" sogar, wie Ed. Teller neulich triumphierend mitgeteilt hat, in finanzieller Hinsicht. Der heutige Fortschritt besteht darin, daß der mögliche Weltuntergang immer preiswerter wird.

Heute gilt zwar noch, daß die Großmächte das Monopol der Allmacht besitzen, heute ist zwar die Gleichung „Großmacht = Allmacht" noch in Geltung. Aber morgen wird vermutlich, trotz aller Versuche, diese Gleichung zu verewigen, eine weit diabolischere Gleichung herrschen, nämlich die Umkehrung der bisherigen. Nicht: „Jede Großmacht ist atomare Macht" wird die morgige Gleichung dann lauten, sondern: „Jede atomare Macht ist Großmacht". Jede Macht: denn ob ein Staat, wenn es ihm gelungen ist, im Bereich der Omnipotenz zu landen, seinen Sprung vom Sprungbrett eines Großstaats oder von dem eines Kleinstaats aus gemacht hat, danach wird dann niemand mehr fragen, weil es dann keine Unterschiede mehr geben wird, weder quantitative noch qualitative, die nicht durch die erreichte Allmachtsfülle zu quantités oder zu qualités négligeables geworden sein werden.

Was die Religionen seit eh und je ausgesprochen hatten: daß vor der Allmacht Gottes die Machtdifferenzen und die Größenunterschiede zwischen Königen und Bettlern verlöschen, das wird dann auch vor der Allmacht, deren Eigentümer *wir* sein werden, gelten. Vor dem Thron derer, die die Allmacht innehaben, werden die Machtdifferenzen, die früher zwischen den kleineren Mächten bestanden hatten, zu infinitesimalen Werten zusammenschrumpfen; alle „have nots" werden das Dasein von Kreaturen: von geduldeten Todeskandidaten führen, die nur deshalb noch dasein werden, weil ihre politische oder physische Existenz zufälligerweise nicht oder noch nicht liquidiert worden ist.

In alltäglicherer Sprache bedeutet das alles:

Ein Luxemburg mit Atombomben – absichtlich wähle ich das absurdeste Beispiel – ist mächtiger als ein Frankreich ohne diese. Frankreich wäre nun nur geduldet. Wer immer die in dem Gerät konzentrierte Allmacht erwirbt, der *ist* nun Großmacht; und zwar eine, die um nichts weniger groß ist als jede andere, weil es eben im Absoluten keine Differenz mehr gibt; weil er eben jederzeit in der Lage wäre, jede andere Macht, auch diejenige, die die gleiche Drohung in der Hand hält, durch ein „wenn nicht, dann" total zu erpressen; weil der Eigentümer, auch wenn er keine ausdrückliche Erpressungsformel äußert, durch die einfache Tatsache des Besitzes zum Totalerpresser wird, dazu *gemacht* wird; weil er durch diesen Tatbestand nicht umhin kann, sich als Erpresser zu benehmen. Denn was man „ist", das hängt heute nicht von dem ab, was man tut oder nichttut, sondern von dem, was man hat oder nicht-hat. Wo es sich aber um das „Haben" der atomaren Allmacht handelt, da ist Haben bereits ein Tun; und zwar dasjenige Tun, das allein zählt. Wenn die Welt in ständiger Angst vor der Vernichtung durch diese oder jene zittert, dann ist, wie privat anständig die Geräte-Eigentümer sich auch fühlen mögen, das Faktum der Erpressung gegeben. Das Absurde ist also, daß, *wenn man das Gerät besitzt, Moralisch-sein objektiv unmöglich ist.* Der Konjunktiv, das „man könnte" ist bereits furchtbarste Realität, auch furchtbarste moralische Realität. Der Glaube, die moralische Beurteilung habe erst bei der *Verwendung* des im Besitz befindlichen Eigentums anzusetzen, ist sinnlos, weil in diesem Falle Besitzen eben bereits Verwenden (nämlich Erpressen) ist.

Vierte Absurdität: Die Ohnmacht des Allmächtigen. – Aber die bisherige Darstellung, nach der es so aussehen könnte, als würden nur die „have nots" erpreßt und entmachtet, ist ganz unvollständig; nein, sogar total falsch. Denn die Absurdität der Situation besteht darin, daß die Erpresser automatisch auch zu Erpreßten werden; daß die „have's" um nichts besser dran sind als die „have not's", vermutlich sogar weit schlimmer: denn „Rampen für Raketen sind Untergangsmagneten", das heißt: Die Existenz der Allmachtsgeräte lädt zur Attacke geradezu ein. Womit gesagt ist, daß (da er die Erpressung der anderen steigert) jeder Erpresser indirekt sich selbst erpreßt.

Schon jetzt ist die Situation der erpreßten Erpresser beklemmend genug. Aber je mehr erpreßte Erpresser es gibt, um so erpreßter wird natürlich die ganze Welt. Es ist plausibel, daß die Chance, dieses bereits bestehende System der gegenseitigen Erpressung abzubauen, nur dann besteht, wenn die Zahl der Erpresser so niedrig wie möglich gehalten wird[5]

---

[5] Also nicht dadurch, daß man, wie es in Bonn geschehen ist, „ich auch" schreit – und das sogar einige kurze Tage vor dem ersten Experimentverzicht – was, weltgeschichtlich gesehen, eigentlich überwältigend

In anderen Worten: Da jeder *Eigentümer der Allmacht* den anderen Eigentümer nicht nur total auslöschen, sondern auch von diesem ausgelöscht werden kann, ist jeder nicht nur total mächtig, sondern auch *total ohnmächtig*. Auch diese Art von Ohnmacht hat es früher niemals gegeben, sondern immer nur relative. Daß die totale Allmacht, da sie zugleich totale Ohnmacht ist, eine Absurdität darstellt, liegt auf der Hand.

2. Atomarer Totalitarismus

Wir haben die zwei Wörter *schrankenlos* und *Machtpotential* zusammengestellt. Diese Wortverbindung „schrankenloses Machtpotential" klingt uns vertraut. Und zwar auf düstere Weise vertraut: weil sie die Formel ist, mit der wir gewohnt gewesen waren, *totalitäre* Staaten, und nur diese, zu charakterisieren. Daß ein und derselbe Ausdruck für die zwei verschiedenen Tatbestände verwendbar ist, ja beide trifft, ist natürlich kein Zufall. Vielmehr hat das seinen Grund darin, daß *Totalitarismus und atomare Allmacht ein Paar* bilden. Ein für alle Male haben wir uns einzuprägen, daß *atomare Allmacht das außenpolitische Pendant zum innenpolitischen Terror* des totalen Staates darstellt. In der Tat bleibt Totalitarismus, der ja seiner Natur nach erpresserisch und expansionistisch ist, solange unvollständig und stilistisch zweideutig, als er sich genötigt sieht, zur Durchführung seiner außenpolitischen Aktionen noch mit einem Stil vorliebzunehmen, der, verglichen mit dem seiner innenpolitischen Maßnahmen, altmodisch und unvollkommen ist. Hitlers Totalitarismus war noch imperfekt. Erst ein atomares Monopol hätte die Krönung des nationalsozialistischen Staates bedeutet: nämlich die vollkommene Koordinierung und Synchronisierung von Innen- und Außenpolitik, also Terror im globalen Ausmaß. Welch ein Segen es war, daß Hitler damals von den Wissenschaftlern nicht optimal bedient wurde, oder von der

lächerlich ist. Aber in Wirklichkeit leider garnicht lächerlich, weil es heute (darin besteht das Tragische der gegenwärtigen Situation) keine Instanzen mehr gibt, vor denen man sich lächerlich machen könnte.

Technik nicht optimal bedient werden konnte; daß es ihm nicht gelang, die äußerste Koordinierung (die er mit seinen Raketenabschüssen nach England einzuleiten gedachte) auf die Minute, auf die letzte kriegswichtige Minute zum Klappen zu bringen, darüber sind Worte überflüssig. Aber weltgeschichtlich gesehen, war dieses Mißlingen doch ein Zufall: betrachtet man die Epoche als ganze, dann kann von einem Mißlingen der Koordinierung von Technik und außenpolitischen Zielsetzungen keine Rede sein. Im Gegenteil: diese Koordinierung *hat* geklappt und sie *klappt weiter;* und zwar mit solcher Vollkommenheit, daß eine geschichtlich angemessenere, eine genauer nach Maß gearbeitete Physik und Technik garnicht vorstellbar sind. Vollkommener als die Harmonie, die zwischen dem Stand der Physik und den totalitären Erfordernissen tatsächlich bestand, hätte selbst eine prästabilisierte Harmonie zwischen beiden nicht ausfallen können. Und die „Unschuld", mit der die Forschung genau diejenige Speise im Topfe hatte, nach der der Totalitarismus hungerte, war, auch wenn diese Speise im Falle Hitler nicht ganz zur Zeit gar wurde, einfach haarsträubend. Was *Pascual Jordan* damals, und zwar mit einer Offenheit, die man ihm niemals vergessen sollte, aussprach: nämlich daß „Sinn und Bedeutung der physikalischen Forschung – mag sie auch von ihren Schöpfern und Verehrern oft um ihrer selbst willen ... wertgeschätzt werden – unverrückbar gegeben sind durch ihre Rolle als *technisches und militärisches Machtinstrument*"[6] (gesperrt im Original), dafür hatte die Physik, ohne daß sie ein derartiges Programm nötig gehabt hätte, ohnehin Sorge getragen. Und heute haben wir nunmehr des Totalitarismus „zweiten Teil" vor uns: einen Modus der Außenpolitik, der seinerseits (abgesehen von der Drohung mit Total-Liquidierung) jederzeit damit droht und jederzeit den Versuch machen kann, auch Totalitarismus im herkömmlichen, also innenpolitischen Sinne nach sich zu ziehen; so wie dieser jederzeit damit gedroht hatte, „total" zu werden, also sich zur atomaren Außenpolitik zu erweitern.

Unsere Epoche kann als ganze allein dann verstanden (und dann bekämpft) werden, wenn wir die zwei Terrorformen als

---

[6] „Die Physik und das Geheimnis des Lebens", Braunschweig 1941.

verschwistert begreifen; und wenn wir erkennen, daß es, im großen gesehen, nahezu gleichgültig ist, ob der außenpolitische Terror dem innenpolitischen nachfolgt oder ob er diesem vorausgeht. Dieser zweite Fall hatte zum Beispiel in den Vereinigten Staaten gedroht. Denn die unter McCarthy rapide sich entwickelnden innenpolitisch-totalitären Tendenzen waren weitgehend die Folgen des damaligen atomaren Monopols Amerikas gewesen; ohne dieses Monopol hätten sie jedenfalls niemals diejenigen Chancen und diejenige Virulenz gehabt, die sie tatsächlich hatten.

3. Das Ende des Politischen

Natürlich ist die politische „Allmacht" ein weit mehr als politisches Faktum. Ob es überhaupt jemals „nur politische" Fakten gegeben hat, mag dahingestellt bleiben. Heute jedenfalls gibt es sie nicht. Und *der Glaube, heute,* im „Zeitalter des Schrankenlosen" *könnte man Tatsachen als „rein politische", gar als „rein taktische" behandeln;* man könnte sich bei deren Diskussion darauf beschränken, sich innerhalb der Schranken dieses angeblich von anderen Provinzen schön säuberlich geschiedenen Kompetenzgebietes des „Politischen" aufzuhalten, dieser Glaube ist nicht nur beschränkt, vielmehr *definiert* er geradezu *die Beschränktheit von heute.* Und diese Beschränktheit von heute ist um so verhängnisvoller, als sie nicht sosehr einen intellektuellen Defekt darstellt, sondern – was viel fataler ist – einen der *Phantasie,* ja einen totalen: also einen *charakterlichen Defekt.* – Wenn Spitzenmänner der heutigen Politik ihren Spezialstolz darein setzen, diesen Defekt öffentlich auszustellen, ja biedermännisch mit ihm zu protzen, so vermutlich deshalb, weil sie (in unserem Spezialsinne) zu „beschränkt" sind, um sich von dem Umfang und den Folgen ihrer Beschränktheit ein Bild zu machen. *Die Größe einer Stupidität ist stets proportional zu der Größe der nicht-gesehenen Konsequenzen. Und die heute nicht gesehenen Konsequenzen sind, wie gesagt, grenzenlos.*

In anderen Worten: Zum Wesen der schrankenlosen Macht, deren Eigentümer wir, beziehungsweise unsere Staaten nun geworden sind, gehört es, daß sie auch die Schranken des Kompetenzgebietes „Politik" durchbricht. *Nicht nur Atome pulverisiert die Tatsache der Kernspaltung, sondern auch die Wände der Kompetenzgebiete.* Es gibt keine mit der Anwendung der „Allmacht", also der atomaren Monstra, zusammenhängende Maßnahme, es gibt sogar keine atomare Drohung, die nicht automatisch mehr als politisch wäre; womit nicht nur gesagt ist, daß jede Maßnahme ein bißchen „unsauber" sei (also, aus ihrem Flußbett tretend, fremde Gebiete ein wenig überflute), sondern daß ihr Einbruch in fremde, und zwar in alle fremden Gebiete wesensmäßig zu ihr gehört; daß sie sich durch ihren Effekt grundsätzlich überall einmischt und über alles, sogar das „Sein oder Nichtsein", verfügt. Daher dürfte man sogar (wenn man das Infernalische der Provinz des Theologischen zurechnen darf) formulieren: Es gibt keinen mit den atomaren Monstern zusammenhängenden Schritt, der nicht ins Theologische überspränge. Ins Theologische, weil die mögliche Auslöschung der Menschheit (wenn diese sich überhaupt klassifizieren läßt) nur als apokalyptische Aktion, also mit theologischen Analogien klassifiziert werden kann. Als nur theologisch klassifizierbares Ereignis hat sie natürlich mit dem, was man früher naiv als „politische Schritte" bezeichnet hatte, nichts mehr zu tun.

Nichts ist unsinniger als der heutige Usus, den Umkreis des Problems „rein taktisch" abzuschreiten; der Gedanke, das Maßlose oder die Drohung mit dem Maßlosen zu verwenden für kleine Anmaßungen oder für Partialziele; die Hoffnung darauf, die atomare Situation, obwohl sie selbst *das* Spielfeld ist, auf dem die Steine der politischen und taktischen Verhandlung und Befriedigung mit aller Behutsamkeit gesetzt werden müßten, selbst als Stein im Spielfeld der Politik bewegen zu können – dieser Argumentations- und Aktionsstil, der fast überall herrscht, bei den Fürsprechern atomarer Aufrüstung aber durchweg, bezeugt nicht nur bestürzende intellektuelle Beschränktheit, sondern er ist empörend, weil der Gedanke, Unendliches für endliche Ziele einsetzen zu können, eben kein primär intellektueller Defekt ist, sondern ein moralischer. Fast noch entsetzlicher als das Bewußtsein von der Existenz des maßlosen Gerätes ist der Gedanke an die Beschränkten und Mittelmäßigen, die es wagen, über das Gerät nicht nur zu reden, sondern über dessen Sein und dessen Verwendung zu entscheiden; das Bewußtsein also, daß wir in der Hand von Mediokren liegen, die Gott vertreten.

Gerade *da* es Mediokre sind, die über das Gerät verfügen, ist die immer wieder geäußerte Hoffnung darauf, daß die Eigentümer der Bomben durch die Größe der Bedrohung, die sie in der Hand halten, automatisch selbst eingeschüchtert werden würden, ganz und gar unberechtigt. Machtpsychologisch ist diese Hoffnung naiv. Was zutrifft, ist vielmehr das Gegenteil. Nicht nur deshalb, weil jede Waffe durch ihren Besitz bereits „trigger happy" macht; sondern weil es eine Regel gibt, die, wenn sie ausgesprochen würde (bisher ist sie niemals ausgesprochen worden) geradezu das Gegenteil von dem besagt, was dieses Beruhigungsargument uns weismachen will. Diese Regel könnte man als die der *„akkumulierenden Hemmungslosigkeit bei akkumulierender Macht"* bezeichnen. Sie besagt, daß Hemmungen davor, von Macht Gebrauch zu machen, um so geringer werden, je größer die Macht ist, die man in Händen hält. Dieses Gesetz wurzelt in der bereits erwähnten Tatsache des „Prometheischen Gefälles": also darin, daß wir als „Vorstellende" dem, was wir selbst herstellen und „anstellen" können, nicht gewachsen sind; daß Effekte um so mehr an Vorstellbarkeit einbüßen, je größer sie werden; daß man zum Beispiel weniger Hemmungen hat, hundert Menschen pauschal zu liquidieren, als einen einzigen umzubringen.

Aber auch diese Überlegung ist noch unzulänglich, sie ist gewissermaßen noch zu optimistisch. Erstens weil Atombomben ja bereits geworfen worden *sind;* was man gerne vergißt. Zweitens aber, weil als Eigentümer der Geräte Instanzen oder Männer vorausgesetzt werden, die im konventionellen Sinne nicht schlecht sind. Daß diese Voraussetzung immer gemacht werden darf, dafür spricht natürlich garnichts. Vielmehr ist es natürlich durchaus möglich, daß einmal irgendwo ein ausgesprochener Verbrecher über „Atomwaffen" verfügt und seiner herostratischen Versuchung nicht widerstehen kann. Es gibt nichts Unvernünftigeres als auf Vernunft zu spekulieren.

4. *Wir sind allmächtig, weil wir ohnmächtig sind*

Immer wieder haben wir von dem ungeheuren „Sprung" gesprochen, den wir gemacht haben.

Fraglich ist nur, *ob* es sich dabei um einen „Sprung" handelt. Womit ich meine: fraglich, ob der Status, in dem wir uns nun unvermittelt und voller Entsetzen vorfinden, dadurch eingetreten ist, daß *wir selbst* einen Sprung getan haben. Nicht weniger berechtigt wäre es wohl, im Automatismus des technischen Fortschritts den Schuldigen zu sehen, der uns in den neuen Status hineinkatapultiert und uns springen gemacht hat. Denn wie prometheisch wir auch sein mögen, wir sind eben armselige: nämlich blinde und bremsenlose Prometheiden. Prometheiden, die unfähig sind, zu sehen, was sie tun; und dort haltzumachen, wo sie es ganz gerne täten. Womit nicht nur die „Zauberlehrlings"-Wahrheit wiederholt sein soll: daß wir nämlich ohnmächtig sind, *obwohl* wir mächtig sind – diese Situation ist bereits antiquiert – sondern umgekehrt, daß wir *deshalb allmächtig geworden sind, weil wir* (dem autonomen Motor unserer eigenen Produktion gegenüber) *ohnmächtig sind:* diesem eben nur unzulängliche Bremskraft entgegensetzen können.

Diesen Gedanken notiere man, denn er ist ein Fundamentalstück dessen, was wir eben „atomare Theologie" genannt hatten. Ich wiederhole daher: *Wurzel unserer Allmacht, also unseres „Gottes-Status", ist unsere Ohnmacht.*

Natürlich darf dieser Satz nicht als Tröstung dienen. Unsere Katastrophe wird dadurch nicht besser, daß wir in sie nur hineinstolpern. – Und noch weniger dürfen wir den Satz als eine Pille zur Erzeugung guten Gewissens mißbrauchen. Das dürfen wir um so weniger, als wir ja (mindestens Millionen von uns) den neuen Status in demjenigen Augenblick, in dem wir (gleich ob selber springend oder gestoßen) in ihm ankamen, willkommen geheißen haben; und das so lärmend und so ausdrücklich, daß die Bewillkommnung nicht hätte emphatischer ausfallen können, wenn wir in den Zustand aus freien Stücken hineingesprungen wären. Da der Beginn in Bombenabwürfen bestand, die nicht nur (siehe Franck-Report) überflüssig waren, sondern sogar mit geistlichem Segen versehen und zum Gegenstand des

Nationalstolzes gemacht wurden, muß er moralisch so beurteilt werden, als wäre er ein beabsichtigter Beginn gewesen; nicht einer, in den wir nur zauberlehrlingshaft hineingestolpert wären.

Moralisch am indiskutabelsten sind freilich diejenigen, die einerseits „nicht begehren, schuld daran zu sein", die Schuld vielmehr ausschließlich der Technik, beziehungsweise den Wissenschaftlern in die Schuhe schieben; die aber andererseits dasjenige, woran schuld zu sein sie nicht begehren, zu *haben* begehren und nun ihre in Unschuld gewaschenen Hände frisch-fröhlich und sogar fromm danach ausstrecken. Bekanntlich gibt es ein gewisses europäisches Staatsoberhaupt, das sich nicht gescheut hat, denjenigen Physikern, die, vom Gewissen getrieben, vor Atombewaffnung warnten, mit dem folgenden Argument entgegenzutreten: „Meine Herren, wer hat die Dinger denn gemacht? Ich vielleicht? Aber nun jammern Sie gefälligst auch nicht, wenn man die Dinger auch haben will. Im Übrigen haben Sie auch garkeine Ursache, sich schuldig zu fühlen. Sie haben garkein Recht auf dieses Gefühl, da ja das ‚Haben' oder ‚Nichthaben', um das es jetzt geht, unzweideutig in die Kompetenzprovinz der Politik gehört, in der Sie so wenig zu suchen haben und von der Sie so wenig verstehen, wie ich etwas in der Wissenschaft zu suchen habe und von dieser etwas verstehe. Jedem das seine". – Daß, wer im privaten Leben analog argumentieren würde, sich ein für alle Male moralisch diskreditieren würde, darüber besteht wohl kein Zweifel.

III

Über Verantwortung heute*

1959

Das moralisch Gebotene ist nicht dadurch bereits erfüllt, daß wir in demjenigen Augenblicke, in dem wir die Unverantwortbarkeit einer Arbeit erkennen, von dieser Arbeit zurücktreten. Solche Verweigerung, z. B. die Wissenschaftsdienst-Verweigerung, ist zwar geboten, aber sie ist nur der erste Schritt, nur der Beginn der erforderlichen moralischen Handlung. Auf keinen Fall dürfen wir glauben, wir erreichten unser Ziel bereits dadurch, daß wir unsere eigenen Hände sauber halten. Oder Sauberbleiben sei das höchste Gut oder das letzte Ziel. Die Ablehnung der Teilnahme am Mord ersetzt niemals die Abschaffung des Mordes. Sehr rein kann ja das Vergnügen dessen, der seine Hände in Unschuld wäscht, nicht sein, wenn er während und nach der Waschung weiß, daß im Hintergrunde Kollegen mit dem besten Gewissen der Welt, nämlich ohne jedes Gewissen, damit beschäftigt sind, an seiner Stelle „schmutzige" oder „saubere" Bomben herzustellen. Dies zu wissen, das muß das Vergnügen an der Sauberkeit der eigenen Hände ja etwas mindern. Worauf es ankommt, ist nicht die Sicherung der eigenen Untadligkeit — diese in den Vordergrund zu schieben, kann umgekehrt sogar höchst tadelnswert sein — sondern die Sicherung des Lebens der Millionen.

1.

Vor genau einem halben Jahre habe ich vor einer anderen Versammlung gestanden. Sie fand in keiner Halle statt, sondern auf einem Marktplatz unter einer erbarmungslosen Julisonne. Meine Zuhörer saßen nicht auf Bänken, sondern auf dem Pflaster. Die

---

* Rede vor dem Studentenkongreß gegen Atomrüstung. Januar 1959.

Sprache, die ich sprach, war nicht Deutsch, sondern ein von vornherein für sofortige Übersetzbarkeit so simpel wie möglich gemachtes Englisch. Denn die Versammlung fand in Kyoto statt, und diejenigen, zu denen ich sprach, waren jene Tausende, die auf ihrer Friedensprozession von Hiroshima nach Tokio Kyoto passierten.

Ich komme also, wie man so sagt, aus dem „fernen Osten". Nein. Ich komme von dort, weil dieses Dort kein „ferner Osten" mehr ist. Weil es einen „fernen Osten" nicht mehr gibt. Denn es gibt keine „Ferne" mehr.

In diesem kurzen Satze ist die ganze Situation von heute, und alles, was heute moralisch erforderlich ist, in nuce enthalten. Und da die beiden Versammlungen: die dort und die hier, Nachbarversammlungen sind, werden sich meine Worte hier im Prinzip nicht von den dort gesprochenen unterscheiden.

Das besagt freilich nicht, daß die Reaktion hier der dortigen Reaktion ähneln werde. Denn für die Menschen, zu denen ich dort sprach, war das Atomzeitalter bereits eine „Erfahrung". Während es hier noch immer, wie man so schön sagt, ein „Problem" ist.

Dort habe ich erfahren, mit Auge und Ohr gelernt, was es heißt, „das Atomzeitalter zu erfahren". Wer einmal die Erzählungen der Überlebenden gehört hat, die (so als sei Unglück eine Schande) scheu und verschämt vorgebrachten Berichte, der kehrt verändert nach Europa zurück. Wenn meine Worte schärfer und empörter klingen werden als die in diesem Hörsaal gewöhnlich gehörten, dann seien Sie also nicht erstaunt. Aber glauben Sie mir: Die Schärfe ist nur das Kind des Schmerzes. Und die Empörung nur das Echo des entschiedenen Willens, nicht zu ruhen, ehe wir nicht – und „wir" bedeutet: die dort und wir hier – die Gefahr der Vernichtung vernichtet haben.

Sie erwarten von mir, daß ich zu Ihnen über die „Verantwortung des Wissenschaftlers" spreche.

Wenn ich meine japanischen Freunde gefragt hätte, *ob* es dem Wissenschaftler zukomme, Verantwortung zu übernehmen, und das heißt heute in erster Linie: zu *warnen;* und wenn ja, wie weit der Wissenschaftler als Warner gehen dürfe – meine Freunde dort würden überzeugt davon gewesen sein, mich falsch verstanden zu haben. Denn bereits diese Formulierung der Frage ist unerlaubt. Wenn wir uns darauf einlassen, diese Frage überhaupt als Problem zuzugestehen und zu behandeln, dann lassen wir uns bereits auf einen Kompromiß ein, dann benehmen wir uns schon als Halbbesiegte. Denn diese Frage unterstellt ja als Möglichkeit, daß wir uns, wenn wir glauben, Verantwortung mit übernehmen zu dürfen, etwas herausnehmen; und daß wir vielleicht nicht „sollen dürfen". Sie macht also unser Recht auf Gewissen zum Problem.

„Aber ich bitte Sie!" werden Kompetenzgläubige ausrufen, „selbstverständlich haben Sie alles Recht auf Gewissen! Das soll Ihnen gewiß nicht beschnitten werden! Nur kann das natürlich nicht bedeuten, daß Sie ohne weiteres ein Recht darauf hätten, sich einzumischen!"

Aber daß das eine nicht auch das andere bedeute, ist das wirklich natürlich? Mir scheint das Gegenteil ganz unnatürlich. Ja, mir scheint diese Unterscheidung, auch das partielle Entgegenkommen, das sich auf diese Unterscheidung beruft, höchst bedenklich. Schließlich ist Gewissen kein nettes oder ehrenwertes oder moralisch neutrales Gefühl unter anderen Gefühlen, dem man sich nach des Tages Arbeit am Abend zwischen seinen vier Wänden hingeben könnte. Minus Handlung ist das Gewissen einfach nichts. Gewissen ist überhaupt nur dann Gewissen, wenn es uns sagt, was wir tun oder lassen sollen. Wird uns nur „Gewissen minus Handlung" zugestanden, also nur die Freiheit, unseren Ruf zu hören, aber nicht die, diesem zu folgen, dann ist dieses Zugeständnis ein Betrug, der sich als Generosität aufführt. Dann wird uns das Recht auf Gewissen genommen.

Nun hat aber das Gewissen des wirklich Gewissenhaften die unangenehme Eigenschaft, nicht nur innerhalb des gewissenhaft eingehaltenen Rahmens des Arbeitsressorts seine Stimme zu erheben. Entweder ruft es nämlich garnicht, oder es ruft zur Einmischung auf. Lassen wir uns durch dieses Wort „Einmischung" nicht einschüchtern. Es erschreckt nur denjenigen, der die Tatsache der Arbeitsteilung für der Weisheit und der Tugend letzten Schluß hält.

Aber dürfen wir das? Wenn der Staat, in dem Sie leben, ein demokratischer heißt, so doch gerade deshalb, weil er Ihnen das Recht verbürgt, gleich als wer Sie leben mögen, ob als Schuster, als Arzt, als Kumpel, als Fabrikdirektor, als Fabrikarbeiter oder als Student, an Entscheidungen mitzuwirken, die mit Ihrem Arbeitsressort nichts zu tun haben. Wer das Gewissen der Bürger auf die ihnen zugeteilten Ressorts, auf ihre Ämter, auf ihre Arbeitsfelder einschränkt, der setzt an die Stelle des Gewissens die bloße Gewissenhaftigkeit, die sich auch in Vernichtungslagern bewähren könnte, und dort sich auch bewährt hat. Stellen wir von vornherein fest: Da wir keine Ursache haben, vorauszusetzen, daß die „gewissenhaft" gezogenen Grenzen der Arbeitsteilung ihr Dasein und ihren Verlauf moralischen Prinzipien verdanken, besteht die entscheidende Funktion unseres Gewissens gerade darin, Kompetenzgrenzen zu ignorieren. Das gilt für jedermann. Und namentlich dann für jedermann, wenn Taten oder Entschlüsse, die das angebliche Monopol eines einzigen Ressorts sind, grenzenlose Folgen nach sich ziehhen, also Folgen, die über das Schicksal Aller entscheiden. Und da das für jedermann gilt, nicht allein für uns Wissenschaftler, sehe ich auch in der Verantwortung der Wissenschaftler kein spezielles philosophisches Problem. Der Ruf unseres Gewissens kennt ebensowenig ein „als" wie das Gewissen unserer nichtwissenschaftlichen Mitmenschen. Unser Gewissen trägt keinen akademischen Titel.

Was ich freilich vor mir sehe – und das überlebensgroß – das ist die faktische Schwierigkeit, der sich der Wissenschaftler, wenn er seinem Gewissen folgt, aussetzt. Was ich fürchte, ist, daß dieser Gefahr läuft, als unmoralisch verpönt zu werden. Denn es gibt ja nichts, was Unmoralische lieber und leichter gegen Moralische mobilisieren, als den Wortschatz der Moral. Und was mich als äußerste Möglichkeit erschreckt, ist, daß sich jene Situation, die uns aus der Epoche des Terrors bekannt ist, wiederholen könnte: daß es nämlich dem Wissenschaftler physisch unmöglich gemacht werde, moralisch zu handeln.

Aber die Abweisung einer Spezialmoral für Wissenschaftler besagt natürlich nicht, daß die Probleme, mit denen diese heute konfrontiert sind, damit erledigt seien. Vielmehr ist die Situation, in der sie sich bereits befinden, so neuartig, daß sie es beanspruchen kann, aufs deutlichste charakterisiert zu werden. Und für die Öffentlichkeit ist das, was bereits geschehen ist: nämlich die Tatsache, daß es gerade Naturwissenschaftler sind, die als Phalanx der Moralisten den Ruf des Gewissens mit besonderer Hellhörigkeit vernommen und dann weitergegeben haben, äußerst überraschend. Für manche sogar kränkend. Schließlich war man ja daran gewöhnt gewesen, die der naturwissenschaftlichen Praxis unterliegende Philosophie als „jenseits von Gut und Böse" liegend anzusehen. Die Philosophie der Naturwissenschaften hatte das ja auch oft genug expressis verbis ausgesprochen: die Natur kenne keine Zwecke, damit auch keine „Werte"; der strikte Monismus kein „Sollen". Daran war man gewöhnt, damit konnte man rechnen, davon konnte man wunderschön Gebrauch machen. Und dann plötzlich, da man diese jenseits von Gut und Böse arbeitenden Männer wieder einmal verwenden zu können meint, da bocken sie. Da begehen sie an dieser ihrer moralischen Neutralität, auf die man so gut hätte bauen können, „Verrat".

Aber letztlich ist dieser Umschlag von Wertneutralismus in Moralismus nicht so sonderbar. Gerade weil die naturwissenschaftliche Arbeit angeblich zweckfrei und moralneutral war, konnte sie auf ungeahnte Weise und in viel höherem Grade als jede andere Wissenschaft von jeder Macht für ihre Zwecke eingesetzt und mißbraucht werden. Gerade weil die Kluft zwischen der Zweckfreiheit der Forschung (bzw. der „Wertfreiheit" des Forschungsgebiets „Natur") und den faktischen Zwecken, denen die Forschungsmethoden und -ergebnisse in der Praxis (vor allem der militärischen) dienstbar gemacht wurden, so ungeheuer breit geworden war (breiter als zwischen irgendeiner geisteswissenschaftlichen Forschung und deren Anwendung), gerade deshalb mußte die Situation sich zuspitzen. Gerade deshalb mußte eines Tages ein moralischer Schock eintreten. Deshalb mußte es geschehen, daß aufrechte Wissenschaftler ihr Prinzip der „Zweckfreiheit" nicht mehr aufrechterhalten konnten; daß sie erkennen mußten, welch großes Geschenk ihre Betonung des Neutralitätsprinzips für die Nutznießer ihrer Arbeit darstellte; und in welchem Grade dieses Prinzip für sie selbst zum bloßen

Alibi zu werden drohte. Kurz: sie erkannten, wie ausbeutbar und wie effektiv ausgebeutet sie waren.

Ich meine dieses geschichtlich belastete Wort „ausbeutbar" durchaus nicht metaphorisch. Die Ausgebeuteten von heute sind tatsächlich die Naturwissenschaftler. Das Faktum, daß diese Männer, verglichen mit ausgebeutetem Proletariat, durchweg gute Verdiener sind, besagt gegen diese Charakterisierung garnichts. Wie generös immer sie entlohnt werden mögen – was den Ausschlag gibt, ist, daß sie Leistungen vollbringen, die ihnen post festum nicht mehr gehören sollen, und daß sie gerade dafür entlohnt werden, daß sie auf ihr wissenschaftliches Eigentum verzichten.

Wenn es zur Pflicht der Gesellschaftskritik des 19. Jahrhunderts gehört hatte, den Industriearbeiter als Nichteigentümer der Produktionsmittel, mit deren Hilfe er die Produktewelt herstellte, nachzuweisen, so ist es unsere heutige Pflicht, festzustellen, daß durch eine Umbesetzung der Rollen im Ausbeutungsspiel die Naturwissenschaftler die Hauptopfer im heutigen Produktionsprozeß geworden sind.

„Als Wissenschaftler", heißt es immer wieder, „haben die Forscher kein Recht, sich in die Politik einzumischen." Dieses „Als" ist ein Schlüsselbegriff. Bei ihm haben wir zu verweilen, ihn haben wir zu prüfen.

Vor einem halben Jahre betrachtete ich zusammen mit einem Japaner und einem europäischen Freunde ein Trümmerstück der einstmals größten katholischen Kirche des fernen Ostens, der Kathedrale von Nagasaki. Zwar dort, wo dieses Fragment hingehört, da liegt dieses nicht mehr, nicht mehr auf der Trümmerstätte: denn auch diese gibt es nicht mehr. Sondern bereits, halb musealisiert, in einer Grün-Anlage, in die man den Tatort verwandelt hat. „You brought it and you destroyed it", meinte der Japaner ausdruckslos, „ihr habt die Kirche gebracht, und ihr habt sie zerstört". Ob er mit dem „it" nur das eine Kirchengebäude meinte, dem das Trümmerstück entstammte, das ließ er offen. Jedenfalls fuhr er fort: „Und nun fragen sich natürlich manche von uns, wie sie euch weiter glauben sollen." Im Zeremonialidiom der Japaner bedeutet das Wort „manche" natürlich

„viele". – Ich schwieg. Aber mein Nebenmann errötete. In der heutigen Situation gibt es ja auch die erstmalige Arbeitsteilung zwischen „tun" und „sich schämen": die Einen tun die Tat, und die Anderen schämen sich dieser – kurz: mein Freund, der an Stelle seiner fellow men, die die Tat auf ihrem Gewissen hatten, errötete, versuchte eine Antwort. „Gewiß", meinte er nämlich zaudernd, „*als* Christen haben diejenigen, die den Abwurf der Bombe beschlossen, oder diejenigen, die sie warfen, ihre Tat gewiß nicht vollbracht" – was der Japaner (und dort bedeutet das schon beinahe ein Maximum an Unhöflichkeit) mit einem entschiedenen Kopfschütteln quittierte. „Mit diesem *Als*", meinte er, zwar ohne seine Stimme zu erheben, aber doch mit Überzeugung, „kann ich nicht viel anfangen. Ich sehe keine Rechtfertigung für solche Arbeitsteilung heute. Die Situation, in die wir hineingeraten sind, ist nicht so, daß die Einen das Geschäft der Nächstenliebe übernehmen könnten, und die Anderen, ihre Angestellten, das Geschäft des Massenmordes, also das der Unchristlichkeit." – „So hatte ich das auch nicht gemeint", wandte mein Freund lahm ein. – „Ich weiß schon", stellte der Japaner richtig, „aber was von der Arbeitsteilung gilt, das gilt ganz genau so von der Zeitaufteilung. Für diese sehe ich nämlich genauso wenig Rechtfertigung." „Wie meinen Sie das?" fragte mein Freund. „Daß es keine Rechtfertigung für eine Zeitaufteilung gibt, die es irgendjemanden erlaubte, bis – sagen wir: neun Uhr vormittags *als* Christ Nächstenliebe zu üben; dann eine mehrstündige Pause einzulegen, innerhalb derer er dann so etwas anrichtet wie hier in Nagasaki; und dann – sagen wir: um zwei oder drei Uhr Nachmittags – den Faden der Nächstenliebe von neuem aufzunehmen." Wir blieben stumm. „Der Bombenabwurf", erläuterte der Japaner geduldig, „wird nicht dadurch entschuldbarer, daß er in einer Pause zwischen der Christlichkeit *vor* der Tat und der Christlichkeit *nach* der Tat stattfand. Dann besteht die Schande eben darin, daß Christen eine solche Pause in ihr Christlichsein einlegen. Wahr ist umgekehrt, daß die angeblich vor und nach der Tat lebendige Christlichkeit der Täter durch das, was sie in der Pause begehen, ihre Glaubwürdigkeit verliert." Das gaben wir beschämt zu. „Aber das ist leider noch nicht alles", fuhr der

Japaner fort. „Sie hatten gesagt: ‚Als' Christen hätten die Amerikaner die Tat nicht begangen. Wenn Sie auf dieses ‚Als' ein solches Gewicht legen, dann sollten Sie, nein dann müßten Sie wohl auch fragen, *als* wer eigentlich die Zweihunderttausend, die es getroffen hat, umgekommen sind." – Wir nickten. – „*Als* Christen?" Wir antworteten nicht. – „Oder *als* Feinde?" – Wir blieben weiter stumm. – „Ja, als was eigentlich? Feinde waren sie ja nicht mehr, da Japan schon am Boden lag und seine Kapitulationsbereitschaft bereits bekanntgegeben hatte. Als Soldaten? Aber der Unterschied zwischen Militär und Zivilisten war ja bereits gelöscht, und die Mehrzahl der Umgekommenen bestand ja ohnehin aus Zivilisten – denen wir aber mit bestem Gewissen auch die Soldaten zurechnen dürfen, da diese ja eurer enormen Waffe gegenüber genauso wehrlos waren wie die Zivilisten, nämlich *absolut* wehrlos. Aber lassen wir das. Es sei denn, wir entschließen uns zu der Version, daß ihr die Zweihunderttausend als Drohmaterial für Stalin umgebracht habt, nämlich um diesen durch das Schauspiel des Massenmordes wissen zu lassen, was auch er und die Seinen unter Umständen zu gewärtigen hätten. Aber von diesem ‚Als' haben die Sterbenden natürlich nichts gewußt, *als* das sind sie ja nicht gestorben, sondern nur umgebracht worden. – Glauben Sie mir: Ihr famoses ‚Als' ist bereits im Augenblick der ersten atomaren Explosion, also über Hiroshima, mitexplodiert." – Wir nickten. – „Ich bin froh", sprach er lächelnd, „daß wir da übereinstimmen. Darf ich noch eine Schlußbemerkung machen?" – „Bitte!" – „Wenn diejenigen", faßte er da zusammen, „denen etwas angetan wird (gleich *als* was sie gelebt hatten, ob als Soldaten oder als Zivilisten, ob als Shintoisten oder als Christen, ob als Sozialisten oder als Unpolitische) ohne alles Ansehen ihres ‚Als' zugrundegehen, dann müssen die Täter (oder richtiger: diejenigen, die ihre Tat unterlassen oder verhindern könnten) ihr ‚Als' ebenfalls abschaffen. Nehmen Sie – ich bitte Sie darum – zu dem, was geschehen ist oder was geschehen könnte, niemals *als* Physiker, niemals *als* Abgeordnete, niemals *als* Militärexperten, niemals *als* Verteidiger der Kulturwerte Stellung – jedes ‚Als' ist durch den Abwurf der Bombe, mindestens der über Nagasaki, diskreditiert. Jedes ‚Als' ist unangemessen."

Wir nickten.

„Und glauben Sie mir", schloß er, „nicht nur die Schläge auf Hiroshima und Nagasaki sind es, die die Ehre des weißen Mannes bei uns beschädigt haben. Sondern auch die Art und Weise, wie seitdem über das Geschehene und das Mögliche gesprochen worden ist, und wie auch heute noch darüber gesprochen wird. Oder schon wieder."

Soweit der Japaner. Und beschämt gebe ich Ihnen seine Worte weiter.

Regel: Wenn die Effekte unserer Taten oder Werke das „Als" des Menschen zerstören, dann verlieren wir dadurch das Recht, uns zum Zwecke der Salvierung auf unser eigenes „Als" zu berufen und zurückzuziehen. Wenn wir der von uns verursachten Zerstörung gegenüber deshalb indifferent bleiben, weil nicht „wir", sondern „wir als ..." (Staats- oder Industrie- oder Institutsangestellte, oder als Wissenschaftler) die Zerstörung verursacht haben, dann bezeugt diese Indolenz entweder Heuchelei oder Beschränktheit. Und oft beides zugleich.

Es gibt eine alte indische Geschichte, die sogenannte ‚Fabel vom Bademeister von Pentapur', in der Folgendes erzählt wird: Als der Bademeister des Marschalls von Pentapur mit Schrecken feststellte, daß er das einströmende Badewasser nicht wieder abstellen konnte, da warnte er die Marschallin, die nebenan auf ihren Teppichen lag, denn er war in größter Sorge um deren unersetzliche Schätze. Warnend rief er also, daß das Wasser bald durch die Türritze dringen würde. Die Marschallin aber rief zurück: „Erst stellst du die Geschichte an, und nun unterstehst du dich auch noch, dich in meine Angelegenheiten zu mischen! Als wer schreist du da eigentlich? Du bist Bademeister! Dich geht nur das Badezimmer etwas an! Merk dir das!"

Es läuft auf eines heraus, ob wir sagen, die Fabel habe den Lesern den Unfug des „Als" beibringen sollen, oder sie habe diesen deutlich machen sollen, daß „Folgen sich nicht um Scheidewände kümmern".

In der Tat ist dieser Satz „Folgen kümmern sich nicht um Scheidewände" einer der fundamentalsten Grundsätze der Ethik.

Nein, sogar mehr als ein Grundsatz, da er eines der Fakten betrifft, die Moral erforderlich machen.

Denn die Grenzen, die wir zwischen den sozialen oder den beruflichen oder den wissenschaftlichen Feldern aufgerichtet haben, die sind den Folgen unbekannt und auch völlig egal. Das gilt um so mehr, je größer eine Tat ist. Oder richtiger: *Allein diejenigen Taten gelten mit Recht als „groß", deren Folgen aus dem Flußbett ihrer Spezialität heraustreten und fremdes Gebiet überschwemmen.* Wenn dies der Fall ist, dann bedeutet das für die Verantwortlichen, daß sie, um überhaupt verantwortlich bleiben zu können, dazu verpflichtet sind, gleichfalls aus dem Flußbett ihrer Spezialität heraus- und den Folgen ihrer Taten oder Werke nachzuspringen; also die angeblichen Grenzen ihres Arbeitsressorts als moralisch irreführend, wenn nicht sogar, sofern diese mit falschem Anspruch auftreten, als unmoralisch abzulehnen. Dies also und gerade dies ist die Aufgabe der Verantwortung. Denn diese ist das Korrektiv der Arbeitsteilung. – Umgekehrt gilt der Satz „Verantwortung hat sich in Ressortgrenzen zu halten" nur dort, wo die Grenzen (wie im Ameisen- oder im totalen Staat) als naturgegebene oder gar als moralische Fakten unterstellt werden.

Jede Handlung zieht, wie Kant es geschildert hat, in demjenigen Moment, in dem sie verwirklicht wird, in das Reich der „Erscheinungen" ein, in das Reich, in dem Kausalität regiert. Jede gleicht dann jenen willentlich abgeschossenen künstlichen Objekten, die, einmal unterwegs, zu kleinen Himmelskörpern und damit zu „Natur" werden. Was der Verantwortungsbewußte versucht, ist zwar nicht, diese Tatsache zu verhindern, – das ist unmöglich –, aber doch zu verzögern, nämlich mit den Effekten seiner Taten so lange wie möglich, also auch dann noch Schritt zu halten, wenn diese in das Naturreich der Kausalität eingegangen sind; beziehungsweise den Weg der Kausalität so lange wie irgend möglich zu lenken; oder uns und unsere Mitmenschen vor denjenigen Effekten, die sich nun „frei gemacht" haben (nämlich frei von unserer Freiheit) zu warnen; oder schließlich diejenigen Handlungen, von denen er voraussieht, daß sie unabsehbare, unlenkbare, unvorstellbare, unwiderrufliche Effekte nach sich ziehen könnten, oder gar nach sich ziehen werden, zu unterbinden.

So wie der Naturwissenschaftler, der die Ursachen verfolgt, ad infinitum nach rückwärts weiterzugehen hat, so hat der Verantwortliche ad infinitum nach vorwärts weiterzugehen. Während jener, vom Effekt startend, dessen Ursachen in der Richtung auf die Quellen verfolgt, versteht der Verantwortliche sich selbst als die Quelle und verfolgt deren Lauf in Richtung auf die letzten Effekte.

Nun, bis zum wirklichen letzten Effekt vorzustoßen, das ist bloße „Idee" im kantischen Sinne, und das ist keinem noch so Verantwortungsbewußten vergönnt. Vielleicht glücklicherweise nicht, denn unendliche Skrupelhaftigkeit würde uns total lähmen. Und vor dem Anbruch des Atomzeitalters wäre die infinite Verfolgung der eigenen Handlung zumeist auch überflüssig gewesen, weil deren Effekte sich im Unterschwelligen und im Nebel des Übermorgen verloren.

Nicht so heute. Das Infinite hat gewissermaßen seinen Platz gewechselt: Infinit ist nun nicht mehr der Zeitraum, der es den Effekten unserer Effekte erlaubt, immer weiter Wellen zu schlagen – dieser Zeitraum ist nun vielleicht sogar finit. Wenn er das aber ist, dann gerade deshalb, weil der Sofort-Effekt unserer Handlungen infinit geworden ist. Denn infinit ist das „Ende des Menschengeschlechts", das wir, da wir mindestens modo negativo allmächtig geworden sind, mit einem Male auslösen können. (Welche Sekundär- und Tertiärwirkungen dieses Ende dann in der endlosen nach-menschlichen Zeit haben könnte, das ist eine müßige Frage, die niemanden von uns etwas angeht.) Dieser „Platzwechsel des Infiniten" hat nun begreiflicherweise eine entscheidende Bedeutung für unsere Verantwortung. Wenn die Macht unserer Produkte, die Energien, die wir herstellen bzw. entbinden können, selbst unendlich sind, dann ist auch unsere Verantwortung unendlich.

Regel: *Unsere Verantwortung reicht so weit wie die unmittelbaren und mittelbaren Effekte unserer Taten, unserer Unterlassungen oder unserer Werke.* Jedenfalls hat sie zu versuchen, so weit zu reichen und die Größe dessen anzunehmen, was wir verursachten. Wenn es zum Wesen einer von uns ausgehenden Handlung gehört, daß diese fähig ist, Grenzen zu sprengen (und zwar nicht nur die geographischen zwischen Ländern, oder die zeitlichen zwischen Gegenwart und Zukunft, sondern auch die zwischen Sein und Nichtsein), dann haben wir zu versuchen, dieser Sprengkraft moralisch „nachzukommen". Das heißt: so weit zu springen, wie die Sprengung reicht. Kürzeste Regelformulierung: *Bleibe moralisch auf dem Laufenden der Effekte deines Tuns!* Verhindere, daß diese dir entlaufen!

Wer das als „Kompetenzüberschreitung" tadelt, der ist *„beschränkt"*. Und zwar in einem Sinne, der sehr viel breiter ist, als der übliche Sinn des Wortes „beschränkt". Denn nicht nur intellektuelle Beschränktheit ist hier damit gemeint, sondern die Unfähigkeit, die Schranken der alltäglichen Vorstellung zu überwinden; und die Unwilligkeit, zu sehen, daß diese Schranken überwunden werden müssen. Das aber ist eine *moralische Beschränktheit*.

Mit diesem Begriff von „Beschränktheit" kommen wir zu der spezifischen Bosheit, also zum „malum" von heute. Wollen wir das heutige Verantwortungsproblem verstehen, dann haben wir dieses „malum" zu bestimmen.

Das heutige „malum" unterscheidet sich nämlich wesentlich von demjenigen, das in der Überlieferung Europas, namentlich der christlichen, als „Übel" gegolten hatte. Wenn wir heute dem Menschen mißtrauen, so nicht auf Grund seiner Erbsünde, sondern auf Grund einer zusätzlichen Unzulänglichkeit, einer soeben erst erworbenen.

Erst einmal negativ: Der Status der Schlechtseins, dem der Kampf heute zu gelten hat, definiert sich nicht dadurch, daß der Mensch „sarx" ist. Das Gefälle, das heute zählt, ist nicht das zwischen „Fleisch" und „Geist" oder zwischen „Neigung" und „Pflicht". Vielmehr das zwischen dem Menschen als produzierendem Wesen und dem Menschen als produktionsverstehendem Wesen. *Was uns schlecht macht, ist, daß wir als Handelnde oder Tätige unseren Werken, unseren Produkten nicht gewachsen sind:* daß wir nicht auffassen, welche Taten unsere Werke, und zwar einfach durch die Tatsache, daß wir diese hergestellt haben und daß diese nun da sind, darstellen. Dieses *unser heutiges „Wir wissen nicht, was wir tun"* ist unser heutiges *„malum"*.

Die Kluft tut sich also nicht zwischen Geist und Fleisch, sondern *zwischen Produkt und Geist* auf. Beispiel: Herstellen können wir die Bombe. Aber uns vorzustellen, wer wir nun als Eigentümer dieses Selbsthergestellten geworden sind, und was wir als deren Eigentümer tun könnten, und bereits (in Hiroshima und Nagasaki) getan haben und täglich durch unsere nuklearen Experimente tun; und wie wir nun als deren Eigentümer zu handeln hätten, das uns vorzustellen, scheinen wir außerstande.

Diese Differenz ist in unserer Geschichte, damit auch in der Geschichte der Ethik erstmalig. Das Element „Natur" („Sinnlichkeit", „cupiditas"), das bisher das „malum" stets mindestens mit definiert hatte, fällt hier aus. Eine positive, dem Geist entgegengesetzte „cupiditas" ist es nicht, was uns in den Zustand der Bosheit versetzt hat oder versetzt. Im Gegenteil: Da es unsere Vorstellung ist, die versagt, ist es gerade der „Geist", der sich als „schwach" herausstellt.

Vermutlich hat es in der Weltgeschichte noch niemals eine Epoche gegeben, in der Schlechtigkeit so ausschließlich auf Beschränktheit (um nicht zu sagen: auf Dummheit) herausgelaufen ist, keine Epoche, in der die beiden so ununterscheidbar geworden wären wie sie es heute sind.

Damit ist natürlich nicht gemeint, daß die Politiker von heute, absolut gesprochen, beschränkter seien als ihre Vorgänger in der Vergangenheit. Aber an diesen dürfen wir die heutigen nicht messen, sondern allein an ihrer heutigen Aufgabe, und das heißt leider: an der maßlosen Aufgabe, mit der sie heute konfrontiert sind. Und gemessen an der Größe dessen, was sie heute vorzustellen und auf Grund des Vorgestellten zu tun oder zu unterlassen hätten, sind sie in der Tat ungleich dümmer, als Staatsmänner ihren Aufgaben gegenüber jemals hätten sein können. Es ist nicht ironisch gemeint, wenn ich sage: „Die Ärmsten!" Denn diesen Ärmsten sind die Aufgaben wirklich über den Kopf gewachsen. Von einem ehemaligen General oder von einem ehemaligen Sekretär oder von einem ehemaligen Bürgermeister zu verlangen, diejenige Vorstellungskraft aufzubringen, die der möglichen Apokalypse angemessen wäre, also ihre Phantasie ins Unendliche zu erweitern, das ist eine Überforderung. Aber gerade in dieser Überforderung besteht die heutige moralische Forderung, ja sogar die Minimumforderung von heute. Denn wenn diejenigen, die das heutige Geschick der Welt lenken, dieser Forderung gegenüber versagen (und bisher haben sie, da sie diese noch nicht einmal aufgefaßt haben, versagt) dann besteht in diesem ihrem Versagen, da es unser aller Ende zur Folge haben kann, ihre „Schlechtigkeit".

Mit gewissem Recht könnte man behaupten, daß die „moralische" (bzw. unmoralische) Situation, in die wir (im Sinne von „wir Menschen") hineingeraten sind, mit der von den Religionen gemeinten mehr gemein hat als mit der in neuzeitlichen Ethiken gemeinten. Das nicht so sehr deshalb, weil unsere heutige Produktionsvergötzung dem Götzendienst verwandt wäre, sondern deshalb, weil wir uns (wie im peccatum originale) auch dann in Bosheit befinden, auch dann des Gutseins unfähig sind, wenn wir nichts bestimmtes Böses tun; weil das bloße Sosein, in das wir hineingeraten sind, das Böse bereits ist. Da mögen Regierungschefs oder Wehrminister oder Abgeordnete mit ihren Nachbarn oder mit ihren Enkelkindern noch so freundlich und wohlwollend spielen – ihre Freundlichkeit bleibt eine qualité négligeable, ihr Wohlwollen gilt nicht: Denn das einzige Handeln, das heute als wirkliches Handeln angerechnet werden darf, besteht in der Tatsache, daß wir einer Welt den Lauf lassen (auf eine Welt zählen, uns auf eine Welt verlassen) deren wir als Hersteller (oder als Ausbeuter von Erfindungen) zwar „Herr" sein mögen, sonst aber nicht. „Die Tugenden der Heiden", heißt es bei Augustin, „sind blendende Laster." Das gilt heute von uns allen, namentlich von diesen Regierungschefs. Auch unsere, außerhalb der technischen Welt herumspielenden und sich amüsierenden, Tugenden sind, wenn nicht geradezu lasterhaft, so doch bloße Dekorationsstücke und Verbrämungen der Situation: sie sind bloßes Beiwerk, das uns und die Anderen vom Wesentlichen fortführt. Denn gleich, was wir außerdem sind oder tun, böse sind wir einfach durch die Tatsache, daß wir in dieser Welt, das heißt in einer atomaren Erpressungswelt, leben.

Um sich das eigentümliche „malum", um das es sich heute handelt, bis ins letzte klar zu machen, wird es nützlich sein, die heutigen Forderungen auch mit der zeitlich uns nächsten Postulatformulierung, also mit der des Deutschen Idealismus zu konfrontieren. Wenn ich dabei zu dem Schluß komme, daß auch Kant heute nicht mehr ausreicht, dann beweist das lediglich, daß die Revolution der Produktionsart und der Produkte-Art, die sich seit seinen Tagen abgespielt hat, so ungeheuer gewesen ist, daß durch sie die von ihm gemachten Voraussetzungen mit-annulliert sind.

Kant hatte – und in seinen Tagen gewiß mit Recht – die Existenz, mindestens die Möglichkeit, einzelner Handlungen unterstellt. Diese Unterstellung gilt heute nicht mehr. Denn entscheidend für unsere Situation ist, daß wir aufgehört haben, im eigentlichen Sinne des Wortes zu „handeln", daß wir vielmehr durch dasjenige, was wir gemacht haben (denn das Machen hat das Tun verschlungen), ohne es zu wissen, immer schon gehandelt haben. Das heißt: Unsere Werke, unsere Produkte, kommen den Taten, die wir mit Hilfe dieser Werke durchführen könnten, immer schon zuvor. *Unsere Produkte sind bereits, ob wir das wollen oder nicht, unsere Taten.* Und was wir mit diesen Dinge gewordenen Taten dann anstellen, unser, wie wir glauben, „eigentliches Tun" ist immer nur ein nachträgliches und beiläufiges Nachspiel.

Dazu kommt, daß diejenigen Menschen, die in das Handeln als Subjekte eingeschaltet werden, nicht mehr im eigentlichen Sinne „Handelnde" sind, sondern nur noch „Mit-Tuende" oder „Auslösende"; was so weit geht, daß sie im simpelsten und unmetaphorischen Sinne – dieses schon mehrere Male verwendete Wort müssen wir hier noch einmal zitieren – nicht wissen, was sie tun. So hat man zum Beispiel dem Manne, der die amerikanische Weihnachtsrakete (die sinnige Rakete der frohen Botschaft) abschoß, nicht mitgeteilt, welche Bewandtnis es mit seinem auslösenden Knopfdruck gehabt hatte. Da nun aber jeder auslösende Knopfdruck dem anderen gleicht, hätte es sich bei seiner „Handlung" ganz genau so gut um die Anschaltung eines neuen lokalen Kraftwerkes handeln können. Nichts spricht dafür, daß derartiges einmalig bleibt. Vielmehr spricht alles dafür, daß solche Fälle zu Normalfällen werden. Das heißt: Es wird alltäglich werden, daß Tuende (und zwar gerade bei Aktionen größten Formats, da diese vielleicht durch obsolete moralische Hemmungen „gefährdet" werden könnten) daran gehindert werden werden, zu wissen, was sie tun; und daß sie das sogar auch post festum nicht erfahren werden. Von wenigen Dingen bin ich so fest überzeugt wie davon, daß der Mann – vermutlich einer unserer Zeitgenossen – der bei Ausbruch eines (natürlich nicht erklärten) Krieges den Abschuß der ersten atomaren Rakete auslösen wird, ein im makabersten Sinne völlig Unschuldiger bleiben, nämlich (sofern er überleben sollte) post factum nicht wissen wird, daß er „derjenige welcher" gewesen ist. – Es gibt ein Sprichwort, das während des vorigen Weltkrieges gerne als Devise der Spionenbekämpfung verwendet worden ist. Es lautet: „A chain is as weak as its weakest link". Heute sollten wir die Variante verbreiten: „An action is as morally blind as its blindest participant." Oder: „Eine Handlung ist so gewissenlos wie der in sie eingeschaltete Angestellte, der der Chance, Gewissen zu haben, beraubt worden ist."

Das bedeutet: Da Handeln (teils durch Herstellen, teils durch Auslösen von Hergestelltem) ersetzt ist, und durch diese Ersetzung abgeschafft ist, ist auch die Möglichkeit, gut zu handeln, mit-abgeschafft.

Oder, in anderen Worten: Da unser Handeln, seinem Aussehen, seinem Behaviour-Typ nach, kein „Handeln" mehr zu sein scheint (sondern eben Arbeiten oder Auslösen), glauben wir auch arbeitend oder auslösend nichts zu tun; scheinen wir also davon absolviert zu sein, Verantwortung für die Arbeit oder die Auslösung übernehmen zu müssen. Immer haben wir ein Alibi, das Alibi, nichts getan zu haben. In dieser Pauschal-Absolution und in diesem Alibi besteht unsere heutige moralische – das heißt: unsere unmoralische – Situation.

Und deshalb reichen die Handlungsmaximen der bisherigen Ethik für uns nicht mehr aus. Unser kategorischer Imperativ müßte erst einmal wieder lauten: „Handle!" Oder, spezifizierter – ich versuche hier die diversesten Formeln –: „Begreife, daß du auch dann handelst, wenn dein Handeln nicht mehr wie Handeln aussieht!" Oder: „Greife ein, um zu verhindern, daß deine als Nichttun oder als Mitmachen oder als Arbeiten oder als Auslösen getarnte Tätigkeit zu Effekten führe, die du, wären sie direkt erreichbar und sichtbare Effekte deines Tuns, niemals verantworten würdest!" Oder: „Hole dich selbst wieder ein!" – eine wahrhaft maßlos große Aufgabe, da ja, was „eingeholt" werden muß: unsere Machwerke und deren Effekte, maßlos geworden sind. – Und „einzuholen" haben wir unsere Machwerke nicht etwa in dem Sinne, daß wir uns fähig machen sollten, uns an das Maßlose, das wir anrichten, zu adaptieren – darin besteht umgekehrt das „Human Engineering", und nichts ist verhängnisvoller als der Usus, „adaption" als Normalität, und diese Normalität als Norm zu verkünden. Das Wort „einholen" kann hier umgekehrt nur in dem Sinne gemeint sein, in dem man davon spricht, daß man eine zu weit ausgeworfene Angelleine wieder einholt: also im Sinne von „zu sich zurückholen". Was es zu tun gilt, ist also ein Akt der Revozierung. Nämlich dasjenige nicht zu tun, was wir uns vorzustellen unfähig sind.

Da wird mancher vielleicht einwenden, das stelle eine Aufforderung zur „Maschinenstürmerei" dar. Seien wir nicht so überängstlich. Der Ausdruck darf uns nicht einschüchtern. Die Angst vor ihm ist Konvention. Der Verruf, in den er geraten, stammt aus einer archaischen Zeit: aus der Zeit des Kampfes zwischen Handarbeit und Maschinenarbeit. Aber diesen Kampf gibt es nicht mehr. So verlaufen die Fronten heute nicht mehr. Kein heutiger „Maschinenstürmer" verlangt, den „Webern" gleich, die heutigen Produkte (also z. B. Wasserstoffbomben) statt maschinell in Heimarbeit herzustellen. Nicht *wie* etwas hergestellt wird, steht heute zur Debatte, sondern *was* und *ob*. Wer die Revozierung der Kernwaffen befürwortet oder für diese Revozierung gar kämpft, der *ist* bereits partieller Maschinenstürmer. Nur ohne den Mut zu dieser Vokabel. Machen wir ruhig ein Ehrenwort aus ihr!

2.

Nun, mir scheint, wir dürfen diese Probleme nicht diskutieren, ohne einen Blick auf dasjenige Buch zu werfen, das, mindestens im heutigen Deutschland, als *die* Philosophie des Atomzeitalters propagiert wird. Ich spreche natürlich von dem Werke von Jaspers.

Die Grundthese dieses Buches – nennen wir sie das „Zweihöllen-Axiom" – besagt, daß wir heute zwei einander ebenbürtigen Gefahren gegenüberstehen. Der Gefahr des Weltendes, die Jaspers (ich betone das mit Nachdruck) ohne die Spur einer Bagatellisierung und mit absoluter Unverblümtheit zugibt; und der Gefahr, daß wir „vom sowjetrussischen Totalitarismus eingewalzt" werden könnten. In Jaspers' Worten: „Dort ist das Dasein, hier ist das lebenswerte Dasein verloren" (S. 22). Oder, wiederum in Jaspers' Worten: „Hie ist das Menschenleben ... dort das Menschenwesen endgültig zerstört" (S. 230).

Diese Alternative von Jaspers ist einfach indiskutabel. Ich sehe dabei von zwei Punkten ab.

Erstens davon, daß er in seiner geradezu manichäischen Zerschneidung der Welt in eine helle und eine schwarze Hälfte die Gefahr einer russischen Invasion in Europa maßlos übertreibt; daß er ignoriert, daß Rußland ungleich intensiver am Ausbau seines eigenen Landes und an Asien interessiert ist als an einem Eroberungsfeldzug gen Westen;

und zweitens davon, daß Rußland in der Epoche, in der es von Westen dreimal attackiert wurde (1914, 1921 und im letzten Krieg), keinen einzigen wirklichen Westfeldzug unternommen hat. – Wie gesagt, davon spreche ich hier nicht.

Vielmehr beschränke ich mich auf ein rein philosophisches Argument. Es ist nämlich nicht nur verwunderlich, sondern auch aufs tiefste beschämend, daß ein Philosoph die Gefährdung durch ein geschichtliches Faktum (die Existenz Sowjetrußlands), das wie jedes andere im Fluß ist, mit einer Gefahr in einem Atem nennt, die das irreparable und irreversible Ende der Menschheit bedeutet; daß ein Philosoph die Gefahr durch ein Wandelbares der Gefahr einer Auslöschung des Menschengeschlechts gleichsetzt.

Wie merkwürdig das auch klingen mag, Jaspers läßt diesen Einwand nicht aus, wie er denn überhaupt kaum eines der möglichen Gegenargumente direkt unterschlägt. Die Absonderlichkeit, um nicht zu sagen: die Unehrlichkeit seines Buches rührt vielmehr daher, daß er diesen Gegengedanken einfach nicht genügend Gewicht einräumt, daß er diese im Vergleich mit den Punkten, auf die es ihm ankommt, gewissermaßen nur erwähnt, um sie dann am Wege liegen zu lassen. Er macht sich bis zu einem solchen Grade zum Gefangenen seines mythologisierenden Zweihöllen-Axioms, daß er es den Gegengedanken nicht gönnt, sich wirklich zu entfalten und Konsequenzen zu haben. Umgekehrt basiert er sein Buch auf der angeblichen Ebenbürtigkeit der zwei Gefahren.

Die Verteufelung Sowjetrußlands bringt es mit sich, daß die Kritik der übrigen Welt (die, wie gesagt, bei ihm auch vorkommt) gewicht-, pointen- und folgenlos bleibt. Sie hindert Jaspers jedenfalls nicht daran, jeden Abendländer als zwei Vaterländern (von denen das zweite Amerika ist) zugehörig zu bezeichnen; die „absolute Solidarität" mit Amerika zu besiegeln (S. 184); Adenauer als Vertreter der „freien Welt" eine gute Note zu erteilen; auch nicht daran – was einfach blamabelste Ignoranz beweist – „kapitalistische Ideologie" als etwas „dem Westen vom marxistischen Denken Suggeriertes" beiseitezuschieben – und all das bringt es natürlich mit sich, daß Fakten, die nicht minder antihuman sind als es die Parteidiktatur in Sowjetrußland ist, einfach abgeblendet bleiben. Die Tatsache, daß die Bombe nicht von dem totalitären Teufelsstaat geworfen worden ist, sondern von einem anderen (und zwar, wie wir ja von Beginn an, nämlich durch den Franck-Report, wissen, überflüssigerweise), – diese Tatsache wird in den 500 Seiten dieses Buches nicht dafür verwendet, um die Moral des Westens oder Amerikas einer so entscheidenden Kritik zu unterziehen, daß diese auf seine Entscheidung Einfluß hätte. Bitte stellen Sie sich einmal vor, Hiroshima wäre von der Sowjetunion durch Abwurf einer Atombombe verwüstet worden; und die Sowjetunion hätte dieser ersten Bombe, obwohl Japan bereits am Boden lag und kapitulationsbereit war, sogar noch eine zweite Bombe nachfolgen lassen – es ist garnicht auszudenken, wie diese Taten ausgeschlachtet worden wären. Oder richtiger, das ist auszudenken: denn diese Taten wären ausgeschlachtet worden als die blutigen und rauchenden, alle anderen Beweisstücke krönenden Zeugnisse für die angebliche Maxime des Totalitarismus: „Der

Zweck heiligt die Mittel". Als typische Dokumente totalitärer Skrupellosigkeit.

Und das wäre mit Recht geschehen. Womit ich zu Jaspers' grundsätzlich falschem Angelpunkt komme: zu demjenigen Defekt, der sein Buch trotz mancher wahrer und eindrucksvoller Seiten einfach unverwendbar macht.

Die Atomdrohung (und diese besteht, wie wir wissen, bereits im bloßen „Haben" atomarer Macht) ist nämlich nicht die Alternative zum Totalitarismus, sondern die außenpolitische Version des Totalitarismus. Die heute endgültige Alternative lautet nicht: „Totalitarismus oder Atomdrohung", sondern: „Entweder bedient sich eine Macht der Atomdrohung, weil sie ohnehin totalitär ist, oder eine Macht wird dadurch totalitär, daß sie sich der Atomdrohung bedient."

Mißverstehen Sie mich nicht. Natürlich behaupte ich nicht, daß es in den Vereinigten Staaten oder in Großbritannien Konzentrationslager gebe, oder daß in einem dieser zwei Länder Massenliquidierungen stattfänden. Nicht also daß die atomare Bedrohung bereits die entsetzlichen bekannten Binnenerscheinungen des Totalitarismus mit sich gebracht hätte. Freilich war es natürlich auch kein Zufall, daß die Gefahr eines faschismusähnlichen Totalitarismus, die Gefahr eines Umschlages des sanften und unblutigen Konformismusterrors in einen eisernen und blutigen in den USA in demjenigen Moment ihren Höhepunkt erreicht hat, in dem das atomare Monopol noch nicht durchbrochen (wenn auch schon gefährdet) war. Wenn die dunkle Wolke, die Amerika beschattete, also die McCarthy-Gefahr, vorbeigezogen ist, so ist das nicht ohne Zusammenhang mit der Tatsache des Verlustes des atomaren Monopols geschehen.

Gleichviel, was ich meine, ist nicht Binnen-Totalitarismus; sondern daß, wer atomare Allmacht besitzt, durch die Tatsache dieses Eigentums automatisch und unvermeidlicherweise in einen totalen Erpresser verwandelt ist; daß er durch den Besitz dieser Allmacht automatisch dazu gezwungen ist, die Nichteigentümer als „liquidierbar" anzusehen; daß diese Nichteigentümer automatisch in Wesen verwandelt sind, die den Bedingungen der Eigentümer ausgeliefert sind; daß sie sich ständig als liquidierbar fühlen; und daß sie tatsächlich nur noch deshalb am Leben sind, weil die Erpressung nicht wahrgemacht ist. Oder noch nicht.

Diese Gleichung aber: „Leben gleich Nochnichtliquidiertsein" ist die Definition des Lebens im totalen Staat. Und so leben bedeutet natürlich nur noch physisch weiterleben, also ohne die Chance, das „Wesen des Menschlichen", nämlich Freiheit, noch zu verwirklichen.

In anderen Worten: Nicht nur der Totalitarismus vernichtet das Wesen des Menschen, auch die atomare Situation tut das. Und zwar auch schon die heutige, die Situation der bloßen Bedrohung. Und im Unterschiede zum Totalitarismus wird diese (unterstellt, das physische Leben der Menschheit bliebe erhalten) das „Wesen des Menschen" vielleicht sogar endgültig vernichten. Endgültig: denn die Bedrohung wird ja niemals ein Ende finden, da ja auch dann, wenn alle Atomwaffen abgeschafft wären, das „know how", die Herstellbarkeit, nicht mitabgeschafft wäre und nicht abgeschafft werden könnte.

Die Alternative, die Jaspers zum Angelpunkt seines Buches macht, zerrinnt zwischen unseren Fingern. Wenn aber der dubiose Ausdruck „totalitär" benutzt werden muß, dann gilt: die atomare Situation ist selbst bereits totalitär. Und der Gedanke, ein totalitäres Mittel: nämlich die Drohung mit dem Atomkriege, die das Dasein *und* das Wesen der Menschheit zerstört, als *Mittel* einzusetzen gegen die Gefahr Sowjetrußland (die das Wesen der Menschen höchstens vorübergehend bedroht, deren Dasein aber gewiß nicht), dieser Gedanke ist einfach nicht zu Ende gedacht. Beziehungsweise als zu Ende gedacht kann er allein dann gelten, wenn man Jaspers nicht die Frage „Was meinen Sie?" vorlegt, sondern die: „Für welchen Leser haben Sie das geschrieben?"

Soviel über den Grunddefekt der Jasperschen Position. Nun noch ein paar Bemerkungen über seine Attitüde. Jaspers bleibt reiner Katheder-Apokalyptiker. Wozu rät er?

Am Ende seines Buches, auf den letzten dreißig Seiten beantwortet Jaspers diese Frage, die ihm wiederholt gestellt worden war. Wie gesagt – ich unterstreiche das noch einmal – ich kenne nur wenige Autoren, die die Gefahr so unverblümt geschildert, unsere Verpflichtung, uns selbst und andere zu informieren, nein, mehr als das: unsere Verpflichtung, willentlich unsere Angst zu steigern, mit der gleichen Unzweideutigkeit ausgesprochen hätten wie Jaspers. Und trotzdem: Das Maximum der Rücksichtslosigkeit erreicht er nicht. Eine eigentümliche Ängstlichkeit, um nicht zu sagen, eine bourgeoise Bravheit hält ihn davon ab, seinen Rat, beziehungsweise seine Warnung an alle Zeitgenossen gleichermaßen zu adressieren. Gerade diejenigen Männer, an die sich, wie wir vorhin gesehen haben, der moralische Appell heute in erster Linie, ja beinahe ausschließlich, zu richten hätte: nämlich die „führenden Politiker", die nimmt Jaspers aus. *„Die Angst der führenden Politiker"*, heißt es nämlich (S. 473), *„die braucht vielleicht nicht gesteigert zu werden"* – offenbar doch wohl deshalb nicht, weil diese wissen, was sie tun; was, wenn es zuträfe, die atomare Gefahr gegenstandslos machen würde, denn die Gefahr besteht ja in der Tat in nichts anderem als darin, daß gerade sie, die über Sein oder Nichtsein entscheiden, nicht wissen, was sie tun; und darin, daß gerade sie nicht den Mut zur heute gebotenen Angst aufbringen, ja noch nicht einmal wissen, daß der heute gebotene Mut in diesem Mut zur Angst zu bestehen hat. Ganz wohl fühlt sich freilich auch Jaspers bei dieser den Staatsmännern schmeichelnden Einschränkung nicht. In der Tat macht sie auch ihn so ängstlich, daß er sie im nächsten Nebensatz wieder einschränkt. Aber Wahrheiten bestehen nicht aus eingeschränkten Einschränkungen.

Gleichviel: nahezu alles, was Jaspers rät, ist: Selbstveränderung.

Nun, einige von Ihnen mögen wissen, daß mir diese Forderung nicht fern liegt. Schon im Jahre 1954 habe ich die „Ausbildung und Erweiterung der moralischen Phantasie" als eine heute fällige moralische Aufgabe bezeichnet[1]. Aber natürlich wäre es mir niemals eingefallen, diese Selbstveränderung zu fordern, ohne dabei als selbstverständlich vorauszusetzen, daß derjenige, der sie versucht, im simpelsten Sinne den weiteren Schritt, den Schritt zur Aktion, macht. In gewissem Sinne könn-

---

[1] Jahresring 55/56 S. 97 ff.

te man vielleicht sogar behaupten, daß Jaspers diesen Schritt ebenfalls getan habe: denn um sich zu der Magister Germaniae- oder Magister Mundi-Rolle, die er in seiner Paulskirchenrede gespielt hat, zu entschließen, hat er ja in der Tat aus der Intimität seines Philosophierens und aus demjenigen Kommunikationsstil, der ihm angemessen ist, heraustreten müssen.

Und trotzdem: Entscheidend bleibt, daß er, obwohl selbst vor die Öffentlichkeit tretend, uns nicht in die Öffentlichkeit vorgerufen, uns nicht auf die Straße gejagt hat, damit wir die Bedrohung, die er so gut kennt, und die mit der Bedrohung Spielenden, die er so wenig kennt, wirklich bekämpfen.

„Die erzeugende Angst", heißt es in seinem Buche, „darf nicht nur sich umsetzen in planbare Maßnahmen, in Verträge usw. Die Menschheit zu erhalten, wird allein als geplanter Zweck nicht erreicht." Gewiß nicht. Aber aus Angst vor „Planung" vergißt Jaspers eben, daß es eine Art von Handeln gibt, namentlich eine Art von oppositionellem Handeln, die mit Planung in dem von ihm ausschließlich gemeinten tödlich-administrativen Sinne nichts zu tun hat. Auf die Idee, uns zu mahnen zum globalen Protest, zum Streik bei der Mitarbeit an Atomwaffen oder bei der Errichtung von Raketenbasen und dergleichen – kurz: auf die Idee, wirkliche Gegenaktionen zu fordern oder zu fördern, Solidarisierungsaktionen, die, wenn von Millionen unternommen, das Gesicht der Weltlage verändern würden, auf diese Idee kommt er nicht. Vermutlich erschreckt ihn diese vulgäre Idee zutiefst. Er bleibt in vornehmster Reserve. Er bleibt reiner Katheder-Apokalyptiker.

Denn nicht nur vor der Tat endet sein Buch; nicht nur vor dem Aufruf zur Tat; sondern sogar vor der Billigung eines solchen Aufrufes. Nur so ist seine abweisende, stellenweise bis zur Verachtung gesteigerte Stellungnahme den Göttingern gegenüber zu verstehen; seine Verachtung, die er dadurch, daß er den Physikern zum Schluß seiner Kritik zubilligt, immerhin das große Thema „öffentlich fühlbar gemacht zu haben" (S. 277), nicht aus der Welt schaffen kann.

Sich selbst schließt er jedenfalls von jeder Aktion aus. „Ein Lehrer der Philosophie", unterstreicht er in seinem Vorwort, „muß sich bescheiden". Warum eigentlich? Hat sich Plato vielleicht, als er das Schiff nach Syrakus bestieg, beschieden? Warum „muß" er? Sehen *Sie* eine andere mögliche Deutung als die, daß die Gebote und Verbote, die sich ihm aus seinem „Als", aus seiner Funktion „Lehrer der Philosophie" ergeben, ihm eben doch verbindlicher sind als die Gebote und Verbote, die sich ihm als moriturus des atomaren Zeitalters ergeben? Ich frage Sie: Darf einen Mann, der über diese Dinge schreibt, sein bürgerlicher Beruf etwas angehen? Seine Lehrstellung für Philosophie?

Mir scheint, daß Philosophsein heißt: nicht *als* etwas reden. Nicht zum Beispiel *als* Einzelwissenschaftler oder *als* Beamter. Nein, wie paradox das auch klingen mag: noch nicht einmal *als* Philosoph. Und darum können wir Jaspers' Beteuerung, er sei ja nur ein Lehrer der Philosophie und müsse sich daher bescheiden, nicht akzeptieren.

Und wo steht, daß es philosophisch sei, unter allen Umständen Lehrer der Philosophie zu sein? Jedes Ding zu seiner Zeit. Jedenfalls hat Jaspers die Nichteinmischung und die Selbstbescheidung der akademischen Philosophie des letzten Jahrhunderts (in dem als wirkliche Einmischer nur die Nichtakademiker Nietzsche, Kierkegaard und Marx aufgetreten sind) nicht durchbrochen. Aufs absonderlichste verbindet er das Pathos des „Magister Mundi" mit Neutralismus.

Dieser Ausdruck wird Jaspers freilich ein Dorn im Auge sein. Denn – damit komme ich zu meiner zweiten Bemerkung – das Wort „Neutralismus" (oder richtiger: das Schlagwort, das er ohne jedes Mißtrauen gegen Vokabeln mitbenutzt) ist für ihn mit „Unmoral" geradezu identisch. Sie wissen, daß heute dieser Ausdruck nicht anders benutzt wird, als vor 25 Jahren etwa der Ausdruck „Untermensch". Also als Schreckpopanz; als ein Mittel der Diskreditierung.

Wie Jaspers den Ausdruck verwendet, hat es einen ausschließlich voratomaren Sinn. Einen „Neutralisten" nennt er Personen nämlich ausschließlich vor der Folie des Ost-West-Gegensatzes; diejenigen, die, wenn es hart auf hart geht, nirgends zu stehen wünschen und nirgends gestanden zu haben wünschen; und die ihre Hände in Unschuld waschen und hoffen (weil die Sachen, um die es gehe, sie angeblich nicht betreffen), auch nicht getroffen zu werden. Da in diese Definition die Tatsache der Atomsituation nicht mit eingegangen ist, ist sie heute einfach gegenstandslos. Der Begriff „Neutralismus" müßte, sofern er überhaupt aufrechterhalten werden kann, vor der Folie der Atomsituation selbst neu definiert werden.

Wenn wir das tun, dann haben wir unter „Neutralisten" diejenigen Weder-noch-Figuren zu verstehen, die (wie die meisten Staatsmänner heute) weder den Krieg wünschen noch dazu bereit sind, die für die Sicherung des Friedens im Atomzeitalter unerläßlichen Schritte zu wagen. Ein „Neutralist" in diesem Sinne ist natürlich Jaspers selbst.

Unsereins dagegen oder (wie Jaspers es tut) die Göttinger „Neutralisten" zu nennen – das ist glatte Irreführung. In der Tat unterstellt Jaspers den Göttingern eine „Ohne-mich-Mentalität". Der „Ohne-mich-Mann" oder -„Staat" ist der „neutralistische". Was deshalb einfach absurd ist, weil eine der Hauptthesen der heutigen Physiker, auch der Göttinger, ja gerade in der Behauptung besteht, daß es im Falle eines Atomkrieges „Ohne-mich-Chancen" überhaupt nicht mehr geben kann. Gerade weil sie das wissen (und zwar besser als Jaspers), gerade deshalb haben sie ihre Erklärung ja abgegeben. Und gerade weil auch wir das wissen, befürworten wir ja eine „Neutralisierung" der atomaren Bedrohungssituation.

Und nun noch zwei kurze Schlußbemerkungen:

Erstens: Jaspers empfindet es offenbar als unwürdig (um nicht sogar zu sagen: als ordinär), ausschließlich für den Fortbestand, also für das bloße Dasein der Menschheit aufzutreten. Warum sollte „Sein" schon „Wert" sein? Auf das Wesen des Menschen komme es an[2].

---

[2] Letztlich stammt diese Verachtung wohl von Kant, stellt heute freilich ein unerlaubtes Erbstück dar. „Alle praktischen Prinzipien", heißt es bekanntlich in der ‚Kritik der praktischen Vernunft' (Erstes Buch, Erstes Hauptstück § 2), „die ein Objekt (Materie)" (und das heißt: die Existenz eines Objektes) „des Begehrungsvermögens als Bestimmungsgrund des Willens voraussetzen, sind insgesamt empirisch und können keine praktischen Gesetze abgeben."

Nun, bei Kant handelte es sich natürlich durchweg um die Existenz partikularer „Materien", und um die Lust auf solche oder an solchen.

Geben wir ruhig zu: Es gibt kein – wie soll ich es nennen? – kein leereres, kein geistloseres Ziel als das, das bloße Dasein von etwas zu erretten. Jedes partikulare und spezifische Unternehmen, gleich ob es im Unterricht eines Kindes oder in der Errichtung eines Instituts oder in der Abfassung eines Romans besteht, ist charakteristischer und geistvoller als dieses allgemeinste aller Ziele. Aber ist es vielleicht unsere Schuld, daß wir

Und diese Lust konnte Kant als Bestimmungsgrund eines Grundsatzes nicht in Betracht ziehen. Aber von solchen partikularen „Materien" kann heute ja nicht die Rede sein. Unsere Lust bezieht sich ja auf die Vorstellung der Existenz der Menschenwelt als solcher und als ganzer. Zu erklären, warum diese Lust im Blickfeld der Kantschen Überlegungen nicht auftauchen konnte, und nicht aufzutauchen brauchte, das erübrigt sich.

Zu glauben, daß sich unsere „grundsätzliche Lust" (am Weiterbestand der Menschheit) einfach unter das, was Kant als „Lust" am Empirischen im Auge gehabt hatte, subsumieren lasse, ist Torheit. Die zwei „Lüste" gehören zwei ganz verschiedenen Ebenen an.

Im übrigen ist ja auch Kant nicht darum herumgekommen, „Existenz" in sein philosophisches Argument aufzunehmen. Seine berühmte „Anmerkung" zum Lehrsatz III (ebenda S. 4) besagt, daß die Unterschlagung eines (nur der Vertrauensperson bekannten) Depositums deshalb niemals zum Grundsatz werden könnte, weil dieser „Grundsatz" Deposita als Institution, mithin die Existenz von Deposita, aufheben würde. Schon Hegel hat darauf bekanntlich mit der Gegenfrage geantwortet, warum denn die Existenz von Deposita a priori erforderlich sei. Durch diese Gegenfrage hat er die entscheidende Aufklärung gegeben: nämlich die, daß eben auch in den Kantischen Grundsätzen „Materie" und „gewünschte Existenz" stillschweigend bereits vorausgesetzt sind, nämlich die „Existenz" der verläßlich arbeitenden bürgerlichen Gesellschaft. Deren Existenz war für Kant eben offenbar eine gesollte Existenz. — Die Rolle, die für Kant die bürgerliche Gesellschaft spielt, die spielt nun heutzutage die Menschheit als ganze, bzw. deren Existenz. — Regel: Von „Materie" im kantischen Sinne unabhängige Grundsätze sind nur dann überhaupt sinnvoll, wenn dieses Wunschziel als selbstverständlich verbindlich vorausgesetzt ist. — Dem nicht beipflichten, hieße fragen: „Warum soll Menschheit schon sein?" — eine nihilistische Frage, die zwar unabweisbar, sogar unbeantwortbar ist; aber mit Kant nichts zu tun hat.

mit dieser leersten Zielsetzung konfrontiert sind? Haben *wir* dieses Ziel ausgewählt? Es gibt wohl niemanden unter uns, der es nicht vorziehen würde, einem spezifischeren Ziele nachzugehen. Es ist eine Schande, daß wir diesem unspezifischen Ziel nachgehen müssen. Aber es wäre eine noch größere Schande, wenn wir zu vornehm wären, um dieses Ziel zu dem unsrigen, ja vorübergehend sogar zu unserem ausschließlichen zu machen. „Wesen" ist heute cura posterior, und die Essenz des Menschen leider ein Luxus. Damit diese wieder im Vordergrund stehen könne, haben wir uns heute auf die Sorge für die Existenz zu beschränken. Wenn „Existentialismus" heute einen (freilich von seinem akademischen Sinn sehr weit abweichenden) Sinn hat, dann diesen.

Wenn ein Mitmensch in der Gefahr schwebt, in einen Abgrund zu stürzen, dann haben wir nicht sein Wesen am Kragen zu packen, sondern ihn.

Zweitens: Und damit bin ich bei der letzten Bemerkung, die sich auf Jaspers' Buch als Gegenstand bezieht. Als solches befindet es sich nämlich in der Nachbarschaft des Komischen. Es gibt Formate, die der Wahrheit so widersprechen, daß sie absurd wirken. Im Moment, da Merksprüche, Thesen und Regeln geboten sind, präsentiert er uns einen fünfhundertseitigen Band. Es ist, als hätte er einem Ertrinkenden einen Rettungsring vom Gewicht einer Universität nachgeworfen.

Ich frage Sie: Wer außer uns Akademikern liest denn ein solches Buch? Wer in der heutigen Welt ist geübt, gewöhnt, geduldig genug dazu? Wenn es aber gelesen wird, dann wird es entweder „nur gelesen" – Sie verstehen, was ich damit meine. Oder das Ergebnis besteht darin, daß der Leser das selbstgerechte Gefühl genießt, ein ernstes Buch über einen ernsten Gegenstand durchgearbeitet zu haben; und das gleichfalls gute Gefühl, „nicht klüger als zuvor" zu sein; also nicht unter dem Zwang zu stehen, eine bestimmte Stellung beziehen zu müssen. – Oder das Ergebnis besteht schließlich darin, daß das Buch ausgeschlachtet wird, zum Beispiel von Abgeordneten, die mit Vergnügen und seriösem Gesicht die ihnen opportunen Stellen (namentlich die peinlichen gegen die Göttinger und pro Adenauer) aus dem Buch herauspflücken, um diese, wenn sie über

Atomrüstung sprechen, zu zitieren. Oberhalb der Tischplatte scheinen sie mit philosophischen Vokabeln geschmückt; unter ihr aber reiben sie sich die Hände aus Vergnügen über die unerwartete Schützenhilfe, die ihnen da von der Existenzphilosophie geleistet wird. Wenn Jaspers den Friedenspreis bekommen hat, so in erster Linie deshalb, weil er Adenauer in Frieden gelassen hat.

Die heutige Situation ist höchst merkwürdig. Denn die Geschehnisse rollen bereits auf mehreren Ebenen zugleich ab:

Während die Kriegsminister der diversen Länder ihre Heere mit A- und H-Waffen auszurüsten suchen, versammeln sich die Wissenschaftler aus Ost und West, um der gemeinsamen Gefahr zu begegnen.

Und nicht nur die Wissenschaftler: Denn in Genf tagen ja, und durchaus nicht ganz ergebnislos, auch Vertreter der Großmächte.

Aber außerdem gibt es überall Volksmassen, die, erregt durch die Erfahrung der Gefahr oder durch die Einsicht in die mögliche Gefahr, zusammenströmen – was ich zum Beispiel im August auf dem Japanischen Nationalkongreß gegen A- und H-Bomben und für Abrüstung miterlebt habe, auf dem 12 000 Menschen zusammen kamen. Und einen Monat später auf der Abschlußversammlung der Pugwash Conference in Wien, die von nicht weniger als 10 000 besucht war.

Meine Herren von den Kriegsministerien! Die Situation liegt nicht mehr allein in Ihrer Hand! Ihre Angst davor, Sie könnten vielleicht von dieser oder jener Gruppe unterwandert oder unterminiert werden, die ist bereits überholt.

Denn Sie *sind* bereits unterwandert. Und zwar von Millionen, die begriffen haben, daß das Atomproblem weit über alles Politische, Militärische oder Taktische hinausreicht.

Sie *sind* bereits unterminiert. Und zwar vom guten Willen einer Bewegung, die so global ist wie die Gefahr selbst.

Nennen Sie den internationalen Charakter dieser Volksbewegung ruhig *Verrat*. Das stört uns nicht. Im Gegenteil: Wir können dieses Wort zu dem unseren machen. Denn *was wir tun, das besteht ausschließlich darin, der Welt zu verraten, wie es um sie steht.* Da die Gefahr international ist, muß die Rettung gleichfalls international sein. Da Raketenleistung, Atomstaub und Phantasielosigkeit internationale Erscheinungen sind, und da diese die geographischen Grenzen ausgelöscht haben, haben auch wir in unserem Tun und Denken diese Grenzen auszulöschen. Da der Horizont unserer technischen Leistungen global ist, muß es der Horizont unserer moralischen Solidarität ebenfalls werden. Da wir durch unsere Taten jedermann an jeder Stelle unserer zusammengeschrumpften Erde treffen können, und da wir von jedermann und von jeder Stelle aus getroffen werden können, betrifft das Tun von jedermann auch jedermann.

Und nicht nur jeder Nachbar im Raum betrifft uns, weil er sich in unserer Wurf- und Treffweite aufhält, sondern auch jeder Nachbar in der Zeit. Die Nachbarn, die wir „lieben" sollen, leben durchaus nicht nur in den bis gestern „fern" oder „fremd" genannten Ländern. Sondern auch in den bis gestern „fern" genannten oder überhaupt nicht ins Auge gefaßten Regionen der Zukunft. Da diese durch das, was wir heute tun, zum Beispiel durch unsere nuklearen Tests, mitgetroffen werden, betrifft uns deren Ergehen genau so wie das Ergehen der Zeitgenossen. Unsere Allianz ist also ungleich breiter, als Allianzen jemals gewesen sind. Sie ist eine Allianz der Generationen. Die „Internationale der Zeiten" hat begonnen. Die kommenden Geschlechter stehen auf unserer Seite. Und der „Chor der noch nicht Geborenen" begleitet als Bittchor unsere Bemühungen.

In diesem Sinne verstehen Sie bitte auch diese Versammlung. Sie ist unter hunderten eine, ein Stück des Allianzsystems, ein zufälliges Exemplar der *einen* großen Versammlung, die seit vielen Monaten – wenn auch jedesmal in einer anderen „Besetzung" – tagt; und die vorgestern in Tokio stattgefunden hat und gestern in London und heute hier stattfindet, und morgen anderswo stattfinden wird.

Und ein zweites Wort an diejenigen, die uns bekämpfen:

Es ist nicht nur unsere ungewohnte globale Solidarität, die Ihren Gegenunternehmungen Schwierigkeiten bereiten wird, und der gegenüber Sie nicht wissen werden, wie Sie reagieren sollen; sondern auch das ungewohnte Allianzsystem, das innerhalb jeder einzelnen Gruppe Wirklichkeit geworden ist. Schauen Sie sich zum Beispiel, Herr Bundeskanzler, die Männer an, die der Bewegung zugehören. Wir kommen ja aus allen Körperschaften, Vereinen, Gruppen, Klassen, Religionen, die Sie sich vorstellen können. Da hat sich das Wissen der Naturwissenschaftler mit dem Gewissen von Kirchenmännern verbündet, und Kirchenmänner sehen Sie freundschaftlich neben agnostischen Schriftstellern, und Schriftsteller neben Gewerkschaftlern. Werden Sie wissen, Herr Bundeskanzler, wie man auf eine so bunte Gesellschaft des guten Willens zu reagieren hat? In einem Seminar über die „Moralischen Verpflichtungen im Atomzeitalter", das im August in Tokio stattgefunden hat, da haben neben mir Ärztinnen aus Indonesien, protestantische Theologen aus Deutschland und Amerika, Gewerkschaftler aus Indien, buddhistische Priester aus Japan, Kernwissenschaftler aus den diversesten Ländern und Studenten aus Afrika gesessen. Kurz: Dort war das Prinzip der Quer-Allianz noch breiter durchgeführt. Und das gab uns Selbstvertrauen, das gab uns das Gefühl, eine „dritte Kraft" zu sein. Da wir national, weltanschaulich, religiös, parteipolitisch, klassenmäßig unklassifizierbar und unlokalisierbar waren, waren wir auch beinahe untreffbar.

Eine Hydra des guten Willens sind wir: Wenn zum Beispiel irgendwo ein antiatomarer Wissenschaftler mundtot gemacht werden würde, dann würde an dessen Stelle ein Geistlicher aufstehen, um seine Stimme zu erheben, oder ein Gewerkschaftler; und wenn ein Gewerkschaftler irgendwo auf Schwierigkeiten stoßen würde, dann spräche an dessen Stelle ein Arzt oder ein Student; und wenn der Bewegung in dem Lande A Hindernisse in den Weg gelegt werden würden, dann würden Gegenversammlungen in den Ländern B oder C zusammengerufen werden. Wir werden Ihnen zu schaffen machen, meine Herrschaften. Denn die friedliche Internationale des guten Willens ist auf dem Wege.

Ich, der ich aus Japan komme, könnte auch sagen: Die Bewegung ist „auf dem Marsche". Denn dort haben die Initiatoren der Bewegung sich selbst und Hunderttausende der Stadt- und Dorfbevölkerung wirklich in Gang gesetzt; nämlich einen wirklichen Marsch durchgeführt, um durch diesen das Vorwärtsgehen der Bewegung sichtbar und unwiderruflich zu machen. Oder sagen wir lieber, denn das Wort „Marsch" klingt zu militärisch, eine Prozession. Ich spreche von dem Zuge, der, angeführt von dem jungen buddhistischen Priester Nishimoto, im Juli und August vorigen Jahres die glühenden tausend Kilometer von Hiroshima nach Tokio zurückgelegt hat: vorne trommelnd zwei Reihen von Priestern, hinter diesen Bürger, Bauern und Arbeiter aus der Explosionsgegend, unter diesen eine Abordnung von Hiroshima-Blinden; und hinter diesen, stets wechselnd, aber stets zu Tausenden, die Einwohner jener Gegenden, die die Prozession jeweils gerade durchzog. Drei Nichtjapaner, die sich damals im Lande aufhielten, ein Holländer, ein Peruaner und ich sind, mindestens streckenweise, in diesem Zuge mitmarschiert, um ihrerseits dem japanischen Volke zu bezeugen, daß alle demselben Ziel entgegenziehen. Das war die Gelegenheit, bei der ich, wie ich Ihnen eingangs erzählte, auf dem Marktplatz in Kioto sprach. Ich komme auf diesen Augenblick deshalb noch einmal zurück, weil ich dort genau das Gleiche gesagt habe wie hier: daß nämlich auch ihre Prozession nur ein Teilstück einer ungleich größeren, einer schon heute nicht mehr abbrechenden, Prozession sei, einer Prozession, deren Stücke einmal hier, einmal dort, über die Oberfläche der Erde zögen. Um meine Behauptung zu illustrieren, erzählte ich den Japanern von der Schüler-Prozession, die ich vier Monate vorher in München miterlebt hatte. Und sie freuten sich, als sie erfuhren, daß es ganz woanders das Gleiche gab wie bei ihnen. So wie Sie sich darüber freuen dürfen, daß, was hier geschieht, anderswo gleichfalls geschieht. Auch wir stellen nur ein Stück dieser Prozession dar: ein Stück dieser einzigen Prozession, die nicht für sich selbst marschiert, sondern für das Überleben aller Zeitgenossen und für das der kommenden Generationen. Und schließlich auch für das Überleben derer, die heute noch so blind sind, uns zu ignorieren oder sogar zu bekämpfen, und die durch diesen Kampf gegen uns ihre eigene Zukunft und die ihrer Kinder bekämpfen.

IV

Atomarer Mord – kein Selbstmord

1959

Die Epoche, in der wir leben, ist, selbst wenn sie ewig währen sollte, die endgültig letzte Epoche der Menschheit. Denn wir können nichts verlernen.

Die Tatsache, daß wir, die Menschheit, uns selbst auslöschen können, definiert unsere Epoche. Wie fähig wir auch sein mögen, im Laufe der Zeit (wenn uns solche bleibt) Neues, ja unendlich viel Neues zu schaffen und zu erlernen, zwei Tatsachen stehen fest:

1. Keine Neuerwerbung oder Neuproduktion kann von der gleichen grundsätzlichen Bedeutung für die Menschheit sein oder werden, wie die Tatsache, daß diese sich jederzeit selbst liquidieren kann.

2. Niemals werden wir fähig sein, diese unsere Fähigkeit zu verlernen. So wenig wir imstande sind, aus dem System der Zahlen die Dreizehn herauszubrechen (diese bliebe als Lücke oder als ‚12 a' getarnt doch weiter bestehen), so wenig sind wir imstande, Stücke aus dem System unseres wissenschaftlichen und technischen Besitzstandes herauszubrechen – und das gilt eben natürlich auch vom „know how". Aus diesem Grunde haben wir festzustellen: Die Zeitrechnung, die mit dem Jahre 45 begann, ist endgültig. Entweder leben wir in dieser unserer Epoche weiter, oder wir leben überhaupt nicht weiter. Tertium non datur.

Wenn man, wie es früher (und natürlich viel zu pauschal, also zu Unrecht) beliebt war, das Tier dadurch definiert, daß dieses ein für alle Male und unwiderruflich als dasjenige Wesen lebe, als das es geboren sei; daß es zu seiner eingeborenen Mitgift, zu seinen „Apriories" verurteilt bleibe, nichts dazuerlernen und gewissermaßen keine aposteriorischen Kenntnisse erwerben könne – so darf man umgekehrt den Menschen dadurch definieren, daß er dasjenige, was er einmal erworben und erlernt habe, ein für alle Male und unwiderruflich besitze; daß er nicht lernen könne, dasjenige, was er zugelernt habe, zu verlieren; daß er dazu verurteilt bleibe, jedes neu Zugelernte zu einem zusätzlichen Stück seines Apriori zu machen – kurz: daß er, was er einmal könne, nicht plötzlich nichtkönnen könne[1]. Diese These scheint, da Vergeßlichkeit zweifellos eines unserer menschlichen Hauptattribute, einer unserer Hauptdefekte ist, unglaubhaft. Aber das scheint nur so. Denn das Gedächtnis, um das es sich hier handelt, ist nicht die mehr oder minder große subjektive Erinnerungsfähigkeit einzelner Individuen, sondern ein Stück „objektiven Geistes", nämlich der in Form von Sprachen, Theorien, Büchern, Geräten und Institutionen etablierte Besitzstand der Menschheit, der so massiv ist, daß wir als Einzelne es uns ruhig leisten können, vergeßlich zu sein.

In anderen Worten: *„Einmal" ist für die Menschheit* nicht „keinmal", sondern *ein für alle Male* – und das gilt für die heutige, jedes Wissenschaftsstück in tausendfacher Ausfertigung festhaltende Menschheit des Reproduktionszeitalters vorbehaltlos. Einmal Atombombe, ein für alle Male Atombomben. Etwas, was wir einmal gewußt haben, nicht mehr wissen zu können; etwas, was wir einmal gekonnt haben, nicht mehr „können zu können", das bleiben wir außerstande – hier verläuft die Grenzlinie unserer Freiheit. Dem Augustinischen „non possumus non peccare" entspricht heute das „non possumus non posse". Niemals werden wir ein Können, das als Teilstück unseres Wissenschafts- und Apparatebestandes dem Ganzen unserer Kultur und unserer technischen Praxis zugehört, verlernen können.

Und das gilt generell von jedem einmal erworbenen Können. Es gibt keine Fähigkeit, die nicht Teilstück wäre, keine, die uns

---

[1] Mit der Annahme einer sogenannten „Vererbung erworbener Eigenschaften" hat unsere Behauptung natürlich nicht das mindeste zu tun.

als erratisches und isoliertes Einzelkönnen zugefallen wäre und uns als solches zur Verfügung stünde; kein einziges Können, das nicht seinen Ursprung, mindestens seinen Platz, dem Wissenschaftsstande und -system als ganzem verdankte. Mithin auch keines, das wir nicht (unterstellt, wir würden versuchen es zu zerstören) jederzeit rekonstruieren könnten, keines, das sich nicht im Augenblicke seiner angeblichen Zerstörung sofort von selbst regenerieren würde, keine Lücke, die nicht das Aussehen des gelöschten Bildes unverzüglich wieder annehmen würde.[2]

Da also jedes Können im Ganzen unserer Wissenschaft und Technik aufgehoben ist, ist es unwiderruflich gehalten und aufbewahrt. Die Wissenschaften und Techniken sind selbst Erhaltungs- und Aufbewahrungsanstalten, gewissermaßen objektiv gewordenes Gedächtnis. Wenn überhaupt etwas liquidiert werden kann, dann sind es nicht die in der Aufbewahrungsanstalt gehaltenen Einzelstücke, sondern diese Aufbewahrungsanstalten als ganze. Diese: die Wissenschaften und Techniken, werden natürlich, wenn wir zugrundegehen, mit uns zugrundegehen. Aber sofern und solange wir, und mit uns unsere Wissenschaften und Techniken als ganze, bleiben, solange kann den Einzelstücken nichts zustoßen. Einzuschränken: „sofern diese von unserem Gedächtnis aufbewahrt werden", ist, wie gesagt, überflüssig, nein falsch, weil eben jedes „know how", jede partikulare wissenschaftliche und technische Problemlösung als inte-

---

[2] Ob die Regel, daß wir unfähig sind, Gekonntes plötzlich nicht zu können, auch in der vorwissenschaftlichen Dimension gilt, ist schwer zu beantworten. Fest steht jedenfalls, daß wir Menschen den Versuch immer wieder unternommen haben und unternehmen. Denn es ist wohl nicht unberechtigt, in den Tabu- und Moralsystemen, die wir uns im Laufe der Geschichte auferlegt haben, unsere Versuche zu sehen, uns dazu zu zwingen, das, was wir können, nicht zu können. Daß wir unsere Mitmenschen umbringen können, ist unbestreitbar. Unser Verbot „Du sollst nicht töten" zielt nicht nur darauf ab, dieses „gekonnte" Tun zu verhindern, sondern darauf, uns in solche Wesen zu verwandeln, die die Tat nicht tun können. Tatsächlich hemmen ja Sittensysteme, die wirklich in Kraft sind, nicht nur Taten, sondern Fähigkeiten. Und die Redensart „Aber das kann man doch nicht tun" ist weit mehr als eine bloße Redensart.

grierender Teil des Systems aufbewahrt ist, weil aus diesem Grund kein Einzelstück darauf angewiesen ist, eigens von unserem Gedächtnis gehalten und behalten zu werden. Die Leistung des Gedächtnisses wird uns laufend von Wissenschaft und Technik abgenommen, genau so abgenommen wie die Mehrzahl der anderen heutigen Leistungen, genau so wie die Leistung des Wassertransports, des Brotbackens oder der Meinungsbildung. Alle diese Leistungen haben wir an andere Instanzen: an objektive Gebilde, abgegeben, sei es an Geräte, sei es an Institutionen, sei es an wissenschaftliche Disziplinen, in denen sie nunmehr ihren eigenen und von uns nicht mehr widerrufbaren Bestand haben. Wie leidenschaftlich wir auch wünschen mögen, das eine oder andere „know how" nicht mehr zu kennen oder die eine oder andere Technik nicht mehr zu beherrschen – unser Wunsch bleibt unerhört, weil wir über das, was wir einmal an andere Instanzen delegiert haben, nicht mehr verfügen. Paradoxe Regel: *Was wir (da wir es abgegeben, nämlich in Theorie- oder Dingform verwandelt haben) nicht mehr haben, das haben wir endgültig, das „hat" uns endgültig.*

An die Stelle der zuerst verwendeten Formel: „Was wir einmal können, das können wir nicht plötzlich nicht-können" hat mithin die verbesserte Formel zu treten: *Was wir einmal in den Lagerhäusern der Wissenschaft und der Technik zur Aufbewahrung deponiert haben* und deshalb nicht mehr selbst im Gedächtnis aufzubewahren brauchen, das können wir nicht mehr verlieren oder vergessen, *das ist verspielt* in einem höchst eigentümlichen Sinne, deshalb nämlich, *weil wir es nicht mehr verspielen können*. Dann bleiben wir, wenn es sich, wie im Falle der Atomwaffen, um Gefährliches handelt, dieser Gefahr unrevozierbar ausgeliefert.

Wären wir Rousseauisten, dann dürften wir in dieser Tatsache, daß wir Erworbenes nicht mehr loswerden können, *den Skandal der Zivilisation* sehen. Aber gleich, als was wir diese Tatsache bezeichnen, ob als einen „Skandal" oder als die „Dialektik der Objektivierung" – unbestreitbar bleibt: Haben wir erst einmal (was „Kultur" definiert) dasjenige, was wir können, in Ding- oder Wissenschaftsform festgelegt, dann haben wir uns selbst dadurch festgelegt; dann rächen sich die selbständig gewordenen Dinge an uns, und zwar dadurch, daß sie uns der Freiheit der Revozierung berauben. Natürlich datiert diese Zauberlehrling-Situation nicht erst seit der Erfindung der Atomwaffen. Vielmehr haben wir in dieser Situation seit Jahrtausenden gelebt, mindestens von jenem unbekannten Tage an, an dem wir zum ersten Male ein Können objektiviert haben. Aber zum Fluch wird diese Situation erst in demjenigen Augenblicke, in dem wir durch diese Situation – was heute der Fall ist – der Möglichkeit des endgültigen Unterganges ausgesetzt sind.

Unsere Epoche ist nicht nur bestandlos, vielmehr besteht ihr Wesen in ihrer Bestandlosigkeit. – Sie kann in keine andere Epoche übergehen, sondern nur untergehen.

Noch einmal: Die Epoche, in die wir uns hineinmanövriert haben, ist keine im üblichen Sinne. Warum nicht?

Weil ihr zwei Charaktere zukommen, die Epochen bisher niemals zugekommen waren, nein, die dem Begriff der „Epoche" geradezu widersprechen.

Erstens: Ihr Wesen besteht in ihrer Bestandlosigkeit.– Ich betone: Ihr „Wesen", um damit dem naheliegenden Einwand zuvorzukommen, es habe niemals Epochen gegeben, die nicht sterblich, also nicht bestandlos, gewesen wären. Diese (natürlich unbestreitbare) Sterblichkeit meine ich, wenn ich von unserer Epoche spreche, nicht. Denn nicht deshalb waren die bisherigen Epochen bestandlos, weil ihre spezifische Differenz (die damit ja unspezifisch gewesen wäre) in Bestandlosigkeit bestanden hätte, sondern weil der Charakter „Bestandlosigkeit" zum Wesen der Zeit als solcher gehört[3]. Das Wesen

---

[3] Und selbst dieses Faktum ist kaum spürbar. Denn jede Epoche strahlt eine Art von „de-historisierender" Kraft aus. Das heißt: Den Kindern jeder Epoche scheint die ihnen von dieser vorgesetzte Welt *die* Welt zu sein, die „natürliche Welt"; die einzige mögliche Welt; die Welt, die eigentlich immer schon so gewesen war. Wenn die Darstellung einer gestrigen Welt auf Heutige einen komischen Eindruck macht, so weil ihnen jede nicht heutige „unmöglich" vorkommt.

der Antike hatte schließlich nicht darin bestanden, daß sie einmal aufhörte, um einer anderen Epoche Platz zu machen – das ist dem Mittelalter, das der Antike folgte, ja schließlich ebenfalls zugestoßen. Vielmehr sehen wir das „Wesen der Antike" in ganz bestimmten positiven Zügen, die hier zusammenzustellen sich erübrigt.

Nicht so unsere Epoche. Diese zeichnet sich als diese und als diese eine dadurch aus, daß sie, im Unterschiede zu früheren Epochen, in jedem Moment in der Gefahr schwebt, sich zu zerstören, und daß sie in jedem Moment die Fähigkeit dazu besitzt. Wenn es etwas gibt, was unserem Zeitalter seine unverwechselbare Farbe verleiht, und zwar bis hinein in seine letzten Falten, dann diese Tatsache der Bestandlosigkeit, mit allem, was dieser zugehört; sogar einschließlich aller Mannöver, die wir arrangieren, um die Tatsache der Bestandlosigkeit zu verharmlosen oder zu unterschlagen. In anderen Worten: *In unserer Zeit ist das Wesen der Zeit: die Vergänglichkeit, zum ersten Male* (und das heißt natürlich zugleich: zum letzten Male) *zum Wesen der Epoche geworden*. Nicht nur sterblich, richtiger: ermordbar, ist unsere Epoche, sondern sie ist, was sie ist, durch ihre Sterblichkeit, bzw. Ermordbarkeit, die auch dann, wenn sie ewig währen würde, ihre spezifische Differenz bleiben würde.

Und zweitens ist unsere Epoche deshalb keine unter anderen, weil sie in keine andere Epoche mehr übergehen kann; weil *ihr Übergang in etwas Anderes nur in der Form des Unterganges* vor sich gehen könnte, und zwar als Untergang schlechthin, als Untergang der gesamten vergangenen und künftigen Geschichte, nicht nur als Untergang unserer Epoche.

Auch wenn man einräumt, daß jede bisherige Epoche einmal hat untergehen müssen, so hat sich doch jeder bisherige Untergang als Übergang abgespielt; immer innerhalb des Mediums der Geschichte. Oder mindestens immer innerhalb desjenigen Mediums, in dem Geschichte sich abspielt: innerhalb des Mediums „Menschenwelt" – also auf einem Grunde, in den hinein die untergehende Epoche „zugrundegehen" konnte, und dessen Bestand durch ihren Untergang nicht mitgefährdet oder in Mitleidenschaft gezogen wurde. Keinen Wechsel hatte es gegeben, der nicht eingebettet gewesen wäre in etwas, dessen Bestand über allen Zweifel erhaben geblieben wäre.

Nicht so heute. Wenn unsere Epoche untergehen würde, dann ginge sie nicht mehr in eine andere Epoche über, sie ginge auch nicht mehr in den Grund „Menschheit" ein, sondern höchstens in deren Grund: in den der Natur, in der nicht nur die Inhalte der vergangenen Geschichte ausgelöscht wären, sondern sogar die Tatsache, *daß* es einmal den Zwischenfall, der „Geschichte" heißt, gegeben hatte.

Und selbst damit nicht genug. Denn es ist durchaus nicht ausgeschlossen, daß die Menschheit im Sturz auch die gesamte lebendige Natur mit in den Abgrund hinunterreiße. Selbst unser Ausdruck „zugrundegehen" wäre vielleicht, da dieser Grund mit zugrundegehen würde, fehl am Ort. Ein Wort, das stark genug wäre, steht unserer Sprache nicht zur Verfügung.

Der atomare Untergang kein Selbstmord, sondern eine Ermordung der Menschheit.– Es gibt kein Klassenbewußtsein der Bedrohten.

Wie gesagt: Die Zeit, in der wir uns seit 1945 befinden, ist keine beliebige, anderen Geschichtsepochen ähnliche Epoche, sondern eine ausgezeichnete: das letzte Stück Geschichte, dasjenige Stück, innerhalb dessen (auch heute schon) in jedem Augenblick darüber entschieden wird, ob es Geschichte überhaupt noch weiter geben wird oder nicht; dasjenige, in dem die Würfel über den Fortgang von Zeit überhaupt fallen, und gewissermaßen in jedem Augenblick neu fallen.

Das ist freilich nur die halbe Wahrheit. Denn nicht nur die Einsätze sind wir, um die gewürfelt wird, außerdem sind wir die Würfelspieler selbst. Da die Apokalypse-Möglichkeit unserer eigenen Hände Werk ist, ein Verhängnis, das wir selbst über uns verhängen, liegt es auch (so kann es jedenfalls scheinen) in unserer eigenen Hand, ob diese Möglichkeit Wirklichkeit wird oder nicht, ob wir ihr erlauben, Wirklichkeit zu werden, oder nicht. Für den oberflächlichen Blick mag das einen ungeheuren Machtzuwachs, vielleicht sogar einen ungeheuren Würdezuwachs darstellen: Die Tatsache, daß die Instanz, die über den Fortbestand der Menschheit zu befinden hat, die Menschheit selbst ist, die könnte ja als Apotheose der Autonomie verstanden werden. Aber das wäre ein entsetzliches Mißverständnis. Denn wer hier die „Menschheit" als Subjekt des Handelns unterstellt, der macht sich einer durch nichts zu rechtfertigenden Fälschung schuldig. Zu behaupten, daß die Milliarden wirklicher Menschen, die auf der Erde leben, „wie ein Mann" über ihr Milliardenschicksal die Entscheidung fällen, das wäre ja barer Unsinn. Die oft (zuweilen auch vom Verfasser) verwendete Redensart, daß „der Mensch" oder „die Menschheit" in Gefahr schwebe, „Selbstmord zu begehen" oder sich zu diesem (oder umgekehrt zum Nicht-Selbstmord) zu entschließen – diese Redensart entspricht nicht den Tatsachen. Wer ist in diesen Augen *„der Mensch"?* Beziehungsweise *„die* Menschheit"? Ist es denn wahr, daß wir alle das Zeitalter des möglichen Unterganges herbeigeführt haben, und daß wir alle, wenn die Katastrophe wirklich einträte, gleichermaßen Schuld an dieser tragen würden?

Nein, die Singularformen „der Mensch" und „die Menschheit" sind unerlaubt. Durch diese, alle und jeden Menschen über einen Kamm scherenden Ausdrücke werden nicht nur die Schuldigen, sondern auch die Milliarden von evidentermaßen Unschuldigen unterschlagen, beziehungsweise diesen wird ausnahmslos Mitschuld aufgebürdet. So widersinnig es wäre, den Kapitalismus dadurch zu charakterisieren, daß in diesem „der Mensch sich selbst ausbeute", so widersinnig wäre es, von unserer apokalyptischen Situation auszusagen, daß in dieser „der Mensch sich selbst bedrohe", oder sich eines Tages selbst umbringen werde. Diese Aussagen klingen zwar sehr eindrucksvoll, und Singulare dieser Art sind in der Tat, vor allem in der „philosophischen Anthropologie", sehr beliebt. Aber doch zumeist nur deshalb, weil durch sie Schuldfragen (vor allem die Tatsache des Klassen-Dualismus) vertuscht werden können. Haben wir uns das einmal klar gemacht, dann haben wir auf die Selbstmord-Formel zu verzichten.

Was den *Kampf gegen* die Morddrohung betrifft, so wäre in diesem die Verwendung der Singulare „der Mensch" oder „die Menschheit" natürlich berechtigter. Zwar nicht in dem Sinne, daß die gesamte Menschheit „wie ein Mann" gegen die Gefahr aufstehe. Das zu behaupten, wäre natürlich reiner Unsinn. Geschähe das, dann wäre ja alles in Ordnung, und diese unsere theoretischen Reflexionen wären überflüssig. *Berechtigt ist der Singular allein in dem moralischen Sinne, daß die Menschheit, da sie als ganze bedroht ist, eigentlich wie ein Mann gegen diese Bedrohung aufstehen müßte.* Aber dieses „Eigentlich" und dieses „Müßte" zeigen ja an, daß das Subjekt „die Menschheit" reines Postulat bleibt. Nein, *ein* Subjekt ist die Menschheit höchstens im passivischen Sinne, nämlich als „Subjekt des Leidens" – womit ich meine, daß wir unterschiedslos, gleich welchem Volk oder welcher Klasse wir zugehören, und gleich ob wir von einander wissen oder nicht, durchweg morituri sind und deshalb *eine einzige große Opfermasse* darstellen. So also, allein aus der Perspektive der drohenden Katastrophe gesehen, sind wir Menschen etwas Einheitliches.

Es läge nun vielleicht nahe, hier eine Analogie einzuführen. Und zwar eine mit dem Proletariat. Das Proletariat, das Marx vorfand, war ja gewiß kein kollektives Aktionssubjekt, sondern „eines", etwas Einheitliches, nur in passivem Sinne, nur als „Objekt", als Inbegriff aller durch das gleiche Schicksal der Ausbeutung Betroffenen und Getroffenen. Aber bei dieser Feststellung hatte sich Marx ja nicht beruhigt. Vielmehr hatte er aus der vorgefundenen Tatsache die Aufgabe abgeleitet, ein Klassenbewußtsein zu erwecken und auszubilden, und durch dieses Bewußtsein das einheitliche Objekt in ein effektives Handlungssubjekt zu verwandeln. – Liegt es nicht nahe, zu fragen, ob nicht Entsprechendes auch heute denkbar wäre? Sollte es nicht möglich sein, die durch das gemeinsame Schicksal der Bedrohtheit zu *einem* virtuellen Opfer gewordene Menschheit durch die Parole „Morituri aller Länder vereinigt Euch!" zu einem (dem Klassenbewußtsein entsprechenden) Menschheitsbewußtsein aufzurufen?

Nun, in gewissem Sinne tun wir, die Sprecher und Rufer der „Antiatombewegung", und auch ich selbst, nichts anderes. Und es gibt keinen unter uns, der sein Weitersprechen und sein Weiterrufen unterlassen könnte. Nur müssen wir uns, wenn wir das tun, im klaren darüber sein, wie gering unsere Chancen dabei sind. Und damit komme ich zu einem ebenso wichtigen wie deprimierenden Punkt.

Die heutige Menschheit mit dem Proletariat des vorigen Jahrhunderts zu vergleichen, ist nämlich unsinnig. Das Proletariat hatte sich, einfach durch die zwei Tatsachen, daß es *litt* und daß es sich *abhob* von dem nicht oder mindestens weniger leidenden Teil der Bevölkerung, gewissermaßen als „*Elite und Avantgarde der Misere*" selbst erkennen und diese Erkenntnis zur Basis der Solidarisierung machen können. Dieser Chance entspricht in unserer heutigen Lage nichts. Da alle Menschen gleichermaßen gefährdet sind, kann von einer „Elite und Avantgarde der Misere" keine Rede sein. Und außerdem wäre es ja falsch, von der Menschheit zu behaupten, daß sie effektiv unter der Atomdrohung leide, vielmehr lebt sie ja „apokalypseblind" in den Tag hinein.

Diese zwei Punkte dürfen wir nicht einfach ignorieren. Machen wir uns keine Illusionen: Wie berechtigt es auch ist, festzustellen, daß wir alle in einer und derselben Gefahr schweben, so unberechtigt wäre es zu behaupten, daß diese Tatsache die Erkennbarkeit der Gefahr erleichtere. Wahr ist sogar umgekehrt: Die Universalität der Bedrohung erschwert deren Erkennbarkeit, nein, sie verhindert diese Erkennbarkeit sogar total. Womit ich meine, daß wir, da wir unterschiedslos der Vernichtung exponiert sind, bis auf wenige Ausnahmen der Fähigkeit beraubt sind, unserer Bedrohtheit bewußt zu werden. Wenn es eine soziologische Erkenntnistheorie gäbe, dann würde eine ihrer Grundthesen lauten müssen: *Was gemeinsam* ist, das „hebt" sich nicht „ab", *das bleibt,* sofern es nicht wie Hunger, Kälte oder Krankheit, also wie Not, direkte Leiden verursacht, *unsichtbar.* Aus diesem Grunde: also weil wir alle in einer und derselben Gefahr schweben, aber unter dieser nicht unmittelbar leiden, besteht nur eine minimale Chance, daß der dem klassischen Solidarisierungsappell analoge Ruf „Morituri aller Länder, vereinigt Euch!" jemals in die Ohren aller Mitmenschen eindringen werde.

Aber kehren wir zu unserem Ausgangsproblem zurück. Um einen „Selbstmord der Menschheit" würde es sich, wie gesagt, wenn die Katastrophe ausbräche, nicht handeln. Während im Falle des echten Selbstmordes Täter und Opfer identisch sind, läge beim sogenannten „atomaren Selbstmord" eine solche Identität nicht vor. Das heißt: die Menschheit als ganze wäre kein Subjekt. Wenn sie zugrundeginge, so zwar – und nur in diesem Sinne hat der Ausdruck eine gewisse ungenaue Berechtigung – von Menschenhand; aber nicht von der Hand *der* Menschheit, da es diese nicht gibt. Nicht in deren Hand also liegt die Macht der Vernichtung, sondern in den Händen Einzelner, in denen einer Pluralität von Mächten – heute, im Jahre 59, in denen der Regierungen dreier Staaten, morgen in denen eines (wie er bereits vorgetauft worden ist) mehr- oder vielköpfigen „Atomclubs"[4]. Kurz: Täter und Opfer wären im Falle eines angeblichen „atomaren Selbstmordes" nicht identisch, denn als Täter, bzw. Täterin würde nicht die ganze Menschheit figurieren, als ganze würde sie allein in ihrer Opferqualität auftreten– und als solche gerade nicht „auftreten", sondern ausschließlich „abtreten", nämlich untergehen. Auf den Ausdruck „Selbstmord der Menschheit" müssen wir also verzichten[5].

Die Redensart, daß die Menschheit sich selbst umbringen könne, die so klingt, als wäre damit der höchste Grad der menschlichen Freiheit: die stoische Freiheit zum Freitode, bezeichnet, ist aber noch aus einem anderen Grund unerlaubt. Wegen des Mißbrauchs des Wörtchens „könne". Lassen wir uns durch dieses Wörtchen nicht in die Irre leiten. Denn nicht Freiheit bezeichnet es in diesem Falle, sondern umgekehrt den Höhepunkt der Unfreiheit. Wenn von einem „könne" bzw. einem „kann" hier überhaupt die Rede sein darf, dann allein in dem Sinne, daß es uns zustoßen kann, durch das, was „wir selbst" hergestellt haben, zugrundezugehen. So verwendet bedeutet das

---

[4] Von wem dieser feudale Ausdruck ‚Atomclub' geprägt worden ist, das ist mir unbekannt. Daß er ein Verharmlosungs- und Verhübschungsmittel darstellt, liegt auf der Hand. Viele andere Gruppenbezeichnungen wären nicht nur gleichfalls möglich, sondern gewiß viel treffender gewesen (1970).

[5] Er ist ein typisches Beispiel für jene Fälschung, die ich anderswo (S. 128) ‚Solennifizierung' der Katastrophe genannt habe (1970).

Wörtchen offensichtlich nicht Potenz, sonderen Impotenz, nicht Freiheit, sondern Ohnmacht. Es zeigt an, daß wir außerstande sind, die unbeschränkte Macht, die die „Freiheit" technischer Entwicklung mit sich gebracht hat, einzuschränken; daß wir unfähig bleiben, die Verwendung dessen, was wir erzeugt haben (im nicht-technischen Sinne) zu meistern; und unfähig, diejenigen Mächte, in deren Händen sich die Vernichtungsmittel befinden, zu kontrollieren. Diejenigen Theoretiker, die in dieses Wörtchen „kann", das, bezogen auf die atomare Situation, nichts als Unfähigkeit und Unfreiheit bezeichnet, einen positiven Sinn hineindeuten, die also der (als Handlungssubjekt unterstellten) Menschheit die Freiheit zur Wahl des Selbstmordes zusprechen – und Jaspers kommt dem in seinem Buche verflucht nahe –, die sind Falschmünzer. Und mit solchen Falschmünzern wünschen wir nichts zu tun zu haben.

V

Unmoral im Atomzeitalter
Warnung während einer Windstille*

1959

> „Auf die Rüstungstechnik als den Motor des Fortschritts darf eine Industrie, die zum technischen Vortrupp zählen will, nicht ohne Grund verzichten."
> (Zehnjahresbericht des Bundesverbandes der Deutschen Industrie 1959)

Daß die Sprache den Frieden nur im Singular kennt; daß man nicht analog zu „die Kriege" „die Frieden" sagen kann, das ist kein Zufall. Denn der Friede hatte – ob zu Recht oder nicht, das können wir hier dahingestellt sein lassen – als das Kontinuum gegolten, und die Kriege als dessen Unterbrechungen.

Glückliche Zeiten, da es noch Kriege gab. Denn im Vergleich mit der heutigen Zeit waren das friedliche Zeiten gewesen; Zeiten, in denen jeder Krieg noch als ein individuelles Intermezzo gegolten und sich als ein blutiger Fleck von der weißen Landkarte der Zeit abgehoben hatte.

Diese glücklichen, diese friedlichen Zeiten, in denen es Kriege gegeben hatte, die sind nun vorüber. Im Rückblick erkennen wir: vorüber seit bald einem halben Jahrhundert. Denn das Verhältnis von Krieg und Friede hat sich umgekehrt. Seit den Balkankriegen ist die Kette der Kriege niemals abgerissen. Oder richtiger (denn nun ist eben der Plural „Kriege" falsch gewor-

---

* Vortrag in der ‚Deutschen Friedensgesellschaft', Wiesbaden 1959.

den) seitdem hat *der* Kriegszustand niemals aufgehört. Heute jedenfalls befinden wir uns in einem Kriegskontinuum, aus dem sich die Friedenszeiten, wenn überhaupt, als begrenzte Inseln, als ausgesparte Leerstellen, so herausheben, wie sich früher die Kriege aus *dem* Frieden herausgehoben hatten. Und selbst diese Leerstellen sind nicht eigentlich als wahrer Frieden gemeint, sondern nur als Varianten dessen, was sie unterbrechen. In der zynischen Sprache, die heute herrscht, heißen sie deshalb auch „kalter Krieg". Wenn wir versuchen würden, den Frieden, in dem wir in den letzten Jahren gelebt haben, zu definieren, dann müßten wir ihn als Abkühlpause des heißen Krieges, als dessen notwendige Vorbereitungsphase, bestimmen. Nicht: „si vis pacem para bellum" lautet die heutige Maxime, sondern: „si vis bellum para pacem" – wenn du den Krieg willst, beschaff dir zu dessen Vorbereitung ein gewisses Friedensintermezzo.

Sie werden vielleicht einwenden, diese Worte träfen auf die Zeit bis gestern zu. Aber unterdessen sei ja entscheidend Neues eingetreten: die Zusammenkunft der Mächtigsten der Mächte und die Vorbereitung der Diskussion einer Totalabrüstung.

Auch ich teile diese Hoffnung. Wirklich sieht es ja so aus, als erlebten wir heute einen tröstlichen Augenblick innerhalb einer furchtbaren Zeit; als sei für heute und morgen die apokalyptische Gefahr stillgelegt. Ob diese politische Wetterbesserung dadurch zustandegekommen ist, daß die Männer, die über unser Sein oder Nichtsein entscheiden, guten Willens waren, oder weil sie vor einander Angst hatten, das ist gleichgültig. Atmen wir also auf.

Aber bitte nicht länger als für ein paar Sekunden. Denn nichts wäre verhängnisvoller als zu glauben, es sei uns nunmehr vergönnt, uns gehen zu lassen. Vergessen wir nicht: Die Wirklichkeit der Gefahr besteht nicht allein in der Existenz realer physischer Waffen, sondern im Stande unserer technischen Entwicklung. Im „know how". In unserer Fähigkeit, auch das Abgeschaffte immer wieder neu zu schaffen. Das Prinzip der Technik ist das Prinzip der Wiederholbarkeit.

Die Gefahr der Apokalypse ist also niemals gebannt. Wie die monstra des modernen Krieges herzustellen sind, das ist unvergeßbar, das ist unverlernbar. Vieles kann der Mensch lernen.

Aber zu verlernen, derartiges zu verlernen, das hat er noch niemals gelernt. Und das wird er auch niemals lernen. –

Vor einigen Monaten schloß ich eine Ansprache in einer Erwachsenenschule in Tokio mit den folgenden Worten:

„Ich weiß: was ich Ihnen da sage, das klingt wenig tröstlich. Wer, wie wir, seine Kraft der Gewinnung eines Zieles widmet, der tut das in der Hoffnung, daß dieses Ziel eines Tages ein für alle Male erreicht sein werde. Wenn ich Ihnen diese Hoffnung, also die Hoffnung auf das ‚ein für alle Male' fortnehme, so damit Sie illusionslos sehen und sich im klaren darüber bleiben, daß der Kampf, den wir vor ein paar Jahren begonnen haben, und in dem wir uns nun befinden, von nun an ein niemals mehr endender Kampf bleiben wird. Jeder gewonnene Tag wird zwar ein gewonnener Tag sein. Aber kein gewonnener Tag wird eine Bürgschaft für die Gewinnung des morgigen Tages darstellen. Ankommen werden wir niemals.

Was vor uns steht, ist also die Endlosigkeit der Unsicherheit. Und unsere nicht endende Aufgabe wird darin bestehen, daß wir dafür sorgen, daß mindestens diese Unsicherheit kein Ende nehme.

Noch einmal: diesen Gedanken trage ich Ihnen nicht deshalb vor, um Ihnen den Kampfmut zu nehmen, oder etwa deshalb, weil ich unseren Kampf für vergeblich hielte. Wenn das der Fall wäre, dann wäre ich nicht aus Europa zu Ihnen gekommen. Vielmehr betone ich ihn deshalb, weil unser Kampf von vornherein zum Scheitern verurteilt wäre, wenn wir seine Natur falsch einschätzen würden. Er ist nicht nur unsere Aufgabe, nicht nur die Aufgabe unserer Generation; sondern die aller Menschen von nun an. Also unser Schicksal. Unseren Willen werden wir, sofern man uns unsere Kinder läßt, unseren Kindern vererben müssen. Und diese werden ihn, soferne auch ihnen ihre Kinder gelassen werden, auch ihren Kindern weitergeben müssen. Den Kampf zu gewinnen, ist zwar notwendig. Aber kein Gewinn wird einen endgültigen Gewinn darstellen. Wer ihn aber verlieren wird, der wird ein für alle Male verlieren. Für seine Vorfahren: denn von diesen wird nach ihrer Niederlage kein Zeichen mehr melden. Und für seine Nachkommen: denn die wird es nach seiner Niederlage nicht mehr geben.

Liebe Freunde, ich weiß, wie unhöflich es ist, als Gast eines so höflichen und gastfreundlichen Volkes so unverblümt und schrecklich zu sprechen, wie ich es hier tue. Ich bitte Sie um Entschuldigung. Aber leider gibt es Situationen, in denen höflich zu bleiben unverantwortlich wäre. Daß wir uns heute in einer solchen Situation befinden, ist so wenig meine Schuld wie Ihre. Was uns verbindet, ist der Schmerz darüber, daß wir gezwungen werden, unhöflich zu werden."

Wie gesagt: Im Augenblick stehen wir zwar an einer vergleichsweise sicheren Stelle. Aber die Geschichte geht weiter. An dieser Stelle wird sie uns nicht stehen lassen. Andere Männer und andere Mächte werden jene, die uns den Augenblick unseres Weiterlebens gesichert zu haben scheinen, ablösen. Und die Männer von morgen, von übermorgen und überübermorgen, die sind uns unbekannt. Unter ihnen kann es morgen oder übermorgen auch einen Hitler geben. Und selbst der Hitler eines kleinen und peripheren, aber ehrgeizigen und skrupellosen Staates würde genügen. Denn wer atomare Macht hat, der hat Allmacht. Allmacht der Erpressung. Und damit eine Macht, die die konventionelle Unterscheidung zwischen Großmächten und geringeren Mächten annulliert.

Selbst wenn wir den Augenblick bereits erreicht hätten, in dem alle jene Vernichtungsmonstra, die heuchlerisch „Waffen" genannt werden, wirklich abgeschafft wären, auch dann also, auch damit also wäre die Bedrohung nicht aus der Welt geschafft. Niemals wird diese Bedrohung aus der Welt geschafft sein. Von neuem werden wir oder unsere Kinder mit jener entsetzlichen Zeit konfrontiert sein, deren bislang besten Trostaugenblick wir heute gerade erleben.

Kriegsgegner hat es auch vor uns schon gegeben. Aber wir sind eine neue Generation. Wir sind, da Krieg heute Untergang bedeuten würde, *Untergangsgegner*. Wir sind das erste Geschlecht der Untergangsgegner, dem, solange es Menschen geben wird, Geschlechter von Untergangsgegnern nachfolgen müssen. Da die Bedrohung niemals abreißen wird, darf auch die Generationskette unserer Nachfolger niemals abreißen.

Darum haben wir uns auch heute, statt uns dem relativ guten Augenblick erleichtert zu überlassen, auf das entsetzliche Zeitalter zu konzentrieren, in das sich der heutige Trostaugenblick eingeschoben hat. Es ist das Zeitalter der möglichen selbstgemachten Apokalypse, das Zeitalter, dessen Wesen darin besteht, daß es möglicherweise ins Wesenlose absinken, also keinen Bestand haben wird.

Wenn wir das verhindern wollen, dann haben wir dieses unser Zeitalter zu durchforschen. Denn nur was wir kennen, können wir meistern, beziehungsweise verhindern.

Einen Beitrag zu dieser Kenntnis will ich Ihnen heute vorlegen. Und zwar dadurch, daß ich vor Ihnen ein paar Gedanken über „Unmoral des Atomzeitalters" entwickle.

Jawohl: „Unmoral des Atomzeitalters". Denn daß Moral und Unmoral epoche-unabhängig seien, das wird heute ja kaum mehr jemand behaupten. Drei Dinge haben sich, verglichen mit früher, fundamental verändert:

1. Die Effekte unserer Handlungen.
2. Die Partner unserer Handlungen.
3. Die Vorgänge des Handelns selbst.

1. Die Effekte unseres Handelns können, im Unterschiede zu allen Handlungseffekten der Vergangenheit, so immens sein, daß sie der Zerstörung der Welt gleichkommen. Nicht nur in der Gefahr, dies Äußerste zu erleiden, hat sich die Menschheit nie zuvor befunden, sondern auch niemals in der Situation, dieses Äußerste zu *tun;* also in dieser Handlungssituation. Diese erfordert eine neue Moral und eine neue Ethik.

2. Die Partner unseres Handelns, die uns gegenüberstehen, und die wir „behandeln", sind nicht mehr Einzelne, sondern alle zusammen. Derjenige, der heute im ernstesten Sinne zu handeln hat, gerät garnicht mehr in die Situation, in der er einen Einzelnen töten könnte. Wenn er handelt, dann geht es um Hunderttausende und um Millionen. Und zwar um Millionen überall, und sogar nicht nur um Heutige. Unser Partner ist also die Menschheit. Da wir in der Lage sind, zum Beispiel durch Atomtests, von effektiven Atomschlägen zu schweigen, jeden auf unserem Globus Lebenden zu treffen, betrifft uns nun jeder.

Der Globus ist zum Dorf geworden. Das Hier zum Dort und das Dort zum Hier. Jeder Zeitgenosse ist nun unser Nächster. – Und was vom Raum gilt, gilt von der Zeit: Denn unsere atomaren Tests oder Kriege treffen nun nicht mehr nur unsere Zeitgenossen, sondern auch die künftigen Generationen. Auch sie sind zu Nachbarn geworden, auch sie sind nun unsere Zeitgenossen. Jedes Morgen ist für den Handelnden, da er durch die Folgen seines Handelns das Morgen erreicht, immer schon ein Stück vom Heute. Und jedes Heute ist, aus demselben Grunde, immer schon ein Stück von Morgen.

3. Der Vorgang und das Aussehen des Handelns hat sich in unserer modernen Apparatewelt grundsätzlich verändert. Damit gemeint sind nicht nur jene Handlungen, die wir den Robotern zu treuen Händen übergeben haben, sondern auch diejenigen Handlungen, die in unseren Händen verblieben sind. Diese sind unsichtbar geworden, mindestens unsichtbar als Handlungen. Denn zumeist besteht Handeln nicht mehr aus beabsichtigten individuellen Akten. Vielmehr ist es eingebaut und eingebettet in etwas, was wir gewöhnlich als Handlungen weder erkennen noch anerkennen; weder erkennen noch anerkennen sollen; und als solches auch garnicht mehr zu erkennen oder anzuerkennen wünschen: nämlich in *Arbeit*. Als „Arbeit" ist das heutige Handeln getarnt. Aber dieses falsche Etikett „Arbeit", das hilft uns nicht, das rettet uns nicht. Ob wir das wollen oder nicht – arbeitend handeln wir. Und zwar mit unabsehbaren Konsequenzen. Zum Beispiel dann, wenn wir eine Maschine bedienen, die, wenn auch völlig unsichtbar und aufs indirekteste, Geräteteile für eine atomare Waffe herstellt. Auf dieses epochale Ereignis: daß heute Handeln in Arbeiten untergeht, werde ich später noch einmal zu sprechen kommen. Vorerst aber mögen diese drei Hinweise genügen, um zu zeigen, daß die bisherigen Ethiker über Nacht antiquarisch geworden sind, und daß sich die Philosophie entschließen muß, sich von neuem zu bequemen.

Worin besteht nun die spezifische Unmoral unserer Zeit?

Erst einmal, oberflächlich gesprochen, darin, daß die meisten von uns sich den neuen Tatsachen innerlich verschließen. Darin, daß sie zu faul sind für neue Einsichten. Denn es gibt nicht nur das, was ich einmal „Apokalypseblindheit" genannt habe, sondern auch *Apokalypse-Faulheit*. Und darin, daß die meisten von uns zu feige sind, um den angsteinflößenden Tatsachen und Möglichkeiten ins Auge zu blicken; daß sie Angst haben vor der heute angemessenen Angst, vor dem heute unerläßlichen Angst-Quantum; und darin, daß sie diese Angst vor der Angst schwindelhaft „Mut" nennen.

Aber mit diesen Untugenden „Faulheit", „Angst", „Feigheit" und „Schwindel" ist die heutige Unmoral nicht etwa erschöpfend charakterisiert. Die Hauptwurzeln unserer Unmoral liegen tiefer. Teils sind sie anthropologischer Natur, das heißt: sie haben mit der Konstitution des Menschenwesens zu tun; teils sind sie technischer und politischer Art.

Zunächst die anthropologische Wurzel: Nicht nur unsere Vernunft, deren Fassungs- und Leistungskraft Kant „kritisiert" hat, ist „begrenzt"; vielmehr sind die meisten unserer Fähigkeiten limitiert. So unsere Phantasie, unsere Fähigkeit zu fühlen und unsere Fähigkeit zu verantworten. Einen einzigen Toten können wir uns zur Not vorstellen. Schon zwanzig Tote sagen uns, mindestens unserem Gefühl, nicht mehr als zehn Tote. Und die Mitteilung, daß Hunderttausend umgekommen sind, die vermittelt uns überhaupt nichts mehr. Je mehr Nullen wir an die Ziffern der Vernichtbaren oder Vernichteten hängen, um so nichtiger, um so nullenhafter wird unser Begreifen. An sich ist die Begrenztheit unserer Vorstellungskraft natürlich kein moralischer Defekt. Sowenig wie die Begrenztheit unserer körperlichen Kraft. Aber heute ist diese Begrenztheit zu einem Defekt *geworden*. Und zwar dadurch, daß wir außerdem Eigentümer anderer Fähigkeiten sind, die dem Gesetze der Limitierung nicht unterliegen. Denn mit Hilfe der von uns teils gebändigten, teils entfesselten Naturkräfte können wir nunmehr Effekte produzieren, die unbegrenzt sind. Als Techniker, mindestens als Techniker der Atomwaffen, sind wir – und dieser Ausdruck ist kaum mehr eine Metapher – omnipotent geworden. Aber dieser unserer Omnipotenz sind wir nun als geistige Wesen nicht gewachsen. In anderen Worten: Durch unsere Technik sind wir in eine Situation geraten, in der wir dasjenige, was wir herstellen und was wir anstellen können, nicht mehr vorstellen können.

Was bedeutet diese Diskrepanz zwischen Vorstellung und Herstellung?

Sie bedeutet, daß wir in einem fürchterlichen zusätzlichen Sinne „nicht mehr wissen was wir tun"; daß wir das Ende möglicher Verantwortung erreicht haben. Denn „etwas verantworten" ist ja nichts anderes, als zu einer Tat zu stehen, deren Effekte man im voraus vorgestellt hatte und wirklich hatte vorstellen können.

Dies also ist der unmoralische Status, in den wir als Kinder des technischen Zeitalters hineingeraten sind, in den die heute Geborenen hineingeboren werden. In gewissem Sinne ist dieser Status unsere „Erbsünde". Wenn ich diesen theologischen Ausdruck verwende, so deshalb, weil wir uns in diesem Status von vornherein befinden, also noch ehe wir uns persönlich irgendeiner bestimmten Tat oder Unterlassung schuldig gemacht haben.

Aber auch ganz untheologisch läßt sich dieser Zustand formulieren. Wir können ihn nämlich als ein „Gefälle" bezeichnen, als eine „Kluft", die sich zwischen unserer Praxis (nämlich unserem Produzieren) einerseits, und unserer beschränkten Vorstellungskraft andererseits aufgetan hat. Glauben Sie mir: diese Kluft ist um nichts schmaler und um nichts weniger verhängnisvoll als jene Kluft, die wir aus Philosophien und Religionen kennen, nicht schmaler als die zwischen unserem „Fleisch und Geist" oder zwischen „Neigung und Pflicht". Heute verläuft sie also zwischen „Vorstellen und Herstellen". Und der Imperativ, der sich aus der Einsicht in diese Diskrepanz ergibt, lautet: *Übe deine Phantasie ein! Versuche, sie so zu erweitern, daß sie den Produkten deines Herstellens und den Effekten deines Handelns gewachsen bleibt!*

Nun, dies alles klingt äußerst abstrakt. Deshalb möchte ich, ehe ich weitertheoretisiere, konkreter werden, nämlich Beispiele für die Unfähigkeit zur Phantasie anführen. Freilich muß ich Sie warnen. Denn diese Illustrationen werden Sie erschrecken. Ich beginne mit etwas, was man „die Infamie der Epoche" nennen könnte.

Vor einiger Zeit hat die Nachrichtenagentur AP einen „syndicated article", also einen für die Veröffentlichung in hunderten von Blättern bestimmten Artikel den Zeitungen der USA übergeben. In diesem Artikel nimmt Hal Boyle, ein nicht unbekannter amerikanischer Journalist, auf seine Art zu den in Gainesville (Florida) gefundenen dreiäugigen und fünfbeinigen Fröschen, also zu den erschreckenden Mißgeburten, die von Wissenschaftlern hypothetisch der Strahlung des atomaren fall-out zugeschrieben werden, auf folgende Weise Stellung:

„Angenommen, *uns* passierte das. Gewiß: drei Beine zu haben, das wäre zwar im Zeitalter des Autos eine Verschwendung; eine um so unverantwortbarere, als sich dreirohrige Hosen kostspieliger zu stehen kämen als die üblichen. Der Vorteil eines dritten Auges dagegen, der Fortschritt, den ein solches zusätzliches Organ darstellen würde, der könnte wohl von niemandem ernstlich bestritten werden. Bei dem heutigen Straßenverkehr gäbe es wohl weder Fußgänger noch Fahrer, die nicht ein drittes Auge enthusiastisch willkommen heißen würden. Von der Einführung einer dritten Hand zu schweigen, da sich ja nach deren gelungener Erfindung keine Hausfrau mehr darüber beschweren könnte, daß sie ‚nur zwei Hände habe'. Die Klimax der Erfreulichkeit aber würde natürlich die Zweiköpfigkeit darstellen, da" (so folgert Mr. Boyle mit Hilfe seines armseligen einzigen Kopfes) „ein zweiter Kopf natürlich die Intelligenz jedes Menschen verdoppeln würde. Aber nichts" (fährt er fort) „ist gewisser, als daß im Augenblicke, in dem solche Mutationen auftreten würden, ein Rudel von alten Käuzen (‚a bunch of old fogies') herumrennen und schreien würden: Schluß mit den Wasserstoffexplosionen! Wir wünschen keine Kinder mit zwei Köpfen! Keine mit sechs Augen, mit vier Ohren oder fünf Händen!" Immer, so schließt dieser Journalist, gebe es „Strohköpfe" (‚fuzzy old people'), die „im Straßendreck des Augenblicks stecken bleiben und alles beim alten lassen wollen, und die jeder Bemühung um Fortschritt in den Arm fallen".

Soweit der famose Journalist. Meine Damen und Herren, die Strohköpfe, die dieser Mann schmäht, die Strohköpfe, die im „Straßendreck des Augenblickes" stecken bleiben, und die „dem Fortschritt in den Arm fallen", die sind *wir*. Laufen wir ruhig als Strohköpfe herum, und seien wir stolz darauf, solche Strohköpfe zu sein.

Glauben Sie bitte nicht, ich sei humorlos. Im Gegenteil. Auch nicht, ich hätte kein Organ für Zynismus – denn auch Zynismus kann noch durch Geist geadelt sein, wenn auch nur durch den Geist der Verdüsterung. Aber vom Geist der Verdüsterung kann bei Boyle keine Rede sein. O nein, hier handelt es sich um etwas ganz anderes, um eine weit bösere Mentalität. Und da diese charakteristisch ist für die totale Phantasielosigkeit unserer Epoche, haben wir auf sie einzugehen. Sie ist nämlich *obszön*.

Jawohl, obszön. Dies ist das hier zuständige Wort. Denn dieser Begriff beschränkt sich nicht etwa nur auf das eine enge Gebiet des Sexuellen. Obszön sind vielmehr alle diejenigen Aktionen, die eine Entwürdigung des Menschen zum Gegenstand des Vergnügens oder der Lockung machen.

Und das trifft hier zu. Wenn es wahr ist – was ich nicht beurteilen kann – daß wir Menschen, und zwar durch unser eigenes Tun, der Variation zur Dreihändigkeit oder Zweiköpfigkeit ausgesetzt sind, daß wir morphologisch in die Irre gehen können, dann stellt diese Möglichkeit eine Schändung des Menschengeschlechts und eine Entwürdigung des Gedankens der Ebenbildlichkeit dar – eine Entwürdigung, an die keine Entwürdigung, die in der bisherigen Geschichte vorgekommen ist, heranreicht. Wer diese Entwürdigungsmöglichkeit (und zwar vor denen, die von dieser Möglichkeit bedroht sind) lächerlich macht (und zwar lächerlich im Sinne von „lächerlich unwichtig"), der ist obszön und damit schlechthin verächtlich. In diesem Sinne verächtlich ist Hal Boyle, dem ich hiemit den Lorbeer für die „Infamie der Epoche" auf die Stirn drücke.

Sie werden meine Reaktion vielleicht übertrieben finden. Das wäre sie, wenn dieser Mr. Boyle allein stünde. Aber davon kann keine Rede sein. Vielmehr ist er nur primus inter pares. Und die Zahl der „pares" ist leider Legion.

In der Tat bliebe es, wenn es sich nur um einen Einzelfall, um eine individuelle Abgeschmacktheit handeln würde, unbegreiflich, daß eine Agentur von der Größe und von dem Prestige der AP dieses Machwerk an ihre Kunden, die Zeitungen, hat verteilen können; daß die Zeitungen dieses Machwerk gebracht haben, und daß sich kein Sturm der Entrüstung in der Öffentlichkeit erhoben hat. Begreiflich ist das alles nur deshalb, weil eben diese zur Obszönität gesteigerte Impotenz der Phantasie das Normale darstellt; weil diese Obszönität so allgemein ist, daß sie als Obszönität schon garnicht mehr gespürt wird. Vielmehr gilt sie lediglich als komisch. – Wenn sie aber allgemein ist, so natürlich nur deshalb, weil sie allgemein *gemacht* worden ist. Jawohl: „gemacht", denn ihre Wurzeln hat diese Obszönität in den offiziellen Stellungnahmen zur Atomsituation.

Eine solche Behauptung erfordert natürlich Belege. Die vorzulegen, ist leider das Einfachste von der Welt. Wir brauchen dafür nämlich nichts anderes zu tun, als einen Blick in das offizielle „Wörterbuch des Unmenschen von heute" zu werfen.

Schon in einem vor Jahren geschriebenen Artikel hatte ich auf die Obszönität aufmerksam gemacht, die sich in der Namengebung der Testexplosionen ausspricht. Die Explosion, die zum ersten Male die tödliche Wirkung des radioaktiven Staubs trotz weitester Entfernung vom Explosionszentrum bewies: die Bikini-Aktion, an der der Funker Kuboyama zugrundeging, die hörte auf den neckischen und gemütlichen Namen „Aktion Opapa". Es gibt wohl nichts Infameres als die Benutzung des Biederen und Neckischen für das Horrende. Diese offizielle Verniedlichung scheint uns sogar noch obszöner, noch revoltierender als die Reklame-Idee der New Yorker Konfektionäre, die den Namen „Bikini" eiligst mit Beschlag belegten, um ihn zum Markennamen für jene Mädchenbadeanzüge zu machen, von deren minimalem Format sie sich eine unbegrenzte Bombenwirkung erhofften. Was wußten schon die unbeteiligten Konfektionäre von dem Ausmaß des atomaren Tests? Aber die Militärs, die die „Aktion Opapa" vorbereiteten, tauften und durchführten, die dürften bescheidgewußt haben. Aber sie stellten sich eben nichts vor.

Vielleicht werden Sie in übertriebener Fairness einwenden, das sei vor Jahren geschehen. Damals sei eben selbst den Militärs die apokalyptische Bewandtnis ihres Tuns noch nicht ganz deutlich gewesen. Dagegen könnte heute, da diese Bewandtnis in öffentlichsten Diskussionen behandelt werde, derartiges nicht mehr passieren.

Das trifft aber leider nicht zu. Im Gegenteil. Wenn eine Veränderung eingetreten ist, dann höchstens eine zum Bösen. Denn gerade die heutige offizielle Atomsprache wird durch die Obszönität bis in ihre letzten Nervenenden, bis hinein in ihre letzten Vokabeln verfärbt. Beispiel:

Die Zivilverteidigung der atomgerüsteten Länder rechnet bekanntlich damit, daß im Falle eines atomaren Großkrieges der größte Teil der Bevölkerung Müll werden werde. Also Hunderte von Millionen.

Was tut man nun, weil man sich die Hunderte von Millionen nicht vorstellen kann und nicht vorstellen will? Was tut man, um diesen Horror manipulierbar und für die voraussichtlichen Opfer, solange diese noch am Leben sind, ertragbar zu machen?

Man spielt den Generösen. Man streicht die Nullen der Katastrophenziffern. Man verzichtet darauf, die Pfennige des Massenmordes noch nachzuzählen. In der Sprache, die die „Civil Defence" der Vereinigten Staaten eingeführt hat, wird je eine Million Tote in dem Mengenbegriff *„ein* Großleichnam" zusammengefaßt. *Megacorpse* ist die eingeführte Vokabel, die jetzt, da wir hier zusammensitzen, in den offiziellen Gesprächen verwendet wird.

Sie alle kennen den Ausdruck „megaton", der diejenige Brisanzgröße bezeichnet, die der von einer Million DNT gleichkommt. Nun – so denken die Phantasielosen – warum sollte man nicht den Terminus für das Ergebnis der Vernichtung, also die Millionen Tote, dem Terminus für das Mittel der Vernichtung anähneln? Gesagt getan. Also hat man dem Ausdruck „megaton" den, eine Million Leichen bezeichnenden, Ausdruck „megacorpse" nachgebildet.

Beim Angriff auf eine Riesenstadt, sagen wir: auf Vielmillionenstädte wie London oder Tokio, rechnet man also mit fünf oder sechs „Großleichen". 5 oder 6 – so schlimm ist das ja nicht. Das läßt sich ja nicht nur von Rechenrobotern bequem verdauen, sondern auch von unsereinem, auch von denen, deren Kleinleichen einmal dieser Großleiche zugehören werden. 5 oder 6, das läßt sich ja sogar verantworten.

Machen wir uns nichts weis. Was hier vorliegt, ist nicht allein Unfähigkeit der Phantasie, sondern willentliche Zerstörung der

Phantasie. Zerstörung sowohl der eigenen Phantasie wie der der Anderen. Vermutlich fürchten diejenigen, die solche Vokabeln in Schwung bringen, daß sie sich von dem Maßlosen, das sie in ihrer Vermessenheit vorbereiten, eine angemessene Vorstellung machen und dadurch ihre Aktionskraft lähmen könnten. Um das zu verhindern, verwandeln sie das Maßlose in etwas, dessen Maße sie zu übersehen imstande sind, also in Ziffern des kleinen Einmaleins, mit dem sie vertraut sind.

Letztlich verwenden sie dabei jenen Trick, dessen sich Regierungen bedienen, um eine durch Inflation unübersehbar und deshalb unbequem gewordene Währung zu sanieren. Dann beschließen sie bekanntlich: eine Million Francs (oder Mark oder dergleichen) nennen wir ab heute „einen Franc" (bzw. „eine Mark" oder dergleichen). Analog heißt also eine Million Leichen heutzutage „eine Großleiche", „one megacorpse".

Glauben Sie nicht, dieser Vergleich sei weit hergeholt. Denn das Atomzeitalter spielt sich zu einem sehr beträchtlichen Teil im Kommerz- und Public-Relations-Idiom ab. Auch für diese Behauptung kann ein Zitat aus der „Civil Defence" als Beispiel dienen. Diese verwendet nämlich, um Zivilisten als Mitarbeiter zu gewinnen, bzw. um Bunker zu verkaufen, und um in diesen Mitarbeitern oder Käufern dennoch die Vorstellung der allgemeinen Katastrophe zu unterbinden, den tröstlichen Satz: „Millions will be left alive", „Millionen werden am Leben bleiben".

Daß dieser Satz Reklameslogans nachgebildet ist, das ist wohl für kein Ohr, das moralische Nüancen noch unterscheiden kann, zweifelhaft. So als handelte es sich um eine Empfehlung eines neuen Seifenpulvers oder einer Limonade, versichert der Satz jedem einzelnen (sofern er der Civil Defence beitritt, also die Ware kauft), daß er und gerade er damit rechnen könne, zu seinem Vorteil zu kommen, das heißt: am Leben zu bleiben; während seine Millionen Nachbarn, die nicht mitmachen, durch ihr eigenes Verschulden zu Schaden kommen werden. Der Reklamesatz appelliert zugleich an jenes – man entschuldige den Ausdruck – unanständige Gottvertrauen, das in der Überzeugung besteht, treffen werde es immer nur den Anderen. Offensichtlich hat man sich vorübergehend einen Publicity-Fachmann ausgeliehen und diesen damit beauftragt, wirksam Reklame zu machen für das probateste Mittel gegen jene Apokalypse, die man selbst vorbereitet, und die man eben durch die Organisierung des angeblichen Schutzes vor ihr als unvermeidlich hinstellt, um sie dadurch zu fördern.

Oder anders formuliert: die als selbstverständlich unterstellte Voraussetzung des Schlagwortes „Millions will be left alive" ist, daß mit der Müllmasse der verbrannten und radioverseuchten Millionen gerechnet werden muß, daß diese Masse ungleich größer sein wird als die Zahl der Geretteten. Andererseits aber hat man diese Müllmasse auf 5 oder 6 Leichname reduziert, um damit zu verhindern, daß sich die Vorstellung der Millionen von prospektiven Leichen allzuweit in Richtung Wahrheit vorwage.

Da ich annehme, daß die betrügerische Rolle der Vorstellung, der Impotenz der Vorstellung und der mutwilligen Zerstörung der Vorstellungskraft durch diese Beispiele hinlänglich belegt ist, kann ich nun wohl zu einem neuen Aspekt unserer Probleme übergehen.

Wir hatten vorhin betont, daß die Phantasielosigkeit in der Natur des Menschen begründet sei; daß – nicht anders als die natürliche Leistung und die natürliche Kapazität unserer anderen Kräfte – auch die unserer Phantasie beschränkt sei; daß wir also von Natur aus unfähig seien, jene maßlosen Produkte und Effekte, die wir als Techniker selbst herstellen, uns vorzustellen. Aber damit hatten wir das Verhältnis zwischen Vorstellung und Herstellung nur zur Hälfte charakterisiert.

Zur Technik gehören ja nicht nur die apparathaften Dinge (also die Maschinen); nicht nur deren Produkte und die Effekte dieser Produkte. Zur Technik gehört ja ebenfalls der Betrieb, in den wir selbst, wir Arbeitenden, als Gerätestücke eingesetzt sind; also dasjenige, was, nicht zu Unrecht, ebenfalls „Apparat" genannt wird.

Meine These ist es nun, daß dieser Apparat bewußt alles dazu tut, um unsere schon von Natur aus beschränkte Vorstellungskraft noch mehr einzuschränken, um unsere Vorstellungskraft geradezu auszulöschen. Wovon spreche ich?

Von Arbeitsteilung und Spezialisierung. Denn Arbeitsteilung und Spezialisierung sperren jeden Einzelnen durch Schranken von jenem Ganzen ab, innerhalb dessen und für das seine Arbeit ihre Funktion hat. Arbeitsteilung und Spezialisierung sind Scheuklappen.

Nehmen wir einmal an, wir arbeiteten als Fabrikarbeiter an einer Maschine A, in der Teile von Maschinen des Typs B hergestellt werden. Worin bestünde unsere Aufgabe? Gewiß nicht darin, Maschinen vom Typ B zu erzeugen. Nein, noch nicht einmal darin, die gewünschten Teile von B zu produzieren. Sondern lediglich darin, unsere Maschine A, die ihrerseits (was uns aber gewissermaßen nichts angeht) Teile der Maschine B ausspuckt, gewissenhaft zu bedienen. Daß diese Maschinenteile von B aus unserer Maschine A herausfallen, das ist nur die Folge unseres Arbeitens, wir Arbeitenden sind auf dieses Ziel nicht ausgerichtet, sondern nur auf das Ziel, unsere Maschine A gewissenhaft zu bedienen. Tatsächlich gilt es nicht nur als überflüssig, sondern als geradezu unerwünscht, daß wir darüber Bescheid wissen, oder es uns vorstellen, oder uns den Kopf darüber zerbrechen, für welche Maschinen B die von unserer Maschine A ausgespienen Teile bestimmt sind; oder welche Maschine vom Typ C mit Hilfe der Maschinen B hergestellt werde sollen; oder welche Ziele D man durch Verwendung der Maschinen C zu erreichen versuchen wird. – Und was unerwünscht ist, das ist auch unmöglich, mindestens nahezu unmöglich. Denn der Umstand, daß der Betriebsapparat, innerhalb dessen wir arbeiten, uns auf eine spezielle Leistung an unserer Maschine A festlegt und beschränkt, der macht uns „beschränkt", nämlich unfähig, uns mit der Bewandtnis unserer Arbeit, also mit deren Sinn für B, C und D zu beschäftigen, uns über diese den Kopf zu zerbrechen oder uns diese vorzustellen.

Und diese Beschränktheit ist eo ipso eine *moralische* Beschränktheit: Denn „moralisch" ist ja derjenige, der die Folgen, und die Folgen der Folgen seiner eigenen Tätigkeiten abwägt; und der seine Tätigkeiten auf Grund dieser Abwägungen durchführt, modifiziert oder unterläßt.

Bei der Mehrzahl unserer heutigen Tätigkeiten wird nun – daran vorbeizusehen, wäre selbst unmoralisch – das Minimum an Moralität: nämlich die Bekümmerung um die Konsequenzen des Handelns, nicht mehr von uns verlangt. Und zwar deshalb nicht, weil die meisten unserer Handlungen, wie wir es schon zu Beginn gesehen hatten, als „Arbeiten" vor sich gehen und nur als „Arbeiten" gelten.

„Nur als Arbeiten". Denn es gehört zu den entscheidenden Ereignissen der industriellen Epoche, daß sie „Handeln" durch die Etikettierung „Arbeiten" in etwas moralisch Neutrales verwandelt hat; daß wir, solange wir an einer Tat, zum Beispiel an einer Aggressionsvorbereitung, nur arbeitend beteiligt sind, grundsätzlich absolviert zu sein scheinen, grundsätzlich alles tun zu dürfen scheinen, grundsätzlich Konsequenzen nicht mehr als unsere Angelegenheit zu betrachten, also nicht zu verantworten brauchen. Die Geheim-Maxime der heutigen „Arbeitsmoral" – machen wir uns darüber keine Illusionen – die lautet:

Solange die Arbeit währt, solange sollst du diejenige Attitüde, in der du „sollen" und „nichtsollen" kennst, annullieren; sollst du, statt Gewissen zu haben, nur „gewissenhaft" sein; sollst du moralisch beschränkt bleiben! Und diese Maxime, die diejenige der Angestellten der Vernichtungslager war, befolgen wir alle; wir alle sind überzeugt davon, daß wir uns am Makel der Tat, solange wir an dieser nur arbeitend teilnehmen, nicht infizieren werden.

Darum sollte unsere heutige Maxime lauten: *Widersteh der Geheimmaxime der Arbeitsmoral! Widersteh denjenigen, die dich „beschränkt" machen! Vergiß niemals, daß jede deiner Arbeiten ein Mittun ist, und als Mittun ein Handeln! Und unterlaß es nie, dir Rechenschaft davon abzulegen, welche Art von Handeln dein Arbeiten darstellt! Vor allem gilt: Befolge das „du sollst nicht töten" nicht allein dann, wenn du ein Messer oder einen Revolver in der Hand hältst – das geschieht selten, und von solchen Ausnahmefällen hängt das Schicksal der Welt nicht ab – sondern auch dann, vor allem dann, wenn du ein Gerät für ein Gerät des Mordens mitherstellst!*

Was von den in Maschinenfabriken Arbeitenden gilt, das gilt mit geringfügigen Ausnahmen von allen Zeitgenossen. Denn wir alle sind in Apparate eingebaut. Wenn man von uns erwartet, nein verlangt, daß wir in unseren Fächern so arbeiten, als wären die Effekte unserer Facharbeit durch Schranken von uns getrennt; und wenn wir diese Erwartung erfüllen, dann sind wir, gleich mit wie großer Intelligenz die Natur uns ausgestattet haben mag, ja sogar gleich, mit welchen klugen oder dummen, wahren oder unwahren Ansichten wir während unserer Mußestunden beliefert werden mögen, beschränkt gemacht. Was uns moralisch beschränkt macht, sind nicht mehr (wovon wir noch vor wenigen Jahren überzeugt waren) falsche oder verfälschte Ansichten, also „Ideologien" – die sind heute beinahe überflüssig geworden. Beschränkt macht uns vielmehr die objektive Situation, in der wir uns befinden, unsere Arbeitssituation im Apparat. Und darum dürfen wir unsere heutige Beschränktheit eine *objektive Beschränktheit* nennen.

Grundlage dieser Beschränktheit ist eine Gleichung, ein Identitätssatz[1]. Identifiziert wird der Mensch mit seiner Berufsrolle und -leistung. Mit seinen *Als,* das heißt: mit dem, *als* was er (im Betrieb, im Staat oder wo auch immer) dient, *als* was er im Apparat verwertet wird.

Vom Betriebsapparat aus gesehen ist nämlich die Tatsache, daß diese Gleichung nie als ganze aufgeht, daß immer ein leistungsfremder Rest übrigbleibt, daß zum Beispiel der Physiker nicht nur Physiker ist, sondern daß dieser stets einen Menschen gleichen Namens als unverwertbares und unwirtschaftliches Totgewicht mit sich herumschleppt, eine Unvollkommenheit. Angestrebt wird (und nicht etwa nur in „totalitären" Staaten, in denen das offen geschieht und als Prinzip bejaht wird), daß jeder in seinem Beruf aufgehe, und zwar so restlos wie der Zähler eines sauberen Bruches in seinem Nenner „aufgeht": daß jeder seinen leistungsfremden Rest, genannt „Mensch", auf ein Minimum, am besten auf Null reduziere: etwa so wie die Ameise,

---

[1] Daß dieser Satz gewöhnlich nicht ausgesprochen wird, das besagt nichts gegen seine Existenz. Umgekehrt gehört das zur Sache. Denn der Satz wird als selbstverständlich gültig vorausgesetzt — und was als selbstverständlich gültig vorausgesetzt wird, das braucht nicht eigens ausgesprochen zu werden.

deren jede (schon anatomisch) mit ihrer Funktion (z. B. mit der Funktion „Soldat") zusammenfällt.

Wer den Totalitarismus nur dadurch definiert, daß dieser den Menschen total zu verwerten trachte, der trifft nur die eine Hälfte des totalitären Prinzips. Der Totalitarismus ist kein Hammer, der nur von einer Seite auf uns zuschlägt, sondern eine Zange, die uns von zwei Seiten zugleich anpackt. Denn ebenso gehört es zum Totalitarismus (und zwar zum geheimen der sogenannten „freien Welt" nicht weniger als zum offen politischen) daß er versucht, den zu verwertenden Menschen auf dasjenige festzulegen und zu „beschränken", was an ihm verwertbar ist; dessen Totalität zu zerstören; denjenigen Menschteil, der evidentermaßen in der Leistung nicht aufgeht, ihm aber trotzdem anhängt, zu entkräften. Ganz bewußt verwende ich den Ausdruck „entkräften", und nicht den Ausdruck „vernichten", denn paradoxerweise steht und fällt ja die erwünschte Leistung mit der Fortexistenz des Leistungsfremden. Das heißt: der Apparat kann es sich nicht erlauben, den leistungsfremden Rest physisch auszulöschen. Wenn der Apparat einen Physiker wünscht, dann hat er die Tatsache, daß dieser Physiker außerdem ein Mensch aus Fleisch und Blut ist, in Kauf zu nehmen; auf diese Tatsache ist der Apparat angewiesen. – Worin besteht nun die „Entkräftung", auf die man sich statt der Vernichtung beschränkt?

Ein Einwand, der naheliegt, wird uns der Antwort auf diese Frage näher bringen. Der Einwand nämlich, der „leistungsfremde Rest" sei heute ja anerkannt, der „Rest" *sei* ja frei, wir hätten heute ja das Recht auf privates Dasein und auf Muße-Liebhabereien, auf Hobbies, sogar die Pflicht zu deren Kultivierung. In dieser uns vergönnten Zeit habe ja der Rest (also der am Arbeiter oder am Kernphysiker „hängende" Mensch) seine Daseins-Chance; und keinem unserer Vorfahren sei ja eine auch nur entfernt ähnliche Chance je geboten worden.

Trifft dieser Einwand?

Nein.

Warum nicht?

Einmal natürlich deshalb nicht, weil die heutige Muße, also die Ausfüllung unserer Freizeit genau so präpariert, dirigiert und uns vorgesetzt wird wie unsere Leistungszeit; weil sie also als angefüllte und so gelieferte durchaus nicht „frei" ist. Aber davon will ich hier einmal absehen.

Denn wichtiger ist, daß das private Dasein, das man uns neben der Leistungszeit gönnt, oder dessen Kultivierung man uns sogar nahelegt, „privativ" gemeint ist. Was heißt das?

Das lateinische Wort „privare" bedeutet „berauben". Unser Privatleben ist uns gegönnt als ein Zustand, in dem wir einer Sache beraubt sind. Welcher Sache?

Der Verantwortung.

Denn gleich, worin unsere Freizeitbeschäftigung besteht, ob in Fernsehen, in Sport oder in was auch immer, uns zugestanden ist sie als ein Zustand, in dem wir frei von Verantwortung sein sollen. Das klingt zwar wunderschön, für gebildete Ohren mag das sogar an die von Kant und Schiller gefeierte, im verantwortungsfreien Spiel verwirklichte Freiheit des Menschen anklingen. Aber weder Kant noch Schiller dürfen als Schutzgötter unserer Freizeit in Anspruch genommen werden. Gemeint ist diese Freiheit vielmehr in einem völlig anderen Sinne:

Während wir *„frei von Verantwortung"* sind, sollen wir nämlich *kein Recht auf Verantwortung haben*; sollen wir zur Verantwortung nicht zugelassen sein. Dies ist der „privative", der „Beraubungs-Sinn" unserer heutigen Privatheit. – Erinnern wir uns doch einmal an den Ausbruch, mit dem ein nicht ganz unbekannter Staatsmann vor garnicht so langem auf die Nachricht von der Aktion unserer Freunde, der Göttinger, reagiert hat. Ich spreche, wie Sie verstanden haben, von Adenauer, der es als äußerst befremdlich, wenn nicht sogar unverantwortlich und gewissenlos empfand, daß diese Männer glaubten, etwas verantworten zu dürfen, etwas verantworten zu müssen, was außerhalb der Grenzen ihrer Leistungsgebiete lag; und daß diese Männer sich am Feierabend Gewissensskrupel machten, die sich auf Dinge bezogen, die jenseits ihres Faches lagen: die nämlich die Effekte und die mögliche Verwendung ihrer Leistung betrafen.

Die Entscheidung darüber, ob es sich bei einer solchen Reaktion wie der Adenauers um echte Naivität handelt, oder um das Symptom für eine bereits naiv gewordene moralische Desorientierung, die können wir offenlassen. Ebenso die Frage, ob es Verantwortlichkeit beweist, daß eine Nation einen so Naiven oder einen so Desorientierten für würdig hält, das höchste Staatsamt zu bekleiden. Worauf es mir hier ankommt, ist allein, die Desorientierung, die in solcher Reaktion zum Ausdruck kommt, zu durchleuchten. Tun wir das:

Jede Verantwortung bezieht sich auf Zukunft. Und echte Verantwortung ist sie nur dort, wo sie Schranken durchbricht: entweder die Schranke des Augenblicks oder die Schranke des Leistungsfeldes. Andere Verantwortung gibt es nicht. Wer, wie jener Staatsmann, prätendiert, mir Verantwortung zuzugestehen, nur eben nicht die Verantwortung für die jenseits der Schranken liegenden Effekte meines Handelns, der verstrickt sich in die verhängnisvollsten Widersprüche. Jeder Handelnde, jeder Arbeitende weiß, daß seine Leistungsfelder letztlich keine abgedichteten und isolierten Spielfelder bleiben, keine konsequenzenlosen Schachbretter, keine fensterlosen Laboratorien; und daß selbst dort, wo Laboratorien fensterlos sind, diese Fensterlosigkeit von der Welt für die Welt installiert worden ist. Nur als Stücke der Welt sind isolierte Laboratorien oder geschlossene Arbeitsgebiete wirklich. Und moralisch-sein heißt: verstehen, daß man in einer Welt lebt, zu deren gegenwärtigem Wesen es gehört, daß man von ihr ausgeschlossen bleiben soll; und diese Position in der Welt abweisen.

Wie gesagt: den Wissenschaftlern das „Recht auf Gewissen" ausdrücklich abzusprechen, das hätte Adenauer gewiß ferngelegen. Aber was hat er, wenn ihn die Aktion der Wissenschaftler so verblüfft, unter „Recht auf Gewissen" verstehen können außer einer Art von konsequenzenloser Privatemotion, die etwa jener Erregung entspräche, in die wir geraten oder in die wir uns versetzen, wenn wir am Abend, nach dem „Ernst des Tages", musizieren? Kurz: was uns zugestanden wird, ist eine bloße „Freiheit des Fühlens" – und das heißt, wie „ernst" auch die Musik und unser Gefühl sein mag, reiner Unernst, reines Spiel.

Jawohl, uns zugestanden (und sogar von uns verlangt) wird Unernst und Spiel. Und zwar deshalb, weil wir vom wirklichen, vom „ernsten", das heißt: Konsequenzen zeitigenden, Handeln ausgeschlossen bleiben sollen. Trotz aller schönen Worte über

Demokratie (und namentlich in denjenigen Ländern, in denen dieses Wort am häufigsten aus Mündern oder aus Apparaten tönt) ist Handeln bereits abgeschafft. Gemeint ist damit, daß die heutigen Aktivitäten für die große Mehrzahl der Bevölkerungen hochindustrialisierter Länder in „Arbeit" und „fun", bzw. Spiel, zerfällt – wobei der Arbeit (gewissenlose) Gewissenhaftigkeit, zugeordnet wird; der „fun" als von Verantwortung frei gilt. Daß dasjenige, was früher als „Handeln" bezeichnet worden war, in Diktaturen, eben da Tun und Lassen diktiert werden, abgeschafft worden ist, das ist zwar allgemein bekannt. Nicht dagegen, daß diese Abschaffung nur die politische Version einer Abschaffung ist, die primär technischen Ursprungs ist; und daß diese Abschaffung zum Beispiel auch in den Vereinigten Staaten ein fait accompli ist. Wo aber, durch die Aufteilung aller Handlungen in „Arbeit" und „Muße", das eigentliche Handeln ausgeschaltet ist, dort gilt dieses, wenn es doch noch oder wieder auftaucht (wie im Falle der Göttinger) als Übergriff, und damit als unschicklich oder geradezu als „moralisch unmöglich". So pervertiert ist heute Moral. So sieht unsere heutige Situation aus. Wie pausenlos man auch das Wort „Demokratie" in den Mund nehmen mag, im Ernst und auf die Dauer ist dieser Zustand mit Demokratie natürlich nicht zu vereinbaren. Denn „Demokratie" bedeutet entweder das Recht und die Pflicht jedes Bürgers, ungeachtet seines Spezialberufes durch das Gitter dieses seines Berufs hindurchzublicken und hindurchzurufen; sich also um die res publica zu kümmern, weil diese ihn angeht. Oder das Wort bedeutet garnichts. Wenn ein Staatsmann wie der erwähnte darüber indigniert ist, daß seine Bürger die Gitter ihrer Berufe mißachten und auf die Effekte und auf die mögliche Auswertbarkeit ihrer Arbeit aufmerksam machen, dann ist er – mit welchen Worten immer man das auch verwischen will – darüber indigniert, daß Bürger, statt sich mit der Alternative „Arbeit oder Mußetätigkeit" zu begnügen, *handeln;* kurz: darüber indigniert, daß sie von ihrem demokratischen Fundamentalrecht Gebrauch machen.

Ich hatte gesagt, die heutige „Beschränktheit" entspringe gewöhnlich nicht der Bosheit des individuellen Subjekts, vielmehr sei sie die Folge eines objektiven Charakters unserer Epoche. Mißverstehen Sie das bitte nicht. Nichts liegt mir ferner, als in dieser Beschränktheit auf Grund ihres „objektiven Charakters" etwas moralisch Unwichtiges zu sehen. Im Gegenteil: Es gibt keine moralisch bösere Situation als diejenige, in der das Böse bereits so sehr zum integrierenden Bestandteil der Situation selbst geworden ist, daß sie es dem Individuum ersparen kann, selbst böse zu sein. Wenn es den (im theologischen Sinne) „Bösen" gäbe, und wenn dessen Absicht darin bestünde, das Böse durchzusetzen – heute dürfte dieser „Böse" seinen Triumph feiern, da er es zuwege gebracht hat, einen Weltzustand herzustellen, der bereits objektiv so böse ist, daß kein Individuum es mehr nötig hat, böse Absichten zu hegen oder Böses ausdrücklich zu tun. Es gibt nicht nur (mit Hegel) die zum „objektiven Geist" das heißt: zur Institution gewordene Moral (in der Form des Rechts); es gibt auch *die zum „objektiven Geist" gewordene Unmoral* – und zwar eben in der Form der Arbeitsteilung, die den Menschen objektiv von den Effekten seiner Tätigkeit abschneidet und dadurch den objektiven Zustand der Gewissenlosigkeit garantiert. Zum Bilde dieser Gewissenlosigkeit gehört, daß sie als Gewissenhaftigkeit gepriesen und kultiviert wird. Als gewissenhaft gilt derjenige, der innerhalb der ihm gesetzten Arbeitsschranken arbeitet, ohne nach rechts oder nach links zu blicken, das heißt: ohne sich um die Moralität seiner Tätigkeit und um deren Effekte zu scheren.

Schlecht zu handeln ist heute nicht mehr nötig. Schlecht *ist* man bereits, ist man immer schon gemacht, da man, ob man das will oder nicht, ein Teil der objektiv schlechten Welt ist. Dieser Moralzustand ist so furchtbar, daß wir im Vergleich mit ihm nun jene Vorzeit, in der es erkennbare Bosheit gegeben hatte, die Zeit, in der uns die Bosheit noch nicht abgenommen gewesen war, als harmlos bezeichnen können. Schuldig zu werden ist uns durch die Apparate unserer Welt genau so abgenommen wie Brotbacken oder Statistiken ausrechnen. Wir scheinen absolviert, weil wir das Böse, das wir tun, garnicht mehr selber tun. Die Schuld ist uns abgenommen, weil wir die Taten, durch die Schuld in die Welt kommt, Dingen übergeben haben, die nun an unser statt handeln. Die Geräte sind die von uns angestellten Henker. Wir stehen bescheiden mit sauberen Händen hinter ihnen. Gerade darin aber besteht das Böse unserer Zeit. Böse ist sie, weil wir nicht mehr böse zu sein brauchen, um das Böseste zu tun. Böse ist sie, weil wir das Ungeheuerlichste tun können, tun werden, ohne daß auch nur ein einziger von uns irgendetwas getan haben wird. Denn was geschehen wird, das wird so aussehen:

Ein Gerät (etwa eine Registrationsnadel) wird etwas empfangen, was es (vermutlicherweise irrtümlich) als „atomare Attacke" verstehen wird.[2] Auf Grund dieses Mißverständnisses wird es dann ein anderes (hunderte von Meilen entferntes) Gerät informieren. Und auf Grund dieser Information wird dieses zweite Gerät seinerseits, völlig arglos und nichtswissend, ein gewisses Ereignis (Sie wissen schon welches) auslösen. Und während sich dieses Ereignis abspielt (und das wird sich innerhalb des Bruchteils einer Minute abspielen), wird es unter uns keinen einzigen geben, der von dieser stummen Konspiration der Geräte, die über unseren Köpfen oder hinter unserem Rücken vor sich gehen wird, etwas ahnen wird. Vielmehr werden wir vom Blitze nicht anders getroffen werden als jene Männer, Frauen und Kinder in Hiroshima, von deren verkohlten Figuren man heute noch die alltäglichen Verrichtungen, in die der Blitz hineinfuhr, ablesen kann. Ich habe diese Figuren gesehen, als deren Bote spreche ich hier.

Garnicht von uns wird der Krieg, den wir zu erwarten haben, gekämpft werden, sondern von einer „zweiten Besetzung". Von Ersatzkämpfern, die wir heute bereits vorschicken oder bereits vorgeschickt haben. –

[2] Nachtrag 1971: Beinahe geschehen ist das am 20. Februar dieses Jahres, da ein Angestellter des amerikanischen Luftverteidigungskommandos versehentlich einen falschen Lochstreifen in seine Maschine steckte und dadurch das „atomarer Ernstfall" bedeutende Codewort „Hatefullness" in die Fernschreiber einfütterte und sofortige Funkstille in den Staaten verursachte. Daß dieser Zwischenfall folgenlos blieb, war ein reiner Zufall. — Man beachte übrigens die Absurdität des Codewortes. Der Mann, der durch sein Versehen Großalarm auslöste und den Atomkrieg beinahe ausgelöst hätte, war nichts weniger als „haßerfüllt", er hatte gar kein Recht auf diese Emotion. Das Codewort ist reine Beteuerung.

Ein Gespensterbild, werden Sie sagen. Das leugne ich nicht. Im Gegenteil. Und um Ihnen die Gespensterhaftigkeit schonungslos zu verdeutlichen, will ich sie zum Schluß mit den Gespenstern von gestern vergleichen.

Wir müssen uns nämlich im klaren darüber sein, daß es eine gewisse Gespensterhaftigkeit auch in früheren Kriegen schon gegeben hatte, namentlich in den letzten zwei Weltkriegen. Und zwar deshalb, weil sich zwischen die Kämpfenden stets die Geister des „falschen Bewußtseins", die Überbauten, die Ideologien geschoben hatten. Wenn zum Beispiel Deutsche und Franzosen einander bekämpften, dann bekämpften die Deutschen das Eidolon, das ideologische Bild, vom Franzosen, das deutsche Interessengruppen propagiert hatten; und die Franzosen bekämpften das ideologische Bild vom Deutschen, das französische Interessentengruppen geschaffen hatten. In gewissem Sinne waren also damals schon die Schlachten Bilder-Schlachten, die über den Köpfen der wirklich Kämpfenden tobten; jede Seite schoß auf ein Bild des Anderen. – Oder wenn man unter Hitler sechs Millionen Juden umbrachte, dann brachte man im Grunde das Zerrbild aus dem „Stürmer" um – nur daß eben in beiden Fällen das Leiden nicht von den Bildern erlitten wurde; nur daß eben das Sterben immer von den wirklichen Menschen erlitten werden mußte. Wie gesagt: auch diese Bilderschlachten und -abschlachtungen waren schon gespensterhaft; und diese Art von Gespenstigkeit: die Bilder, die das Wirkliche ersetzen, die gibt es auch heute noch.[3] Aber Ideologien, Überbauten, Bilder, die man der Welt überstülpte, um uns ein falsches Bewußtsein zu verschaffen und um uns daran zu hindern, die nackte Wahrheit, die nackte Welt zu sehen, die sind heute beinahe überflüssig geworden. Heutzutage braucht man uns die Welt nicht dadurch unsichtbar zu machen oder dadurch zu verdecken, daß man uns falsche Welt-

---

[3] Es ist keine Übertreibung, zu behaupten, daß Ideologien heute bereits Resterscheinungen sind, daß sie nur *noch* existieren, daß neue Ideologien kaum zu erwarten sind — kurz: daß die heutige Existenz von Ideologien bereits selbst etwas Ideologisches, etwas Obsoletes darstellt. (Zum post-ideologischen Zustand siehe d. Verf. ‚Die Antiquiertheit des Menschen' S. 195.)

anschauungen übergestülpt. Denn heute hat man uns ja die falsche Welt in Form eines ungeheuren Geräte-Kosmos übergestülpt. Da die Lüge Welt geworden ist, erübrigen sich also ausdrückliche Lügen ... im gleichen Sinne, in dem Marx von der Philosophie geglaubt hatte, daß sie sich einmal, weil die Wahrheit Welt geworden sein würde, erübrigen würde. Nicht Bilder werden wir nun statt der Menschen bekämpfen, sondern automatische Systeme von Apparaten, von Robotern und Raketen. Und nicht wir werden diese Apparate bekämpfen, Raketen werden Raketen bekämpfen, und Apparate werden als Gegner von Apparaten in die Schlacht steigen. Zu einem Kampfe der „marteaux sans maîtres" wird es kommen, zu einem Kampf der Dinge gegeneinander. Haßerfüllt werden sich die Maschinen aufeinander stürzen, und die Installationen werden unter dem Würgegriff von Installationen ersticken. Nicht eigentlich wir würden also einander Schlachten liefern, vielmehr würden die Dinge, denen wir in tiefster Friedenszeit Kraft und Verantwortung für das Kommando übergeben haben, hoch über uns aneinander geraten – den Homerischen Göttern ähnlich, die, hoch über dem griechisch-trojanischen Gewühl teils für die Griechen, teils für die Trojaner Partei ergreifend, im Olymp den Zwist noch einmal auf ihre Art ausfochten.

Nur das Sterben, nur das würden sie uns überlassen. Oder unseren Kindern, oder unseren Kindeskindern.

Es sei denn, es gelinge uns vorher, unsere Stellvertreter, denen wir unsere Verantwortung und unsere Bosheit übermacht haben, zurückzupfeifen. Sie heute schon zurückzupfeifen. Sie zurückzupfeifen, noch ehe sie sich aufeinander stürzen.

Und dies ist unsere heutige Aufgabe. Die Aufgabe, die wir zu erfüllen haben, solange es uns noch erlaubt ist, dafür zu kämpfen, daß der geschilderte Kampf nicht stattfinde. Der Friede ist die einzige Chance für die Eroberung des Friedens.

Die Chance, für ihn zu kämpfen, scheint heute größer als je. Denn – und damit kehre ich zu meinen ersten Worten zurück – wir befinden uns in einem guten Augenblick innerhalb einer furchtbaren Zeit. In einer Windstille. Aber gerade weil dieser Augenblick so gut, weil er so still ist, und gerade weil für morgen das Gewitter nicht zu erwarten ist, birgt er andererseits auch besondere Gefahren in sich. Denn er könnte uns dazu verführen, die Hände in den Schoß zu legen und endlich einmal aufzuatmen. Dieser Verführung müssen wir widerstehen. Es gibt einen Spruch, der lautet: „Im Unglück groß sein, ist einfach. Charakter bewährt sich erst im Glück."

In diesem Sinne also.

VI

Thesen zum Atomzeitalter*

1959

Hiroshima als Weltzustand. Mit dem 6. August 1945, dem Hiroshimatage, hat ein neues Zeitalter begonnen: das Zeitalter, in dem wir in jedem Augenblicke jeden Ort, nein unsere Erde als ganze, in ein Hiroshima verwandeln können. Seit diesem Tage sind wir *modo negativo allmächtig* geworden; aber da wir in jedem Augenblick ausgelöscht werden können, bedeutet das zugleich: Seit diesem Tage sind wir *total ohnmächtig.* Gleich wie lange, gleich ob es ewig währen wird, dieses Zeitalter ist das letzte: Denn seine differentia specifica: die Möglichkeit unserer Selbstauslöschung, kann niemals enden – es sei denn durch das Ende selbst.

Endzeit contra Zeitenende. Unser Dasein definiert sich mithin als „Frist"; wir leben als Gerade-noch-nicht-nichtseiende. – Durch diese Tatsache hat sich die moralische Grundfrage verändert: Der Frage *„Wie* sollen wir leben?" hat sich die Frage *„Werden* wir leben?" untergeschoben. Auf die „Wie-Frage" gibt es für uns, die wir in unserer Frist gerade noch leben, nur die *eine* Antwort: „Wir haben dafür zu sorgen, daß die *Endzeit,* obwohl sie jederzeit in *Zeitenende* umschlagen könnte, *endlos* werde; also, daß der Umschlag niemals eintre-

---

* Nach einem Seminar über Moralprobleme im Atomzeitalter im Februar 1959 im Klubhaus der Freien Universität Berlin wurde ich gebeten, Thesen als Diskussionsunterlagen zurückzulassen. Daraufhin extemporierte ich in Eile einen Text, drückte aber den Wunsch aus, diesen ausschließlich für Diskussionszwecke zu verwenden. Später gab ich das damals Diktierte frei, damit eine Diskussion auf breiterer Ebene möglich sei.

te." – Da wir an die Möglichkeit des „Zeitenendes" glauben, sind wir Apokalyptiker; aber da wir die von uns selbst gemachte Apokalypse bekämpfen, sind wir – diesen Typ hat es zuvor nicht gegeben – *Apokalypse-Feinde*.

Nicht Atomwaffen in der politischen Situation, sondern politische Aktionen in der Atomsituation. Die plausibel klingende Behauptung, in der heutigen politischen Situation gebe es unter anderem auch „Atomwaffen", ist eine Irreführung. Da die heutige Situation ausschließlich durch die Existenz der „Atomwaffen" bestimmt ist, finden umgekehrt die sogenannten politischen Aktionen innerhalb der atomaren Situation statt.

Nicht Waffe, sondern Feind. Was wir bekämpfen, ist nicht dieser oder jener Gegner, der mit atomaren Mitteln attackiert oder liquidiert werden könnte, sondern die atomare Situation als solche. Da dieser Feind *aller* Menschen Feind ist, müßten sich diejenigen, die einander bisher als Feind betrachtet hatten, als Bundesgenossen gegen die gemeinsame Bedrohung zusammenschließen. – Friedensveranstaltungen, die unter striktem Ausschluß derer stattfinden, mit denen es gilt, Frieden zu stiften, laufen auf Heuchelei, Selbstgerechtigkeit und Zeitvergeudung heraus.

Atomdrohung ist totalitär. Eine beliebte, von Jaspers bis Strauß vertretene Theorie lautet: „Die totalitäre Drohung kann allein mit der Androhung totaler Vernichtung in Schach gehalten werden." Dieses Argument ist hohl. 1. Die Atombombe *ist* verwendet worden, und zwar in einer Situation, in der die Gefahr, Opfer einer totalitären Macht zu werden, für den Verwendenden nicht bestand. – 2. Das Argument ist ein Fossil aus der Urzeit des atomaren Monopols, heute dagegen selbstmörderisch. – 3. Das Schlagwort „totalitär" ist von einem politischen Zustand abgelesen, der sich nicht nur wesentlich gewandelt hat, sondern sich weiter wandeln wird; der Atomkrieg dagegen schließt die Chance solcher Verwandlung aus. – 4. Die Drohung mit dem Atomkrieg, also mit Liquidierung, ist ihrer Natur nach selbst totalitär: Denn sie lebt von der Erpressung und verwandelt die Erde in ein ausfluchtloses Konzentrationslager. Im angeblichen Interesse der Freiheit die extreme Freiheitsberaubung einzusetzen, stellt die Klimax der Heuchelei dar.

Was jeden treffen kann, betrifft jeden. Radioaktive Wolken kümmern sich nicht um Meilensteine, Nationalgrenzen oder Vorhänge. Also gibt es in der Situation der Endzeit keine Entfernungen mehr. Jeder kann jeden treffen, jeder von jedem getroffen werden. Wenn wir hinter den Leistungen unserer Produkte moralisch nicht zurückbleiben wollen (was nicht nur tödliche Schande, sondern schändlichen Tod bedeuten würde), dann haben wir dafür zu sorgen, daß *der Horizont dessen, was uns betrifft,* also unser Verantwortungs-Horizont, *so weit reiche wie der Horizont, innerhalb dessen wir treffen oder getroffen werden können;* also daß er global werde. Es gibt nur noch „Nächste".

Internationale der Generationen. Was erweitert werden muß, ist nicht nur der räumliche Horizont unserer nachbarlichen Verantwortung, sondern auch der *zeitliche.* Da unsere heutigen Taten, z. B. die Testexplosionen, die kommenden Geschlechter mitaffizieren, gehören diese Kommenden in den Umkreis unserer Gegenwart. *Alles „Kommende" ist immer schon „angekommen", nämlich bei uns, da es von uns abhängt.* Es gibt heute eine „Internationale der Generationen", der auch unsere Enkel schon angehören. Sie sind unsere Nachbarn in der Zeit. Wenn wir unser heutiges Haus in Brand stecken, dann greift das Feuer in die Zukunft über, und mit unserem Hause fallen auch die noch nicht gebauten Häuser der noch nicht Geborenen in Asche. – Und selbst unsere Ahnen gehören dieser „Internationale" an: Denn mit unserem Ende würden auch sie – gewissermaßen zum zweiten Male und nun endgültig – zugrundegehen. „Nur gewesen" sind sie zwar auch heute schon; aber durch ihr zweites Sterben wären sie nun *so* gewesen, als wenn sie niemals gewesen wären.

Das nicht vorgestellte Nichts. Die Apokalypsegefahr, in der wir leben, erreicht den Höhepunkt ihrer Bedrohlichkeit dadurch, daß wir nicht darauf eingerichtet, also unfähig sind, uns die Katastrophe auszumalen. Uns Nichtsein (etwa das Totsein eines geliebten Menschen) vorzustellen, ist an sich schon schwierig genug; aber im Vergleich mit der Aufgabe, die wir als bewußte Apokalyptiker zu erfüllen haben, ein Kinderspiel. Denn diese unsere Aufgabe besteht nicht darin, daß wir uns das Nichtsein von etwas Partikularem innerhalb eines als seiend und weiterseiend substituierten Weltrahmens vorstellen, sondern darin, daß wir diesen Rahmen, also die Welt selbst, mindestens unsere Menschenwelt, als nichtseiend meinen. Diese „*totale Abstraktion*" (die als Denk- und Vorstellungsleistung unserer Leistung totaler Vernichtung entspräche) übersteigt die Kapazität unseres natürlichen Vorstellungsvermögens. *Transzendenz des Negativen.* Aber da wir als homines fabri dieser Leistung fähig sind, das heißt: da wir das totale Nichts herstellen können, darf uns die Begrenztheit der Kapazität unserer Vorstellung, also unsere „Beschränktheit", nichts angehen. Wir müssen es mindestens versuchen, das Nichts auch vorzustellen.

Wir sind invertierte Utopisten. Dies also das Grund-Dilemma unseres Zeitalters: *Wir sind kleiner als wir selbst,* nämlich unfähig, uns von dem von uns selbst Gemachten ein Bild zu machen. Insofern sind wir *invertierte Utopisten:* während Utopisten dasjenige, was sie sich vorstellen, nicht herstellen können, können wir uns dasjenige, was wir herstellen, nicht vorstellen.

Das „prometheische Gefälle". Diese Tatsache ist nicht eine unter anderen, vielmehr definiert sie die moralische Situation des Menschen heute: Nicht zwischen Geist und Fleisch und zwischen Pflicht und Neigung verläuft heute der Riß, der den Menschen bzw. die Menschheit zerspaltet, sondern zwischen unserer Herstellungs- und unserer Vorstellungsleistung: das „prometheische Gefälle".

Das „Überschwellige". Dieses Gefälle reißt nicht nur Vorstellen und Herstellen auseinander, sondern ebenso Fühlen und Herstellen und Verantworten und Herstellen. Vorstellen, fühlen oder verantworten könnte man vielleicht zur Not die Ermordnung eines einzigen Menschen; die von hunderttausend nicht. *Je größer der mögliche Effekt des Tuns, desto unvorstellbarer, desto unfühlbarer, desto unverantwortlicher wird er; je größer das „Gefälle", desto schwächer der Hemmungsmechanismus.* Hunderttausend durch einen Knopfdruck zu erledigen, ist ungleich leichter als einen einzelnen Menschen umzubringen. Dem aus der Psychologie bekannten „Unterschwelligen"(dem Reiz, der zu klein ist, um schon eine Reaktion auszulösen) entspricht das *„Überschwellige"*: dasjenige, was zu groß ist, als daß es noch eine Reaktion, z. B. einen Hemmungsmechanismus, auslösen könnte.

Sinnlichkeit entstellt Sinn. Phantasie ist realistisch. Da (s. o.) unser Lebenshorizont (der Horizont, innerhalb dessen wir treffen und getroffen werden können) und der Horizont unserer Effekte grenzenlos geworden ist, sind wir, auch wenn dieser Versuch der „natürlichen Borniertheit" unserer Vorstellungskraft widerspricht, dazu verpflichtet, diesen unbegrenzten Horizont vorzustellen. Obwohl selbst von Natur aus unzulänglich, kommt, wenn überhaupt etwas, als *Organ der Wahrheit allein die Vorstellung* in Betracht. Jedenfalls schaltet die Wahrnehmung aus. Diese ist „falsche Zeugin", und zwar ungleich falscher, als es die griechische Philosophie warnend gemeint hatte. Denn Sinnlichkeit ist grundsätzlich kurzsichtig und beschränkt, ihr Horizont „sinnlos" eng. Nicht das Land der Phantasie ist das Emigrationsziel des Eskapisten von heute, sondern das Land der Wahrnehmung.

Daher unser (berechtigtes) Unbehagen und unser Mißtrauen gegenüber normalen (nämlich in normaler Fluchtpunktperspektive) gemalten Bildern: Obwohl im herkömmlichen Sinne realistisch, sind gerade *sie* unrealistisch, da sie der Realität unserer weithorizontig gewordenen Welt widersprechen.

Mut zur Angst. Die lebendige „Vorstellung des Nichts" ist nicht identisch mit dem, was man sich in der Psychologie unter „Vorstellung" vorstellt; vielmehr verwirklicht sie sich in concreto als *Angst*. Was zu klein ist und der Realität und dem Ausmaß der Bedrohung nicht entspricht, ist also das *Ausmaß unserer Angst*. – Nichts ist falscher als die beliebte Redensart der Halbgebildeten, wir lebten ohnehin schon im „Zeitalter der Angst". Das wird uns nur von den publizistischen Fellow-travellers derer eingeredet, die Angst davor haben, daß wir wirklich die wahre, d. h. die der Gefahr angemessene, Angst aufbringen könnten. Vielmehr leben wir im *Zeitalter der Verharmlosung und der Unfähigkeit zur Angst*. Das Gebot, unsere Vorstellung zu erweitern, bedeutet also in concreto: Wir haben unsere Angst zu erweitern. Postulat: *Habe keine Angst vor der Angst, habe Mut zur Angst. Auch den Mut, Angst zu machen. Ängstige deinen Nachbarn wie dich selbst.* – Freilich muß diese unsere Angst eine von ganz besonderer Art sein: 1. Eine furchtlose Angst, da sie jede Angst vor denen, die uns als Angsthasen verhöhnen könnten, ausschließt. 2. Eine belebende Angst, da sie uns statt in die Stubenecken hinein in die Straßen hinaus treiben soll. 3. Eine liebende Angst, die sich *um* die Welt ängstigen soll, nicht nur *vor* dem, was uns zustoßen könnte.

Produktives Scheitern. Das Gebot, die Kapazität unserer Vorstellung und unserer Angst so zu erweitern, daß sie der Größe des von uns Herstellbaren und Verursachbaren entspreche, wird sich immer von neuem als undurchführbar herausstellen. Selbst daß wir bei diesen Versuchen Fortschritte machen, ist nicht verbürgt. Aber selbst dann dürfen wir uns nicht einschüchtern lassen; das wiederholte Scheitern spricht nicht gegen die Wiederholung des Versuchens. Im Gegenteil: *Jedes Mißlingen ist heilsam,* denn es macht uns wachsam gegen die Gefahr, Nichtvorgestelltes indolent weiter herzustellen.

Verlagerung der Entfernung. Faßt man das über das „Ende der Entfernungen" und das über das „Gefälle" Gesagte zusammen – und allein diese Zusammenfassung verschafft uns ein vollständiges Bild unserer Lage – dann ergibt sich: Die räumlichen und die zeitlichen Entfernungen sind zwar „abgeschafft"; aber diese Abschaffung ist durch eine neue Art von „Entfernung" teuer erkauft: eben durch die täglich breiter werdende

Entfernung zwischen Produktherstellung und Produktvorstellung.

Ende des Komparativs. Unsere Produkte und deren Effekte sind nicht nur größer geworden, als was wir vorstellen (fühlen, verantworten), sondern auch größer als das, was wir sinnvollerweise *verwenden* können. Daß unsere Produktion und unser Angebot unsere Nachfrage oft übersteigt (und uns zwingt, neue Bedürfnisse und Nachfragen eigens zu produzieren), das ist bekannt; aber unser Angebot *transzendiert* geradezu unser Bedürfnis, es besteht aus Dingen, die wir nicht bedürfen *können;* sie sind *absolut* zu groß. Dadurch haben wir uns in die paradoxe Zwangslage versetzt, unsere eigenen Produkte zu *domestizieren;* sie so zu domestizieren, wie wir bislang die Naturkräfte domestiziert hatten. Unsere Versuche, sogenannte „saubere Waffen" herzustellen, sind ihrem Typus nach erstmalig: denn in ihnen trachten wir, Produkte dadurch zu verbessern, daß wir sie verschlechtern; nämlich ihren Effekt verringern.

Die Steigerung der Produkte ist also sinnlos geworden. Wenn die Zahl und Leistung der heute bereits existierenden Waffen dazu ausreicht, das absurde Ziel einer Ausrottung der Menschheit zu erreichen, dann ist Produktionssteigerung, wie sie auch heute noch im größten Maßstab vor sich geht, noch absurder; und beweist, daß die Produzierenden letztlich nicht verstehen, *was* sie hergestellt haben. *Der Komparativ, das Prinzip des Fortschritts und der Konkurrenz, ist sinnlos geworden.* Toter als tot kann man niemanden töten. Besser vernichten als man es bereits kann, wird man es auch später nicht können.

Berufung auf Kompetenz Beweis moralischer Inkompetenz. Es wäre leichtfertig, anzunehmen (wie es Jaspers z. B. tut), daß die „Herren der Apokalypse": diejenigen, die auf Grund ihrer wie immer gewonnenen politischen oder militärischen Machtposition nun die Verantwortung tragen, diesen Forderungen und Überforderungen besser gewachsen seien, oder daß sie das Ungeheure angemessener vorstellen könnten, als wir, die wir lediglich „morituri" sind; oder daß sie auch nur wüßten, daß sie es eigentlich können *müßten*. Viel eher ist Argwohn berechtigt: der Argwohn, daß sie schlechthin ahnungslos sind. – Was sie gerade dann beweisen, wenn sie betonen, daß wir auf dem „Gebiete der Atom- und Atomrüstungsfragen" *inkompetent* seien, und wenn sie uns anraten, uns doch lieber nicht „hineinzumischen". Die Verwendung dieser Begriffe ist geradezu das Zeugnis ihrer *moralischen Inkompetenz:* denn durch sie beweisen sie, daß sie glauben, ihr Rang verleihe ihnen das Monopol und die Sachverständigkeit, um über das „to be or not to be" der Menschheit zu entscheiden; und daß sie die Apokalypse für so etwas wie ein „Fach" halten. – Manche von ihnen appellieren freilich einfach deshalb an „Kompetenz", weil sie dadurch die antidemokratische Pointe ihres Monopols verbrämen können. – Wenn das Wort „Demokratie" einen Sinn hat, dann gerade den, daß wir das Recht und die Pflicht haben, über Angelegenheiten der „res publica" mitzuentscheiden, also über solche, die *jenseits unserer beruflichen Kompetenz* liegen und uns nicht als Spezialisten angehen, sondern als Bürger oder Menschen.

Davon, daß wir uns dadurch „einmischen", kann gar keine Rede sein, denn als Bürger und Menschen *sind* wir immer schon „eingemischt", auch *wir* sind die res publica. Eine Angelegenheit, die mehr „publica" gewesen wäre als die heutige Entscheidung über unser Überleben, hat es niemals gegeben und wird es niemals geben. Wenn wir auf „Einmischung" verzichten, ist das also ein Versäumnis unserer demokratischen Pflicht.

Abschaffung der „Handlung". Die mögliche Vernichtung der Menschheit scheint eine „Handlung"; auch wer zu ihr beiträgt, scheint ein Handelnder. Ist das richtig? Ja und nein. Warum nein?

Weil es „Handeln" im behavioristischen Sinne kaum mehr gibt. Das heißt: weil dasjenige, was früher als „Handeln" vor sich gegangen war und auch vom Handelnden selbst so verstanden worden war, durch Vorgänge anderer Art abgelöst worden ist – 1. durch das *Arbeiten*, 2. durch das *Auslösen*.

1. Arbeit – Ersatz der „Handlung". Schon die Angestellten in den Liquidierungs-Installationen Hitlers hatten deshalb „nichts getan", hatten geglaubt, deshalb nichts getan zu haben, weil sie „nur gearbeitet" hatten. Unter „Nur-arbeiten" verstehe ich diejenige (in der heutigen Phase der industriellen Revolution selbstverständliche und alleinherrschende) Art von Leistung, bei der das Eidos der Arbeit für den Leistenden unsichtbar bleibt, nein diesen nichts mehr angeht, nein diesen nichts mehr angehen soll und darf. Kennzeichen heutiger Arbeit: Sie bleibt *moralisch neutral*, „non olet", kein noch so übles Arbeitsziel kann den Arbeitenden beflecken. Dieser alleinherrschenden Leistungsart werden heute nahezu alle den Menschen aufgegebene Handlungen angeähnlet. *Arbeit – die Tarnform der Handlung.* Durch diese Tarnung erspart man es dem Massenmörder, schuldig zu werden, da Arbeit nicht nur nicht verantwortet zu werden braucht, sondern angeblich nicht schuldig machen kann. – Unter diesen Umständen für uns erforderlich: die heutige Gleichung „alles Handeln ist Arbeiten" einfach umzukehren in die: *„alles Arbeiten ist Handeln"*.

2. *Auslösung – Ersatz der Arbeit.* Was vom Arbeiten gilt, gilt erst recht von Auslösen. Denn Auslösen ist dasjenige Arbeiten, in dem sogar das Spezifische der Arbeit: nämlich die Anstrengung und das Anstrengungsgefühl, abgeschafft ist. *Auslösung – die Tarnform der Arbeit.* In der Tat kann heute durch Auslösung nahezu alles geschafft werden, sogar Ketten von Auslösungen können durch einen einzigen auslösbaren Knopfdruck in Gang gesetzt werden; also auch das Umbringen von Millionen. Geschieht das, dann ist (behavioristisch gesehen) dieser Handgriff keine Arbeit mehr, geschweige denn eine Handlung. Eigentlich wird, obwohl Effekt dieses Nichtstuns die Vernichtung und das Nichts ist, so gut wie nichts getan. Kein Knopfdrücker (vorausgesetzt, ein solcher wäre noch nötig) spürt noch, *daß* er etwas tut; und da Tatort und Leidensort nicht mehr zusammenfallen, da Ursache und Effekt auseinandergerissen sind, sieht niemand, *was* er tut. – „*Schizotopie*" in Analogie zur „Schizophrenie". Erneut deutlich (s. o.): Nur wer die Vorstellung des Effektes durchhält, hat die Chance der Wahrheit; die Wahrnehmung leistet nichts. – Diese Spielart der Tarnung ist erstmalig: Während Tarnungen früher darauf abgezielt hatten, das prospektive Opfer der Tat, also den Feind, daran zu hindern, die

ihm drohende Gefahr zu erkennen (oder darauf, den Täter vor dem Feind zu schützen), *zielt Tarnung nun darauf ab, den Täter selbst daran zu hindern, daß er erkenne, was er tut.* Insofern ist nun auch der Täter ein Opfer; insofern gehört Eatherly zu jenen, die er umgebracht hat.

Die lügenhaften Formen der heutigen Lüge. Die Tarn-Beispiele belehren uns über den heutigen Typ der Lüge. Lügen haben es heute nämlich nicht mehr nötig, als Aussagen aufzutreten („Ende der Ideologien"). Umgekehrt besteht ihre Schlauheit gerade darin, daß sie Kostümierungen wählen, denen gegenüber der Verdacht, daß sie Lügen auch nur sein *könnten,* nicht mehr auftauchen kann; und zwar eben deshalb nicht, weil diese Verkleidungen keine Aussagen mehr sind. Während sich Lügen bislang aufs Biederste als Wahrheiten getarnt hatten, tarnen sie sich nunmehr auf andere Weise:

1. An die Stelle der falschen Aussagen treten nackte Einzelwörter, die den Anschein erregen, noch nichts zu behaupten, in Wahrheit freilich ihr (lügenhaftes) Prädikat bereits in sich tragen. – So ist zum Beispiel das Wort „Atomwaffe" bereits eine lügenhafte Aussage, weil es unterstellt, daß von „Waffen" die Rede sei.

2. An die Stelle falscher Aussagen über die Realität treten (damit sind wir bei dem eben behandelten Punkte) *verfälschte Realitäten.* So werden Handlungen dadurch, daß sie als „Arbeiten" auftreten, handlungs-unähnlich gemacht; so handlungsunähnlich, daß sie nun (und sogar dem Handelnden selbst) nicht mehr verraten, was sie sind (eben Handlungen); und diesem dadurch, wenn er nur „gewissenhaft" arbeitet, die Chance geben, mit bestem Gewissen völlig gewissenlos zu sein.

3. An die Stelle falscher Aussagen treten Dinge. – Solange Handeln noch als „Arbeiten" kostümiert auftritt, ist es schließlich noch der Mensch selbst, der tätig ist; auch wenn er nicht weiß, was er arbeitend tut, nämlich *daß* er handelt. Ihren Triumph feiert die Lüge erst dadurch, daß sie auch dieses Minimum abschafft – und das ist bereits geschehen. Denn das Handeln hat sich (natürlich *durch* menschliches Handeln) aus den Händen des Menschen in eine andere Region verlagert: in diejenige der *Produkte*. Diese sind nun gewissermaßen „inkarnierte Handlungen". Die Atombombe ist (einfach durch die Tatsache, daß sie existiert) eine konstante *Erpressung* – und daß Erpressung eine Handlung ist, läßt sich ja wohl nicht bestreiten. – Hier hat die Lüge ihre lügenhafteste Form gefunden: Wir wissen von nichts, wir können anständig bleiben, unser Name ist Hase. – Dies also die absurde Situation: *In demjenigen Augenblick, in dem wir der ungeheuersten Handlung: der Zerstörung der Welt, fähig sind, ist dem Schein nach „Handeln" überhaupt nicht mehr vorhanden.* Da die bloße Existenz unserer Produkte bereits „Handeln" ist, ist die usuelle Frage: was wir nun „handelnd" mit unseren Produkten anfangen sollen (ob wir sie zum Beispiel nur für „deterrence" verwenden sollen) eine Sekundärfrage; ja sogar eine betrügerische, da durch sie unterschlagen ist, daß die Dinge ipso facto ihrer Existenz immer schon gehandelt *haben*.

Nicht Verdinglichung, sondern Pseudo-Personalisierung. Mit dem Ausdruck „Verdinglichung" ist das Faktum, daß Produkte „inkarniertes Handeln" darstellen, nicht getroffen, denn dieser bezeichnet ausschließlich die Tatsache, daß der Mensch auf Dingfunktion reduziert wird; während es sich hier um die andere (von der Philosophie bislang vernachlässigte) Seite desselben Prozesses handelt: darum nämlich, daß, *was dem Menschen durch Verdinglichung entzogen wird, den Produkten zuwächst:* daß diese, da sie durch ihr bloßes Dasein bereits etwas tun, zu Pseudo-Personen werden.

Die Maximen der Pseudo-Personen. Diese Pseudo-Personen haben ihre eigenen starren Grundsätze. So ist zum Beispiel der Grundsatz der „atomaren Waffen" rein nihilistisch, denn ihnen ist alles eins. In ihnen hat der Nihilismus seinen Höhepunkt erreicht und ist zum schamlosen *Annihilismus* geworden.

Da unser „Handeln" in Arbeit und Produkte verlagert ist, kann Gewissensprüfung heute nicht mehr allein darin bestehen, daß wir der Stimme in unserer eigenen Brust lauschen, sondern auch darin, daß wir in die stummen Prinzipien und Maximen unserer Arbeiten und unserer Produkte hineinhorchen; und daß wir die „Verlagerung" rückgängig machen: also *nur diejenigen Arbeiten leisten, für deren Effekte wir auch dann einstehen würden, wenn sie Effekte unseres direkten Handelns wären; und nur diejenigen Produkte haben, deren Dasein ein solches Handeln „inkarniert", das wir auch als eigenes Tun übernehmen könnten.*

Makabre Abschaffung der Feindschaft. Wenn (s. o.) Tatort und Leidensort auseinandergerissen sind, also das Leiden nicht am Platze der Tat vor sich geht, dann wird Handeln zum Handeln ohne sichtbaren Effekt, Leiden zum Leiden ohne erkennbare Ursache. Dadurch entsteht eine, freilich ganz trügerische, Feindschaftslosigkeit.

Der eventuelle Atomkrieg wird der haßloseste Krieg sein, der je geführt worden ist: Der Schlagende wird seinen Feind deshalb nicht hassen, weil er ihn nicht sehen wird; der Getroffene den Schlagenden deshalb nicht, weil kein Schläger auffindbar sein wird. Es gibt nichts Makabreres als diese (mit positiver Menschenliebe überhaupt nicht verwandte) Friedlichkeit. An den Erzählungen der Hiroshima-Opfer fällt es auf, wie selten (und wenn, mit wie wenig Haß) die Täter erwähnt werden. Freilich wird man Haß auch in diesem Kriege für unentbehrlich halten und ihn deshalb als gesondertes Produkt erzeugen. Um ihm Nahrung zu geben, wird man identifizierbare und sichtbare Haßobjekte herausstellen, beziehungsweise erfinden, „Juden" aller Art; auf jeden Fall innenpolitische Feinde: denn um wirklich hassen zu können, braucht man eben etwas, was einem in die Hände fallen kann. Mit den eigentlichen Kampfakten wird aber dieser Haß gar keine Verbindung eingehen können: das Schizophrenische der Situation wird sich also auch darin zeigen, daß Hassen und Schlagen ganz verschiedenen Zielobjekten gelten werden.

Nicht nur von dieser letzten, sondern von allen hier aufgestellten Behauptungen gilt: Sie sind niedergeschrieben, damit sie *nicht* wahr werden. Denn nicht wahr werden können sie allein dann, wenn wir ihre hohe Wahrscheinlichkeit pausenlos im Auge behalten, und dementsprechend handeln. Es gibt nichts Entsetzlicheres als recht zu behalten. – Denjenigen aber, die, von der düsteren Wahrscheinlichkeit der Katastrophe gelähmt, ihren Mut verlieren, denen bleibt es übrig, aus Liebe zu den Menschen die zynische Maxime zu befolgen: „Wenn ich verzweifelt bin, was geht's mich an! Machen wir weiter, als wären wir es nicht!"

VII

Die Wurzeln der Apokalypse-Blindheit
1962

1. Die Streuung

Die sozialistischen Theoretiker des vergangenen Jahrhunderts hatten die „Chance" gehabt, eine Klasse vorzufinden, die sie als die Elendsklasse schlechthin, als die „Elite der Misere" hatten ansehen können. Und dieser Elite: dem Industrieproletariat, durften sie die Rolle zuweisen, als die Kerntruppe und als das wichtigste Handlungssubjekt der von ihnen geforderten Revolution aufzutreten. Ich sage „wichtigste", weil sich, mindestens nach Marx, die Aufgabe des Proletariats nicht in Selbstbefreiung erschöpfen sollte, der Kampf vielmehr der Befreiung der Menschheit als ganzer galt.

Ein perfektes Subjekt war die Arbeiterschaft, die die Theoretiker zur Kerntruppe bestimmten, zwar auch nicht, nichts weniger als das; und es war kein Zufall, daß die Erzeugung des Klassenbewußtseins, also die Subjektwerdung der Masse, als organisatorische Aufgabe und als Ziel stets im Vordergrunde stand, – aber utopisch war der Gedanke, das Amorphe in ein Handlungssubjekt zu verwandeln, nicht.

Wenn ich an diese allgemein bekannte Tatsache erinnere, so weil sie Licht auf unsere heutige Situation, die Situation der atomaren Misere, werfen kann. Genauer: auf deren Desiderat. Was unserer „Antiatombewegung" fehlt, ist nämlich die, dem Proletariat entsprechende, „natürliche Kerntruppe". Warum fehlt diese?

Deshalb weil sich das heutige Elend gleichmäßig über die Menschheit verteilt. Es gibt kein Land, keine Bevölkerung, keine Klasse, keine Generation, die von der atomaren Gefahr ernster (oder weniger ernst) bedroht wäre als irgendeine andere. Alle sind gleichermaßen treffbar. Natürlich wäre es verlockend, in dieser gleichmäßigen Streuung eine Chance zu sehen. Zuweilen hört man Optimisten argumentieren, die Menschheit werde sich, da sie als ganze gefährdet sei, die Kontinuität des gemeinsamen Risikos auf die Dauer gewiß nicht gefallen lassen. Durch die gleiche Streuung der Gefahr sei die heutige Menschheit als ganze zur „Elite der Misere" geworden, und damit auch zu einer Avantgarde, gewissermaßen zu einer einzigen großen Avantgarde ihrer selbst. – Reinstes Wunschdenken. Zwar trifft es zu, daß es niemanden gibt, der von der Gefährdung ausgenommen wäre, und daß alle Menschen als Passagiere „in the same boat" sitzen, im selben lecken Boot. Und wir dürfen sogar unterstellen, daß sich unter diesen Passagieren, von einer Handvoll Herostraten abgesehen, kein einziger befindet, der positiv den Untergang des Bootes wünschte und auf diesen hinarbeitete. Trotzdem wäre es verhängnisvoll, aus der Millionenzahl der Betroffenen und aus dem Umstand, daß die überwältigende Majorität den Untergang nicht wünscht, die Sichtbarkeit der Gefahr zu folgern, oder aus der objektiven Gemeinsamkeit der Misere die subjektive Solidarität der Bedrohten und das Gelingen einer gemeinsamen Gegenaktion zu erwarten; oder schließlich auch nur zu folgern, daß die Majorität sich weigern würde, für den eigenen Untergang zu arbeiten. Alle diese Folgerungen sind fromme Wünsche. Es kann keine Rede davon sein, daß Millionen oder gar Milliarden von „Antiatom-Partisanen" Schulter an Schulter und tief gestaffelt hinter uns stehen. Vielmehr sind wir, die der Bewegung zugehören, eine klägliche Minderheitsgruppe – nein, da wir nur verstreute Einzelne sind, die sich nicht summieren, noch nicht einmal eine noch so kleine Gruppe.

Die gleichmäßige „Streuung der Misere" bedeutet also nicht nur: „Alle sind vom atomaren Elend gleichermaßen treffbar", sondern auch: „Alle (oder nahezu alle) sind vom atomaren Elend gleichermaßen unbetroffen, die meisten spüren es überhaupt nicht." – Das Furchtbare an unserem atomaren Elend besteht tatsächlich darin, daß es als Elend überhaupt nicht oder kaum empfunden wird, auf keinen Fall mit der gleichen Konstanz und mit der gleichen Schärfe, mit der die Misere der Ausbeutung von den Proletariern des 19. Jahrhunderts empfunden und erfahren worden war. Diese hatten es wahrhaftig nicht nötig gehabt, ihr Elend und Elendgefühl erst eigens zu erlernen. Was sie zu erlernen hatten, war allein die Taktik und die Strategie der Überwindung ihres Elends. Unsere Ignoranz reicht tiefer. Also wird auch unsere Schulung an einem tieferen Punkt einsetzen müssen. Schon im Spüren unserer Misere werden wir uns zu schulen haben, schon das werden wir zum ersten Aktionsschritt machen müssen. Daß dieser Schritt, wenn überhaupt, nur dann wird gelingen können, wenn wir uns über alle Gründe unserer Blindheit klar geworden sein werden, das liegt auf der Hand.

Diesen Gründen bin ich schon ein erstes Mal vor Jahren nachgegangen.[1] Die damals aufgewiesenen Wurzeln der „Apokalypse-Blindheit" werde ich deshalb diesmal nur streifen und diejenigen herausheben, die damals zu kurz gekommen waren. Die Gefahrsituation bleibt aus folgenden Gründen unsichtbar.[2]

1. Die Gefahr ist universal. Da sich, wie gesagt, die Gefahr auf alle verteilt, hebt sie sich nicht ab, bleibt sie kontrastlos. Das heißt: Es gibt – und das haben wir ja bereits gesehen – keine privilegierte Gruppe, von deren günstigerer Lage unsere eigene Misere abstäche. Gerade die Universalität der Gefahr macht diese also unsichtbar. Könige und Bettler, have-countries und have-not-countries, Ausbeuter und Ausgebeutete sind vor der atomaren Drohung gleich. Da aber erkennbar immer nur Differenzen sind, ist nichts erkennbar.

2. Da kontrastlos, wirkt die Situation auch als feindlos. Man mißverstehe nicht: als feindlos erscheint natürlich nur das eigene nationale Lager, beziehungsweise der Bündnisblock, dem die eigene Nation zugehört.[3] In diesem herrscht, da die Gefahr

---

[1] ‚Die Antiquiertheit des Menschen', S. 232 ff.

[2] Natürlich gelten die hier behandelten Gründe ausschließlich für unsere in höchstindustrialisierten Ländern lebenden Zeitgenossen. Wer einmal das Elend unterentwickelter Länder gesehen hat, der weiß, warum dort die Sorge um die atomar bedrohte Menschheit mit der Sorge um das tägliche Minimum nicht konkurrieren kann — kurz: daß für die Hungernden der Gedanke an das Weltende einen Luxus darstellen würde.

[3] In einem anderen Sinne über Feindlosigkeit zu klagen, liegt leider

„gestreut" und kontrastlos auftritt, Burgfriede. Da in ihm niemand weniger bedroht ist als man selbst, scheint es auch niemanden zu geben, der bedrohlicher oder schuldiger wäre als man selbst, mithin auch niemanden, den zu bekämpfen man einen Grund hätte.

Wie leicht es ist, die Ventilierung der Schuldfrage zu unterbinden und dadurch das Aufkommen von Widerstand zu ersticken, das wissen wir ja aus dem letzten Weltkriege. Gemeinsamkeit der Gefahr scheint immer auch Gemeinsamkeit der Sache zu beweisen. Daß die „Sache", um derentwillen wir in die Gefahr gejagt werden, unserem eigenen Wohl schroff zuwiderläuft, oder daß uns die Übernahme des Risikos gewaltsam aufgezwungen wird, das tut dem Funktionieren dieses Fehlschlusses nur selten Abbruch. Über allen Zweifel erhaben aber wird der Glaube an die Gemeinsamkeit der Sache dann, wenn die Schuldigen die Gefahr, in die sie uns hineinjagen, mit uns teilen. Dadurch gewinnt auch der letzte Zweifler die Überzeugung, daß die Sache, für die diese Männer zu leiden bereit sind, auch seine, und damit eine gerechte Sache sei.

Dieser Fehlschluß feiert heute seinen Triumph. Und zwar deshalb, weil die „Solidarität" der Schuldigen mit ihren Opfern von vornherein gesichert ist. Damit meine ich, daß es für diejenigen, die uns in die Gefahr hineinreißen, überflüssig geworden ist, den Mut zum Sprung in die Selbstmordgefahr noch selbst aufzubringen. Dieser Sprung ist ja, da die Gefahr von

---

kein Anlaß vor. Umgekehrt hat es nie eine Situation gegeben, in der Feindschaft so systematisch kultiviert worden wäre wie heutzutage. Erforderlich geworden ist diese ausdrückliche Kultivierung von Feindschaft aus zwei Gründen:

a) Deshalb, weil Feinde heute, bei dem immensen Zwischenraum, der sie trennt, einander nicht mehr sinnlich treffen, sondern nur noch technisch, z. B. mit Hilfe von long-distance-Raketen. Da sie einander nicht sehen, entsteht auch von sich aus kein Haß. Dieser muß deshalb synthetisch erzeugt werden.

b) Deshalb, weil die Produktion der Bedrohung (die die Produktion der atomaren Waffen ja darstellt) allein dann plausibel ist, wenn sie einem Gegner gilt. Diesen benötigt man zur Rechtfertigung der Bedrohung.

Natur aus „gestreut" auftritt, automatisch bereits gemacht, etwas anderes als Mitgefährdet-sein bleibt ja den Schuldigen nicht übrig.

Wirklich gibt es nichts, was uns, die prospektiven Opfer, so entsetzlich irreführt wie die Tatsache, daß die Schuldigen eo ipso mitgefährdet sind[4]. Statt uns mit jenen Millionen, die der Gefahr genauso ausgeliefert sind wie wir, auch mit den Bevölkerungen der angeblich „aggressiven Feindländer", zu solidarisieren, solidarisieren wir uns mit den uns Gefährdenden im eigenen Lager, die wir als die uns Gefährdenden nicht erkennen, die wir umgekehrt nur als die Mitgefährdeten auffassen. Dies einer der Hauptgründe dafür, daß die Mobilisierung von Widerstand gegen die heutige Situation so unsäglich schwierig ist.

3. Die Gefahr ist „überschwellig". Mit diesem Ausdruck bezeichnen wir, im Unterschiede zu den bekannten subliminalen Reizen (die zu gering sind, um die Schwelle des schon Wahrnehmbaren oder Vorstellbaren zu überschreiten) diejenigen Reize, die zu groß sind, als daß sie noch wahrgenommen oder vorgestellt werden könnten. Nicht obwohl sie zu groß sind, bleibt die Bedrohung unsichtbar, sondern umgekehrt, weil sie so groß, nämlich *zu groß* ist.

Diese verhängnisvolle „Überschwelligkeit" kommt allen denen, die an der Aufrechterhaltung der Ahnungslosigkeit der Menschheit positiv interessiert sind, natürlich großartig zupasse. Auf sie können sie sich verlassen, sie können sie ohne weiteres in ihre Taktik einkalkulieren[5].

4. Die Übermacht erschlägt, ehe sie uns erschlägt, unsere Schmerzempfindlichkeit. Apokalypse-Erwartungen treten durch-

---

[4] Zuweilen sickern Nachrichten durch, daß Regierungen für sich spezielle Luftschutzanlagen bauen lassen. Dann freilich ist die Empörung stets allgemein.

[5] Daß das „Überschwellige" (das unseren Vorfahren allein in der ästhetischen Spielart des „Erhabenen" vertraut gewesen war) im selben Weltaugenblick eine so hervorragende praktische Bedeutung anzunehmen beginnt, in dem auch das „Subliminale" (das im vorigen Jahrhundert nur als theoretisches Problem der Fechnerschen „Psycho-

aus nicht unter beliebigen geschichtlichen Umständen auf. Und ebensowenig in beliebigen sozialen Gruppen. Jede „Soziologie der Endzeiten" würde zeigen, daß es niemals Apokalypse-Erwartungen gegeben hat, die ihren Ursprung herrschenden Mächten verdankt hätten. Vermutlich noch nicht einmal solche, die von herrschenden Mächten intakt überliefert worden wären. Wer herrscht, der insistiert auf seinem eigenen Bleiben, und damit auf dem Bleiben der Welt. Ans Ende denkt, aufs Ende hofft, mit dem Ende tröstet sich allein derjenige, der „am Ende" ist. Positiv formuliert: Apokalypse-Konzeptionen verdanken ihr Dasein stets Gruppen, die durch einen nahezu absoluten, mindestens durch einen extrem absolutistischen Druck einer weltlichen Macht zur Ohnmacht verurteilt sind. Nur diese benötigen (richtiger: benötigten) den Endgedanken, denn mit dessen Hilfe konnten sie sich über die Entwürdigung, die sie in dieser Welt zu erleiden hatten, hinwegbringen. Und zwar dadurch, daß sie die absolute Gewalt, der sie unterworfen waren, mit einer noch „absoluteren" überboten, eben mit der Gewalt des absoluten Endes, vor der jede weltliche Gewalt vergehen mußte. Niemals hat es eine Apokalypse-Vorstellung gegeben, bei Marx sowenig wie bei Daniel, in der nicht die verurteilte Welt das Gesicht einer bestimmten Gewaltherrschaft getragen hätte. Freilich bedeutet diese Regel nicht auch umgekehrt, daß jede Gewaltherrschaft eine Apokalypse-Erwartung zeitige. Dafür ist unsere heutige Lage eine Illustration. Ohnmächtiger und furchtbarer entwürdigt, als wir es durch die atomare Bedrohung sind, ist wohl noch nie eine Gruppe gewesen, die Menschheit als ganze gewiß nicht. Und trotzdem fehlt die apokalyptische Mentalität. Wie läßt sich das erklären?

Dadurch, daß die Entmachtung *zu groß* ist. — Damit ist gemeint, daß die uns entmachtende Übermacht: nämlich die Technik, so total herrscht, daß sie uns als Übermacht nicht mehr er-

physik" aufgetaucht war) als Methode der „hidden persuasion" zum Zwecke der Menschenbewältigung eingesetzt wird, das ist natürlich kein Zufall. In beiden Fällen wird der Mensch Mitteln ausgesetzt, denen er, ohne Stellung nehmen zu können, einfach unterliegt. In beiden Fällen handelt es sich um methodische Freiheitsberaubung.

kennbar ist, uns vielmehr als „unsere Welt", sogar als „unsere komfortable Welt", erscheint. Das bedeutet aber zugleich, daß auch unsere Ohnmacht aufgehört hat, uns erkennbar zu sein, nämlich als Ohnmacht[6]. In anderen Worten: Ihre Perfektion und Vollständigkeit hat die Freiheitsberaubung dadurch erreicht, daß sie uns auch der Fähigkeit beraubt hat, sie als Freiheitsberaubung zu erkennen, bzw. ihren Druck als Druck auch nur zu spüren. *Seinen äußersten Triumph feiert der Terror durch die von ihm erzeugte Analgie seiner Opfer.* Wenn wir heute „geschlagene Menschen" sind, so nicht deshalb, weil wir Schläge zu spüren bekämen, sondern umgekehrt deshalb, weil wir die Schläge, die uns treffen, nicht spüren, weil sogar unsere Schmerzempfindlichkeit erschlagen ist[7]. Da dieses Optimum der Terrorisierung restlos gelungen ist, ist Auflehnung unmöglich gemacht, selbst die ohnmächtigste Spielart von Auflehnung, nämlich diejenige, die in der Form einer auch nur fingierten positiven Utopie bestünde[8].

5. Die Gefahr „geht uns nichts an", sie tritt als Angelegenheit anderer Instanzen auf. Dazu kommt, daß wir die Gefahr, sofern wir diese erkennen und anerkennen, als etwas akzeptieren, was uns nicht betrifft; richtiger: daß wir diese deshalb akzeptieren, *weil* sie uns im Rahmen der Arbeits- und Verantwortungsteilung nichts angeht. Unter „wir" verstehe ich dabei nicht nur diejenigen, die an der Herstellung der Gefahr wirklich unbeteiligt bleiben, sondern auch diejenigen, die die Bedrohung mehr oder minder direkt mitproduzieren. Auch diese, weil es bei der heutigen Arbeitsteilung zum Wesen der Arbeitenden gehört, daß sie auf den Anspruch verzichten, und die Lust und die Fähigkeit verlieren, sich über die Rechtmäßigkeit der von

---

[6] ‚Der Mensch ist kleiner als er selbst'. Siehe ‚Die Antiquiertheit des Menschen', S. 264 ff.

[7] Daß in diesem Zustand Analgetica zur Mode werden, ist völlig folgerichtig.

[8] Die heutigen Utopien, z. B. die Huxleys, sind einfache Verlängerungen der heutigen Situation, also rein negativ. Die positiven, die politischen Vorstellungen von „Reich", z. B. die Vorstellung der klassenlosen Gesellschaft, stammen noch aus dem 19. Jahrhundert.

ihnen miterzeugten Produkte (und die möglichen und beabsichtigten Effekte dieser Produkte) Gedanken oder gar Gefühle zu machen.

6. Das Etikett der Gefahr wird gefälscht. Wiederholt habe ich früher darauf hingewiesen, daß die Immensität der atomaren Gefahr verbal bagatellisiert, und daß uns dadurch die Auffassung der wahren Größe der Bedrohung vorenthalten wird. Daher hier nur soviel, daß diese Form des Betrugs weder Erfindungskunst noch Einfallsreichtum erfordert. Lange Zeit begnügte man sich damit – und in vielen Fällen reicht das heute noch aus – die atomaren Fakten in der vor-atomaren Alltagssprache weiter zu bezeichnen. Die Atombombe wurde der „Artillerie" zugerechnet und als solche designiert. Die Lüge bestand im Vokabular als solchem. Im Vergleich damit blieb es unerheblich, ob die Aussagen über die atomaren Fakten den Tatsachen entsprachen oder nicht. Das gewohnte Vokabular war für die Hörer das glaubwürdige Vokabular, also fand es Glauben, oder richtiger: also unterband es das Aufkommen von Skepsis. Und noch ehe die Lügner gelogen hatten, war der Betrug schon gelungen. Oft sogar auch der Selbstbetrug.

Dieser Lüge ähnlich ist diejenige, die man „Etikettfälschung" nennen könnte. Was meine ich mit diesem Ausdruck?

Die Produzenten von Coca Cola werfen ihr Produkt, das durch degoutierende Übersüßung Durst (und dadurch den neuen Griff nach Coca Cola) erzeugt, als durststillendes Mittel auf den Markt. Entsprechend handeln die Produzenten der atomaren Gefahr. Auch sie versehen ihre Produkte mit falschen Aufschriften, nämlich mit der Aufschrift „Schutz vor der Gefahr", oder „Maßnahmen gegen die Gefahr". Und selbst dann, wenn sie die Vor- und Nachteile eines präventiven Krieges öffentlich durchdiskutieren, fühlen sie sich nicht veranlaßt, auf ihre Etikettfälschung zu verzichten.

Daß Millionen von uns auf das falsche Etikett (und damit auf das falsch Etikettierte) hereinfallen, braucht uns nicht wunderzunehmen, dafür gibt es gleich mehrere Gründe. Natürlich ist uns jeder „Schutz" willkommen. Und das Bewußtsein, daß wir uns ausschließlich der Abwehr widmen, auch Angriffswaffen ausschließlich zum Zwecke der Abwehr herstellen, schmeichelt natürlich unserer Selbstgerechtigkeit. Aber das ist nicht der Hauptgrund für unsere Verführbarkeit. Dieser besteht in der Tatsache, daß der atomare Krieg bis heute noch nicht ausgebrochen ist. Jeder neue atomkrieglose Morgen scheint ein zusätzlicher Beweis für die Zuverlässigkeit, mit der unsere „Schutzmaßnahmen" ihren Zweck erfüllten. Den Weiterbestand des Friedens, der bisher nur trotz der akkumulierenden Rüstung gelungen ist, preisen die Betrüger als deren Alleinverdienst an. Und dieser Ummünzungstrick kommt deshalb so gut bei uns an, weil in unserem Alltagsdenken das konzessive „Obwohl" eine nur minimale Rolle spielt, jedenfalls keine, die mit der Rolle des „Weil" verglichen werden könnte, und weil wir – den psychologischen Wurzeln dieses Denkzwanges kann hier nicht nachgegangen werden – keinen Denkschritt so natürlich und so zwingend finden wie den sinnlosen, der aus dem Stattfinden zweiter Tatsachen folgert, daß die eine der Grund der anderen sein müsse. Jedenfalls gibt es unter den vielen Hindernissen, die sich unserer Aufklärungsarbeit in den Weg stellen, keines, das so schwer zu besiegen wäre wie dieses falsche Denken und dessen systematische Ausnutzung durch die Betrüger.

Da uns die Herstellung der atomaren Gefahr als Herstellung des Schutzes vor der atomaren Gefahr aufgetischt wird, müssen wir auf das Schutzproblem, das wir schon einmal gestreift hatten, noch einmal zurückkommen.

Unwahr ist nämlich nicht nur, daß die Produktion der Atomwaffen defensiv sei, unwahr ist außerdem, daß die Erzeugung jener Mittel, die im engen Sinn „Schutzmittel" heißen (wie Bunker), Schutz bietet. Vielmehr suggeriert auch deren Herstellung bereits die Wahrscheinlichkeit einer atomaren Aggression durch den Feind und befördert damit den Glauben an den Atomkrieg, nein, steigert dadurch dessen wirklichen Wahrscheinlichkeitsgrad. Analog zu Karl Kraus' berühmtem Wort, die Psychoanalyse sei diejenige Krankheit, deren Heilung zu sein sie vorgebe, dürfte man von der atomaren Schutzrüstung behaupten, sie gehöre zu denjenigen Gefahren, deren Abwehr zu sein sie vorgebe. Wenn schon klassifiziert werden muß, dann müßten nicht etwa die atomaren Raketen zusammen mit den Bunkern in die Klasse der Defensivgeräte eingeordnet werden, sondern umgekehrt die Bunker zusammen mit den Raketen in die Klasse der Aggressionsgeräte. Vom Gesichtspunkt des Geschäftsmanns aus gesehen liegt das auf der Hand. Denn die Produzenten der „Schutzmittel" leben ja von der atomaren Gefahr. Bei Ausbruch eines wirklichen Friedens würden sie ja auf ihren (angeblich der Sicherung vor den Gefahren dienenden) Produkten sitzen bleiben. Um dies zu vermeiden, müssen sie genau so wie die Waffenproduzenten für die Sicherung der atomaren Gefahr sorgen. Man mißverstehe nicht: Ich sage nicht „Sicherung vor der atomaren Gefahr", sondern „Sicherung *der* atomaren Gefahr". Schließlich ist auch die Bunkererzeugung nur eine Industrie, und das bedeutet natürlich, daß auch sie, nicht anders als alle anderen Industriezweige, den Postulaten der Produktion zu folgen hat, dem Imperativ: „Produziere außer deinen eigentlichen Erzeugnissen vermittels Reklame auch deren Absatz- und Konsumchance, also den Bedarf!" Beziehungsweise dem: „Befördere wenn möglich dein Erzeugnis zum Range eines sogenannten ‚must', d. h. zur absolut unentbehrlichen Ware!" Fragt man aber, wie die Konsumchance von Schutzgeräten (nicht weniger als von Angriffswaffen) heißt, dann gibt es nur die eine Antwort: diese Chance heißt *Kriegsgefahr*. In anderen Worten: Wer den Imperativen gehorchen will, dem bleibt nichts anderes übrig, als die nationale Notlage, und damit die Bedrohlichkeit des Gegners durch Meinungsmanipulation überzubetonen, notfalls diese Notlage effektiv zu provozieren. Das Etikett „Nationale Notlage", wenn nicht sogar diese selbst, ist das Nebenprodukt, das die „Schutzproduzenten" benötigen, und das sie als die Vorbedingung ihrer Waffenerzeugung und des Absatzes dieser Erzeugnisse herstellen müssen. Und diese Herstellung führen sie nun durch – teils tun sie das mit den Mitteln der „negativen Reklame" (das heißt: durch Erfindung von Gegnern und deren Verteufelung), teils durch Einängstigung der Bevölkerung (z. B. durch Probealarme). Auf wie hohen Touren sie, namentlich in parlamentarischen Budget-Diskussionen, diese Nebenproduktion laufen lassen, das zu dokumentieren erübrigt sich. Als Beleg würde jede simpelste Schilderung der „kalten Kriegs"-Situation genügen. Nur ein einziges Beispiel für solche Produktion und deren Verlogenheit soll hier erwähnt werden. Sein Name ist *„missile gap"*.

Mit diesem Terminus wurde bekanntlich der Vorsprung der sowjetischen Raketenproduktion vor der amerikanischen bezeichnet, oder richtiger – natürlich ist das ein entscheidender Punkt – der angebliche Vorsprung. Denn bestanden hat dieser Vorsprung niemals. Vielmehr hat die Sowjetunion bis Mitte 1961 3,5 % von derjenigen Menge hergestellt, die die CIA-Schätzungen, auf denen die gap-Spekulationen beruht hatten, als die vorauszusehende Menge phantasiert hatte. Daß Präsident Kennedy noch 1960 die auf diesen Phantasien beruhende These zu einem der Hauptargumente seiner Wahlkampagne gemacht hat, mag begreiflich sein. Unglaublich dagegen ist es – oder sollte man lieber sagen: allzu glaublich – daß die alten Phantasieziffern selbst noch nach ihrer Rektifizierung als Grundlage für die Anordnung der 50 %-Steigerung der strategischen Bomber und der 100 %-Steigerung der minute-man-Raketen verwendet worden sind[9].

Aber zurück zum Grundsätzlichen, das, da sich das Bild unserer Gefahrensituation nun direkt auf den Kopf stellt, eine extrem zugespitzte Formulierung beanspruchen kann. Wahr ist nicht, daß die gespannte politische Lage den Aufbau der atomaren Apparatur nach sich zieht, sondern umgekehrt, daß der Aufbau der atomaren Apparatur die gespannte politische Lage benötigt und deshalb herstellt[10].

---

[9] Dazu siehe P. M. S. Blackett, ‚The Road to Disarmament' in ‚New Statesman' 2. März 1962. — Und ‚The Menace of Preventive War' von den Editoren der ‚Monthly Review', April 1962.

[10] Nachtrag 1970. – Unterdessen ist die Methode des Lügens in eine dritte Phase eingetreten. Statt mit Hilfe falscher Etikettierung lügt man nun nämlich – was natürlich erst einmal paradox klingt – mit Hilfe richtiger Etikettierung. Nun tritt die Lüge unverkleidet, nämlich als nackte Wahrheit auf. „Die Wahrheit lügen" nannte man das in Molussien. Während man in der ersten Phase dadurch gelogen hatte, daß man falsche Tatsachen präsentierte; und in der zweiten Phase durch Verwendung von falschem Vokabular log, lügt man nun

Hier sollten wir wohl einen Moment lang pausieren. Denn der Punkt, den wir soeben erreicht haben, ist widerspruchsvoll. Und davon sollten wir uns wohl Rechenschaft ablegen. Inwiefern widerspruchsvoll?

Wir hatten soeben gesagt, die Industrie müsse, um sich selbst zu sichern, die Existenz der Gefahr sichern, diese also *unterstreichen,* wenn nicht sogar effektiv miterzeugen.

Das aber widerspricht jener Tendenz zur „Verharmlosung", der wir immer wieder, und doch gewiß nicht zu Unrecht, eine so große Bedeutung zugemessen haben. Begreiflich wäre die Gleichzeitigkeit der zwei einander widersprechenden Tendenzen vielleicht dann, wenn es sich hier um zwei verschiedene Gruppen handeln würde, von denen die eine an der Bagatellisierung der Gefahr interessiert wäre, die andere an deren Überbetonung. Aber das ist nicht der Fall, es handelt sich

mit Hilfe des angemessenen Vokabulars. Diese Lügenmethode ist besonders schwindelhaft, denn sie schwindelt uns dadurch, daß sie die Wahrheit spricht, ganz ausdrücklich vor, daß sie nicht lüge. Es handelt sich aber trotzdem um Lüge: und zwar deshalb, weil die Wahrheit nun auf eine so glatte und selbstverständliche oder auf eine so konventionell pathetische Weise geäußert wird, daß sie – und das ist natürlich beabsichtigt – entweder so wirkt, als sei sie nichts Ernstes, oder als sei sie nicht ernst gemeint. Und tatsächlich kommt die so geäußerte Wahrheit nicht bei uns an. Aus diesem Grunde konnte es – was vor einem Jahrzehnt noch undenkbar gewesen wäre – nun zum Usus werden, in öffentlichsten und offiziellsten Ansprachen und Texten unverblümt vom „apokalyptischen Charakter der Gefahr" zu sprechen. Man falle auf die Unverblümtheit, mit der heute die Anwälte der Atomdrohung die ursprünglich von den Warnern geprägten Ausdrücke verwenden, nicht herein. Die eschatologischen Vokabeln fließen heute so leicht von den Lippen der Sonntagsredner, sie wiederholen sich so ständig und sind zu einem so schablonenhaften Vokabular geworden, daß kein Mensch, auch kein ernster Mensch, mehr hinhört und dem Gesagten Glauben schenkt, jeder sich vielmehr langweilt und sich mit einem „wieder so ein Weltuntergangsgeschwätz!" abwendet – eine Reaktion, die natürlich von den Apokalypseschwätzern beabsichtigt wird. Die gewünschte alte Indolenz des Publikums wird nun eben einfach mit Hilfe eines neuen Mittels, mit Hilfe der verlogen verwendeten Wahrheit, hergestellt.

um eine einzige Gruppe, die gewissermaßen „betonend verharmlost" und „verharmlosend betont".

Natürlich wäre es unsinnig, anzunehmen, daß diejenigen, die ein *vested interest* am Weiterbestand und an der Steigerung der Gefahr haben, die Katastrophe direkt herbeiwünschen. Aber noch unsinniger wäre es, ihrer Version, daß sie mit dem Aufbau der Vernichtungs- und der angeblichen Schutzindustrie ausschließlich auf die Verhinderung oder die Verminderung der Gefahr abzielten, Glauben zu schenken. Wenn auch nicht Kriegsgewinnler, so sind sie doch *Kriegsgefahrgewinnler*. Was sie wünschen und benötigen, ist weder der wirkliche Krieg noch der wirkliche Friede, sondern die Konstanz der Spannung, also des kalt bleibenden Krieges; ein „peace in our time", während dessen die Perpetuierung der Gefahr und die Perpetuierung der Steigerung der Gefahr verbürgt bleiben. Am liebsten würden sie, wenn das möglich wäre, die Gratwanderung auf dem am Dullesschen Abgrund entlangführenden Wege ewig fortsetzen, und es kann kein Zweifel darüber bestehen, daß sie die Ewigkeit einer solchen Wanderung dem effektiven Absturz, beziehungsweise dem Ausbruch der Katastrophe vorziehen. Vermutlich träumen sie davon, daß dieser Weg, obwohl minutiös auf einen Katastrophenpunkt ausgerichtet, doch ewig asymptotisch bleibe. Das ist um so plausibler, als ja auch in einem solchen „Frieden", und zwar auf Grund der ständigen Verbesserung ihrer Produkte, also auf Grund der verbürgten Obsoleszenz ihrer gestrigen Produkte, die Konstanz ihrer Produktion und ihrer Profite gewiß bleiben könnte. Unwahrscheinlich freilich, daß sie die für sie profitable Gefahr lieber aufgeben würden als ihre Produktion.

Wie dem auch sei: da ihnen daran liegt, daß die Kriegsgefahr niemals aufhöre, überbetonen sie diese Gefahr. Da sie aber andererseits nicht eigentlich am Atomkrieg selbst interessiert sind, vielmehr nur an der Atomkriegs-Gefahr, verharmlosen sie die Furchtbarkeit des Krieges, mit dessen Kommen sie ja selbst kaum rechnen. – Und damit ist der Widerspruch, der sich auf Grund der Gleichzeitigkeit von Betonung und Verharmlosung der Gefahr aufzutun schien, aufgeklärt.

7. Durch den Mangel an Mangel verspielen wir die Zukunft.
Ein entscheidender Grund für unsere Blindheit gegenüber der atomaren Misere ist – so hatten wir im ersten Paragraphen gesehen – die Tatsache, daß diese (im Unterschiede zu Hunger oder Kälte oder zur Misere des Industrieproletariats des 19. Jahrhunderts) nicht direkt als Misere empfunden wird, daß sie vielmehr (und selbst das nur in günstigsten Fällen) ein nur gewußter Mangel (an Sicherheit) bleibt. Auf diese Tatsache müssen wir noch einmal zurückkommen. Wir tun das erst hier, weil ein hier erforderlicher Exkurs die Reihenfolge der Wurzeln unserer Apokalypse-Blindheit in Unordnung gebracht hätte.

2. Der Lebensstandard

Diese andere Wurzel ist unser heutiger Lebensstandard. Dieser blockiert nämlich unser Verständnis von Mangel. Warum?

Deshalb, weil wir – was sich ja bereits herumgesprochen hat – in einer „affluent society" leben. Dieser Ausdruck bezeichnet nicht etwa nur eine besonders interessante wirtschaftliche Situation, sondern die revolutionärste, die es überhaupt gegeben hat: das Himmelsreich der Fresser nämlich, den Zustand, in dem der Schlaraffenlandtraum, den die Menschheit seit Adams Tagen bis gestern durchgeträumt hatte, Wirklichkeit geworden ist. In anderen Worten: Wir leben in einer Welt, in der uns alles präsentiert wird, in der alles für uns präsent ist, in einer Welt ohne Mangel.

Der Prozeß, der uns in diesem Zustand versetzt hat, war nun aber dialektisch: *Je weniger uns mangelt, desto mangelhafter wurden* nämlich *wir selbst*. Der heute effektive *Mangel an Mangel* wirkt sich nun als ein Danaergeschenk aus. Der Schaden, den er in uns angerichtet hat, der ist nicht etwa Schaden nur in dem harmlosen Sinne, in dem wir heute von „Zivilisationsschäden" sprechen – die durch unsere Motorisierung verursachte Schwächung unseres Gehvermögens werden wir wohl noch verschmerzen können – vielmehr handelt es sich um einen Eingriff in unsere Fundamente, und selbst die angeblich apriorischen Formen unseres Raum- und Zeitbewußtseins sind dabei nicht unverletzt geblieben[11].

Diese letzte Beschädigung: die unseres Zeitbewußtseins, haben wir hier nun ins Auge zu fassen.

Meine These lautet: *Für denjenigen, dem alles präsentiert wird,* beziehungsweise dem alles präsent ist, *für den wird das Präsens alles,* dessen Blick in die Zukunft wird blockiert. Und damit natürlich auch der Blick in diejenige Zukunft, die uns hier angeht: also der Blick in die möglicherweise vor uns liegende Zukunftslosigkeit.

Die zahllosen Dinge von heute: sowohl diejenigen, die bereits unser Eigentum sind, wie diejenigen, die unter der Fahne des Angebots als tiefgestaffeltes Millionenheer pausenlos und von allen Seiten gleichzeitig auf uns losmarschieren – die bilden zusammen eine massive Mauer; und diese Mauer schließt uns ein und macht uns zu Häftlingen der Gegenwart.

Natürlich läßt sich die Zelle, in der wir nun als Häftlinge sitzen, in Kubikmetern nicht ausdrücken; das Gelände, von dem die Zellenwände uns aussperren, ist nicht das des Raumes[12]. Aber Häftlinge sind wir nichtsdestoweniger. Und das sogar in einem unerbittlicheren Sinne als übliche Häftlinge, da die Mauern, die uns umgeben, fensterlos sind, und da unser Blick, wo immer er hinfällt, statt in die Landschaft der Zukunft immer nur auf die uns jeweils präsentierten Waren fällt – kurz: wir sitzen in einer „Zeitzelle", die „praesens" heißt. Und in dieser leben wir

---

[11] Daß wir uns des angerichteten Schadens nicht bewußt werden, besagt nichts gegen dessen Realität. Umgekehrt bleibt der Schaden gerade deshalb unsichtbar, weil wir beschädigt sind. – Dazu siehe die Molussische Herrschaftsregel 122: „Wen du des Essens beraubst, den beraube zugleich auch des Hungers!" und Regel 134: „Als tadellos lassen wir allein diejenige Verstümmelung durchgehen, die den Verstümmelten daran hindert, die Tatsache seiner Verstümmelung zu erkennen."

[12] Trotzdem sind die verwendeten Gefängnisvokabeln keine bloßen Metaphern. Zu glauben, „wirklich gefangen" sei allein der räumlich Gefangene, wäre ein Irrtum. Vielmehr ist die Zahl der Zellen, die in buchstäblichem Sinne Zellen sind, immer genau so groß wie die Zahl möglicher Unfreiheiten. Wer z. B. einer Ideologie zum Opfer fällt, der

so ausschließlich, daß wir der Zukunft gegenüber, und damit auch der, uns eventuell bevorstehenden, Zukunftlosigkeit gegenüber, blind bleiben[13].

Anhang: Exkurs über das Wesen der Zeit

Die Behauptung, daß, wo alles gebrauchsfähig präsentiert wird, Zukunft verkümmere, erfordert eine Begründung. Was steht hinter dieser Behauptung?

Eine Theorie über die „Konstitution der Zukunft". Diese kann zwar an diesem Orte nicht in extenso entwickelt, aber doch skizziert werden. Hier die Theorie:

Daß wir in eine sogenannte „Zukunft" hineinleben, das hat seinen Grund in der „Defizienz unseres Daseins", in der Tatsache, daß wir entbehrende und bedrohte Wesen sind. Das heißt, daß wir *erstens* Dinge (oder Wesen), die wir eigentlich haben müßten, nicht haben: und *zweitens* daß wir von Dingen (oder Wesen) von denen wir eigentlich nicht gehabt sein sollten, gehabt oder mindestens bedroht werden. Genauer: Zukunft „entsteht" dadurch, daß wir dem uns Fehlenden *nachstellen,* um es zu gewinnen, bzw. dadurch, daß wir das uns Fehlende *herstellen;* oder dadurch, daß wir der uns im Genick sitzenden Gefahr *entfliehen.* Die drei Zukunft konstituierenden Aktionen sind Jagd, Produktion und Flucht. Solange wir jagen, erzeugen und

---

sitzt genau so effektiv eingesperrt (und von Erfahrungen ausgesperrt), also in einer Zelle, wie ein Zuchthäusler. – Man mißverstehe also nicht. Natürlich kann diese, „Gegenwart" genannte, „Zelle in der Zeit", in der wir eingemauert sind, räumlich weit ausgedehnt sein. Ich kenne Männer, die, obwohl sie seit langem gewohnt sind, die Welt pausenlos zu durchfliegen, ihre Zeitzelle niemals verlassen haben, und die diese auch dann, wenn ihr Flugzeug die Schallmauer durchbricht, nicht verlassen können. Sowenig lange Dauer räumlicher Gefangenschaft widerspricht, sowenig widerspricht Weiträumigkeit zeitlicher Gefangenschaft.

[13] Auch die lebenslängliche Gefangenschaft in der Zelle der eigenen Person (in der Kontingenz des Gerade-man-selbst-Seins) kann ja nicht durch Globetrotterei aufgehoben werden. Der Wandertrieb mag

fliehen, leben wir im Modus des „Noch nicht", als „Noch nicht" entsteht Zukunft, und durch diese Zeit.

Nun sind wir Heutigen aber, wie wir vorhin betont haben, Kunden überproduzierender Industrien und Nutznießer von Wohlfahrtsstaaten. Als prompt Belieferte sind wir weder auf der Jagd nach Dingen, die sich uns entziehen, noch auf der Flucht vor Wesen, die uns nachstellen. In anderen Worten – und das Neuartige dieses Zustandes kann gar nicht übertrieben werden –: wir sind Wesen, denen es im Alltag an Mangel und Bedrohung mangelt; mindestens ist uns die Jagd in einem früher ungeahnten Ausmaß abgenommen. Die Beute, der wir früher, und ohne des Erfolges je gewiß sein zu können, selbst hatten nachjagen müssen, erscheint nun als gesichertes, uns ins Haus geliefertes, Konsumgut. Die „Zeit" genannte Distanz zwischen dem intendierenden Bedürfnis und der Stillung, die Distanz, die unsere Vorfahren, um des Beutestücks habhaft zu werden, hatten durchmessen müssen, ist zur Punktualität zusammengeschrumpft[14].

Daß dadurch die Dimension alles Intendierbaren, also die Zukunft selbst, ihren Zukunftscharakter eingebüßt hat, das liegt auf der Hand. An ihre Stelle ist eine Art von Reservoir getreten, ein „time pool", aus dem uns als Waren das Morgen und das Übermorgen zufließen. Die Existenz dieser „Zeitwaren" ist immer schon technisch und administrativ verbürgt, diese

zwar versuchen, diese Gefangenschaft durch Ortswechsel loszuwerden, aber diese Versuche bleiben stets vergeblich. (Siehe d. V. ‚Pathologie de la Liberté' in ‚Recherches Philosophiques' 1936)

[14] Zeit ist also primär keine „Form der Anschauung", sondern eine Form der Behinderung: nämlich Form der Abwesenheit dessen, was präsent sein sollte; oder Form der Präsenz dessen, was abwesend sein sollte. – Das gilt übrigens ebensowohl vom Raum. – Deren Differenz: Unter „Raum" versteht man den Umkreis dessen, was, obwohl seiend, nicht präsent ist; unter „Zeit", jedenfalls unter „Zukunft", den Umkreis dessen, was, obwohl nichtseiend, präsent sein könnte. Die ontologische Vorrangstellung, die der Raum in der klassischen Metaphysik eingenommen hat, ist, da er den Umkreis des Seienden bezeichnet, durchaus plausibel.

werden uns, nicht anders als Elektrizität oder Wasser oder Vokabular oder Gesinnung, stückweise ins Haus geliefert – sofern wir sie nicht sogar, wenn auch noch tiefgekühlt oder als Konserve, schon heute bei uns eingelagert haben. „Canned time". In der Tat ist die ungeheure Rolle, die die Konserve heute spielt, das überwältigende Zeugnis für unsere, der Eroberung des Raumes analoge, „Eroberung der Zukunft", das heißt: für deren Verwandlung in Gegenwart[15]. Dem bekannten, von Robert Jungk geprägten Buchtitel „Die Zukunft hat schon begonnen" kann man außer dem ursprünglich von ihm gemeinten noch einen anderen Sinn zuerteilen: den, daß es zum Wesen unserer heutigen Bemühungen gehört, die Zukunft ihres eigentlichen Zukunftscharakters, nämlich des Charakters der Unverfügbarkeit und Ungewißheit zu entkleiden und sie immer schon in ein Stück Gegenwart zu verwandeln.

Man mißverstehe nicht: An sich ist diese Tendenz zur „Präsentierung" der Zukunft natürlich alles andere als ein Defekt, im Gegenteil; unsere prometheischen Gaben der Vorsorge und Planung, das heißt: unsere Fähigkeit, das Morgen und Übermorgen schon heute mehr oder minder zu beherrschen, macht ja gerade das Wesen und den Stolz des Menschen aus. Und in gewissem Sinne dürfen wir in den Kollektivplanungen von heute die diese Fähigkeit krönenden Leistungen anerkennen.

Nur ist eben diese Entwicklung so wenig undialektisch wie jede andere – und das gilt für den Westen so gut wie für den Osten. Durch unsere Gewohnheit, die Zukunft zu beherrschen, sind wir dabei, den Begriff „Zukunft" auszulöschen. Da wir es nun als selbstverständlich ansehen, daß unsere Zukunft bereits „taken care of", bereits besorgt und präsent ist, beginnen wir, die Gewohnheit zu verlieren, in ihr überhaupt noch Zukunft zu

---

[15] Das einzige noch intakte Morgen ist das kommerzielle. Jedes im Schaufenster ausgestellte Stück würde, wenn es Sprache hätte, sprechen: „Mich hast du noch nicht" – und daß durch dieses „Noch nicht" Zukunft noch irgendwie angezeigt ist, das läßt sich nicht bestreiten. Aber diese Variante ist doch eine völlig pervertierter Art. Während sich (s. o.) echte Zukunft dadurch konstituiert, daß wir etwas (Benötigtes) nicht haben und danach dürsten, dieses Nichtgegenwärtige

sehen, nein verlieren wir die Fähigkeit, uns eine nicht besorgte Zukunft überhaupt noch vorzustellen. Und *mit dem Verlust des Verständnisses von Zukunft büßen wir* natürlich *auch* – quod erat demonstrandum – *das Verständnis für die Möglichkeit einer Zukunftslosigkeit ein.*

Oder anders: Da wir schon heute, im psychologischen Sinne, zukunftslos leben, und da sich diese psychologische Zukunftslosigkeit gerade in einer Zeit entwickelt hat, in der zum ersten Male effektive Zukunftslosigkeit (nämlich die Katastrophe) droht, sind wir auf das Verständnis dieser Bedrohung ungleich schlechter vorbereitet, als es die Menschen früherer Epochen gewesen wären. Es ist durchaus nicht undenkbar, daß wir in die effektive Zukunftslosigkeit auch deshalb hineinrutschen, weil wir psychologisch bereits zukunftslos sind. Unsere der Selbstgefälligkeit der Fortschrittsreligion entstammende Überzeugung, daß wir mit unserer fortschreitenden Produktewelt auf Zukunft ausgerichtet seien, ist also ganz einseitig. Das Gegenteil gilt ebenfalls, wie unbekannt diese Tatsache auch sein mag.

gegenwärtig zu machen (bzw. uns in dessen Gegenwart zu bringen) – entsteht hier Zukunft umgekehrt dadurch, daß die Waren uns, die Kunden, noch nicht haben, und daß sie nach uns dürsten, nämlich danach, als unser Eigentum Aktualität zu gewinnen (und anderen Produkten die Bahn frei zu machen). Diese Möglichkeit war in keiner Philosophie der Zeit, auch in keiner Theorie der Verdinglichung je vorausgesehen worden. Denn hier ist Zukunft ja ausschließlich durch die Ding-, genauer durch die Warenwelt konstituiert. Als Kunden werden wir in den von Waren entworfenen und uns zudiktierten Spielraum hineingerissen. Und uns diesem Sog zu entziehen, fällt uns, da wir in Nichts-als-Konsumenten verwandelt sind, unsäglich schwer; ein anderes Verhältnis zur Zeit zu finden, ist uns nahezu unmöglich gemacht. Wer z. B. ein neues Wagenmodell noch nicht erworben hat und unter der Pression dieses „Noch-nicht" lebt, der büßt dadurch die Fähigkeit ein, ein anderes Morgen (z. B. das der morgigen Katastrophe) auch nur ins Auge zu fassen. Nein, schlimmer: für den ist, da die Verbindlichkeit (das „must") der morgigen Anschaffung durch keinen Widerruf gelöscht ist, die Möglichkeit eines „Nicht-morgen" geradezu widerlegt. Positiv: für den ist der Weiterbestand der Welt bewiesen.

Denn wir *defuturisieren* soviel Zukunft wie möglich, wir ziehen so viel von ihr wie nur irgend möglich in die Gegenwart hinein, um sie in diese zu inkorporieren.

Schon heute sind wir ja im Berufs- und Privatleben gegen tausend morgige Eventualitäten versichert, mindestens halten wir uns für versichert – was zur Folge hat, daß wir, gewissermaßen zum zweiten Male infantil, in der reinen Gegenwart leben. Es mag zwar ein Zufall sein, daß der Zustand, in dem jeder Bedürftige versichert und die Erfüllung jedes Bedarfs gesichert ist, gerade in demjenigen Augenblick seinen Höhepunkt erreicht hat, in dem die Weiterexistenz der Welt selbst extrem unsicher geworden ist. Aber was zählt, ist die Tatsache, daß die Inkorporation der Zukunft in die Gegenwart unseren Blick in die Zukunft abgeblendet und damit natürlich unsere auf Zukunft bezüglichen Emotionen, vor allem die Angst, zur Verkümmerung gebracht hat. Damit sind wir aber wieder zu unserem Thema zurückgekehrt. Denn wer unfähig zur Angst ist, der ist nicht mehr in der Lage, Bedrohungen, also auch die nukleare Bedrohung, aufzufassen.

VIII

Verharmlosung. Ihre Methoden

1962

Die Verharmloser der Gefahr bedienen sich diverser Methoden. Hier eine kurze Typologie:

Erste Methode: Falsche Klassifizierung der Gefahr

Das üblichste Verfahren der Verharmlosung der atomaren Gefahr besteht in deren falscher Klassifizierung. Falsch klassifiziert werden an erster Stelle die atomaren „Waffen" selbst – schon der Ausdruck „Waffe" stellt eine solche Verfälschung dar – denn bei der monströsen Wirkung, die diese Objekte ausüben, kann von „Waffen" keine Rede mehr sein. Besonders beliebt ist die Subsumierung der Produkte unter die „Artillerie" – die qualitative Differenz der „Atomwaffen" wird durch diese Klassifizierung in einen lediglich quantitativen Unterschied verwandelt. – Entsprechendes gilt auch von den Ausdrücken „taktische" und „saubere" Atomwaffen.

Falsch klassifiziert werden aber nicht nur die Objekte und deren mögliche Wirkung, sondern auch die Attitüden, die wir gegenüber diesen Objekten und deren Effekten einnehmen sollen. Bekanntlich haben die Ärzte des Piloten Eatherly die wahrhaftig rechtmäßige Gewissenspein, unter der dieser nach seiner Beteiligung an der „Hiroshima-Mission" litt, als einen „pathologischen Schuldkomplex", sogar als einen Ödipuskomplex klassifiziert (angeblich diagnostiziert) und uns zu überreden versucht, in Claudes echtem und, wie gesagt, wahrhaftig rechtmäßigen und begreiflichen Schrecken etwas Erklärungsbedürftiges und Krankhaftes zu sehen. So behauptet zum Beispiel der bundesdeutsche Psychologe Strigl, der die „geheimen

Hintergründe" der Atomangst untersucht zu haben vorgibt (so als wenn diese mysteriös, und nicht vielmehr das fast allgemeine Fehlen solcher Angst erklärungsbedürftig wäre), die Angst vor der Steigerung der Radioaktivität der Luft sei letztlich eine maskierte Version von „Kastrationsangst". Wenn wir derartigen Unsinn mitmachen, dann dürfen wir ebensogut die Panik, in die die Lagerinsassen von Auschwitz in ihren Vergasungsräumen gerieten, auf ein sexuelles Trauma zurückführen.

Nein, in Fällen, in denen die rechtmäßigen Angstgründe auf der Hand liegen, nach Geheimgründen zu schnüffeln, das ist bewußte Irreführung. Mindestens auf das Recht, vor denjenigen Gefahren Angst zu haben, die uns effektiv bedrohen, mindestens auf dieses Recht sollten wir doch Anspruch haben. Aber um zu verhindern, daß wir diejenige Attitüde aufbringen, die der bedrohlichen Existenz der „Atomwaffen" angemessen wäre, beraubt man uns selbst dieser Freiheit.

Zweite Methode: Vernüchterung des Entsetzlichen

Ein weiteres, mit dem ersten eng verwandtes und mit diesem oft „überlappendes" Verfahren der Verharmlosung besteht in etwas, was ich *„Vernüchterung"* nennen möchte. Damit meine ich den methodischen Einsatz des sprachlichen „understatement": daß man nämlich das Entsetzliche im trockensten Tone, zumeist in einem Wissenschafts- oder Administrations-Idiom ausspricht. Am liebsten verwendet man dazu statistische oder tabellarische Darstellungsmittel.

Das bedeutet nicht etwa, daß die in solchem Tone gemachten Aussagen durchweg unwahr seien. Im Gegenteil: Je besser der Lügner, um so öfter lügt er Wahrheiten. Der gute Lügner kann es sich leisten, Wahrheiten zu lügen. Das heißt: Die Feststellungen, die er macht, die treffen zwar zu, sie sind aber durch die Art, in der er sie uns vermittelt, betrügerisch. Und betrügerisch sind sie dadurch daß (und deshalb weil) er uns in Sicherheit wiegt, und uns das Gefühl der Seriosität und der Sauberkeit vermittelt, und uns dadurch vergessen läßt (oder uns von vornherein daran hindert, zu realisieren) wovon überhaupt die Rede ist.

Dritte Methode: Die Solennifizierung

Nicht weniger geeignet zum Verharmlosungsbetrug als dieses „understatement-Idiom" ist die gewissermaßen antipodische Sprache des „overstatement", das heißt: die Methode, das Entsetzliche zu „solennifizieren". Auch diese Methode ist nicht auf direktes Lügen angewiesen. Nicht anders als die Methode des „understatement" kann auch die Verfeierlichung es sich leisten, die Wahrheit in ihrer ganzen Furchtbarkeit auszusagen. Das kann sie sich deshalb leisten, weil sie *das Furchtbare in die Sprache des Ästhetischen übersetzt,* das heißt: weil sie das Horrende als etwas durch seine Größe (im Sinne von ὕψος) Erhabenes darstellt, und das Infame als etwas Theologisches, nämlich als etwas „Infernalisches". Wenn die Solennifikatoren von Genozid sprechen, lassen sie das überdimensionale Entsetzliche und und Gemeine in großartigem und düsterem Glanz aufscheinen – was der Sache, um die es sich handelt, aufs widerwärtigste (oder richtiger: aufs schönste) widerspricht. Nein, Feierlichkeit ist uns verboten, und zwar deshalb, weil es keinen Trauermarsch gibt, der nicht unausgesprochen etwas, was gefeiert zu werden verdient, damit etwas Positives, wenn nicht sogar etwas Majestätisches, implizierte. Die Darstellungen des Höllensturzes passen ins Barock, nicht in unser Zeitalter, und die (massenhaft existierenden) Darstellungen der Katastrophe gehören nicht an die Wand gehängt, als Ausschmückung unserer Wohnungen, sondern, um eine Brechtsche Redensart zu verwenden, „an die Wand gestellt". Das muß betont werden, denn immer wieder treffen wir auf, der Religion oder der Kunst entlehnte, feierliche und „positive" Ausdrücke, z. B. auf die Vokabeln „Opfer" oder „Selbstaufopferung" oder „Hekatomben" und dergleichen – was, da es sich um die Möglichkeit der Liquidierung der Menschheit handelt, blanke Obszönität ist. Ohne alle Feierlichkeit sei festgestellt: *Es gibt Dinge, die zu groß sind, als daß sie für den Ton der Feierlichkeit noch freistünden.*[1]

---

[1] Dasselbe gilt auch von der sogenannten „ernsten Musik", die, im Vergleich mit der Situation, in der wir uns befinden, unernst ist. Eine

Die Solennifikatoren zerfallen selbst noch einmal in zwei verschiedene Typen: Während sich die Einen darauf beschränken, das Furchtbare indirekt in etwas Majestätisches und dadurch Positives zu verwandeln, gehen die dem anderen Typ Zugehörigen so weit, die Positivität des Entsetzlichen direkt auszusprechen und dadurch der Feigheit zu schmeicheln. Durchweg lieben sie es, zu beteuern, daß Bedrohungen, je größer diese werden, mit um so größerer Gewißheit auch das „Heil" nach sich ziehen. Nachgerade ist es schon beinahe unmöglich geworden, Atomrüstung befürwortende Leitartikel in „ernsten" deutschsprachigen Blättern zu lesen, in denen nicht die fatale Zeile aus Hölderlins Patmos-Gesang „wo aber Gefahr ist, wächst das Rettende auch" auftauchte. Die Zitierung dieser Worte sollte verboten werden. Man stelle es sich vor, die Amerikaner hätten die Bewohner von Hiroshima einen Tag vor ihrem Angriff auf die Stadt mit diesem Hölderlin-Zitat getröstet. Oder die Nazis hätten diese Worte als Inschrift auf dem Auschwitzportal verwendet – der Zynismus dieser Feierlichkeit springt in die Augen.

Menschen, die Geschichte ernst nehmen, die zum Beispiel das Heraufkommen des Nationalsozialismus mit offenen Augen miterlebt haben, die empfinden es als skrupellos und demagogisch, wenn man ihnen den Glauben an automatische Selbstheilung katastrophenhafter Situationen einzureden wagt. Ob Hölderlins feierliches Wort jemals wahr gewesen ist, darüber läßt sich streiten, ich persönlich glaube, daß es längst schon unglaubhaft war, als es aus des Dichters Mund kam. Gleichviel, Christen und Verehrer Hölderlins sollten sich dagegen wehren, daß die Atom-Opportunisten, die offiziellen Sonntagsredner und die „Gebildeten unter den Verächtern der Wahrheit" dem Dichter die Worte aus dem Mund nehmen und sie mißbräuchlich dazu verwenden, Ignoranten feierlich einzulullen.[2]

---

den möglichen Untergang der Menschheit behandelnde noch so tragische Kantate ist eine Ästhetisierung des Entsetzlichen, damit zugleich Verharmlosung und Blasphemie. – Zusatz 1970: Dabei habe ich nicht nur Pendereckis Auschwitz-Musik im Auge, sondern auch Nonos ‚Sul Ponte da Hiroshima'.

[2] Ursprünglich stellte Hölderlins Wort ein Erbstück der jüdisch-

Vierte Methode: Der falsche Vergleich

Wer eine evidentermaßen unwahre Aussage macht, der ist entweder (nämlich dann, wenn er deren Unwahrheit nicht durchschaut) ein Dummkopf; oder (wenn er sie macht, obwohl er sie durchschaut) ein Betrüger.

Immer wieder betonen Politiker – und damit bin ich bei der vierten Art der Verharmlosung – daß die Zahl der durch Auto-Unfälle Umgekommenen höher sei als die Zahl derer, die durch atomare Tests zugrundegegangen seien. Wenn sich diese Politiker nicht im klaren darüber sind, daß Autos dann gut funktionieren, wenn sie niemanden umbringen; Atomwaffen dagegen dann, wenn sie möglichst viele umbringen – das heißt: daß der Atomtod nicht auf leider unvermeidlichen Konstruktions- oder Funktionsfehlern der Atomwaffen beruht, sondern deren raison d'être und Abzweckung ist –, dann sind sie, wie gesagt, Dummköpfe. Und wenn sie diesen Vergleich ziehen, obwohl sie dessen Unwahrheit durchschauen, Betrüger. Jedermann darf sich aussuchen, als was er klassifiziert zu werden wünscht. Das darf auch jener Atomminister der Deutschen Bundesrepublik, der in Innsbruck öffentlich erklärt hat: „Die gefährlichste Errungenschaft unserer Tage ist nicht die Atomwissenschaft, sondern das Automobil."

Fünfte Methode: Die Drohung mit dem Gegenteil

Am schlauesten sind diejenigen Verharmloser, die das gerade Gegenteil dessen, was uns droht, als die größte Gefahr an die Wand malen. Es ist kein Zufall, daß keine Einschüchterungsdrohung heute so beliebt, und auch keine so erfolgreich ist wie die mit der Überbevölkerung unseres Globus. Im Unterschiede zu uns Warnern vor der Atomgefahr werden die Warner vor der

---

christlichen Apokalypse dar: Je furchtbarer die letzten Konvulsionen des Satan, um so näher ist das Reich Gottes. – Daß das Wort in H.'s Patmos-Hymne steht, ist, da Patmos der Ort des Johannes der Offenbarung war, begreiflich.

drohenden Bevölkerungsexplosion niemals als Panikmacher diffamiert, vielmehr stets als Experten gelobt. Wenn diese „Experten" ungleich mehr Vertrauen finden als wir, so vor allem deshalb, weil die meisten Menschen so reagieren wie Passagiere in einer voll oder auch nur halbvoll besetzten Straßenbahn, das heißt: weil sie eventuell noch Zusteigenden keinen Platz gönnen.[3] In den Augen der Passagiere ist jede Straßenbahn voll besetzt. Hier ist Mißgunst die Mutter des Glaubens. Tatsächlich gibt es heute Millionen, die den Gedanken an die mögliche Dezimierung oder an die Auslöschung der Weltbevölkerung mit dem Gedanken an deren Verzehnfachung völlig zudecken. Und unter diesen Millionen gibt es wiederum Hunderttausende, die Kriege, da diese wie Geburtenregelungen funktionieren, nämlich das bedrohliche Anschwellen der Erdbevölkerung vielleicht in Grenzen halten würden, mehr oder minder bewußt, mehr oder minder ausdrücklich bejahen.

Sechste Methode: Witze

Eine nicht minder beliebte Spielart von Verharmlosung der apokalyptischen Gefahr ist die witzelnde, die das Horrende als komisch darstellt. Mit dem penetrantesten Beispiel solcher Witzelei hat uns der amerikanische Journalist Hal Boyle beschenkt. Ausgehend von den eventuell durch radioaktiven fall out verursachten Deformationen und Mutationen bei Fröschen (Mehrbeinigkeit, Zweiköpfigkeit etc.) die er höhnisch willkommen heißt, springt er zum Menschen über, um zu fragen und abzuwägen, welche Vorteile Mutationen darstellen würden, wenn wir statt der Frösche Opfer der Bestrahlungen wären. Da wir das Hauptstück seines neckischen Textes an einer anderen Stelle dieses Buches mitteilen[4], verweisen wir auf das Zitat und beschränken uns hier darauf, davor zu warnen, in Boyles Vor-

---

[3] „It is rather remarkable that the people already in an omnibus, always look at new-comers as if they entertained some undefined idea that they have no business to come in at all." Dickens, ‚Sketches by Boz'.

[4] Siehe S. 76 ff.

schlag, die strahlenbedingten Dehumanisierungen als praktische und opportune Mutationen aufzufassen, einfach eine einmalige abgeschmackte Witzelei zu sehen. Vielmehr können wir solche Witze nicht ernst genug nehmen, da sie, wenn vielleicht auch nicht als Generalproben gemeint, so doch als solche funktionieren. Es kann wohl kein Zweifel darüber bestehen, daß die angeblichen Witzzeichnungen in Himmlers ‚Stürmer' als Generalproben für Auschwitz und Maidanek gewirkt haben. Wie gesagt, gleich, ob das gewollt war oder nicht – ich plädiere für ja – die Funktion solcher Witze besteht darin, Ernstfälle, mindestens die Attitüden möglichen Ernstfällen gegenüber, einzuspuren. Wer einmal Mr. Boyles Froschwitze beschmunzelt hat, der ist bereits fähig dazu gemacht, im Ernstfalle ähnlich zu reagieren. Der wird – was uns erspart bleiben möge – wenn ähnliche oder andere Mutationen an Menschen auftreten sollten, auf diese nicht anders reagieren, nicht anders mehr reagieren können, als er auf Boyles Witze reagiert hat – das heißt: der wird die Defekte als „Fortschritte" klassifizieren und diejenigen Zeitgenossen, die mindestens zu warnen versucht haben, als Philister oder als Saboteure des Fortschritts der Lächerlichkeit preisgeben. – Daß sich eine Presseagentur dazu hat verstehen können, Boyles Machwerk herumzuschicken, ist ein Zeichen dafür, daß diese Abstumpfung gegen Infamie kein Einzelfall gewesen, sondern allgemein geworden ist.

Nein, davon, daß Boyles Witzelei eine untypische Entgleisung sei, davon kann gar keine Rede sein. Der Weg, der von ihr zu den ganz „factual", ganz sachlich berichtenden Reportagen führt, ist nämlich so kurz, daß er kaum der Rede wert ist. Greifen wir zum Beispiel zu der dem Hiroshimatage folgenden Wochennummer von Newsweek (vom 10. August 59), um herauszufinden, was diese so weit verbreitete Zeitschrift bei dieser Gelegenheit über die Effekte der Radioaktivität zu melden gehabt hat. Wirklich finden wir da einen anscheinend oder scheinbar aus Hiroshima stammenden Artikel, überschrieben „Atomic Aftermath". Schon daß der Artikel diese Überschrift trägt, ist, milde ausgedrückt, deplaziert, denn da in dem Worte „aftermath" selbst dort, wo er metaphorisch verwandt wird, noch die Konnotation „Nachernte" mitklingt, wirkt der Titel so, als sollten in dem Text vierzehn Jahre nach der blutigen Saat die letzten übriggebliebenen Feldfrüchte eingesammelt werden. Und das wird in dem Artikel auch wirklich versucht. Denn in einem Absatz, der im Fettdruck die Überschrift „More Boy Babies" trägt, heißt es: „Die einzige bisher über jeden Zweifel erhabene ‚genetische Veränderung' besteht in dem Ansteigen der Proportion der Knabengeburten – was in Japan, wo Söhne so hoch im Kurs stehen, schwerlich als eine Katastrophe charakterisiert werden kann." Man mache sich keine Illusionen, dieser Satz bedeutet: den Effekt der Vernichtung Hiroshimas zu verschweigen, dazu liegt kein Anlaß vor. Denn nicht nur für uns Amerikaner hat der Abwurf der Bombe sein Gutes gehabt, sondern auch für sie, die angeblichen Opfer. Nicht nur *unsere* boys sind durch unsere Aktion gerettet worden, sondern, da sie ein Mittel zur Erhöhung der Knabengeburten war, auch die *ihren*. Und mehr oder Altruistischeres kann doch wahrhaftig kein vernünftiger Mensch verlangen.

Siebente Methode: Spekulation auf Dummheit

Ehe ich diese Zusammenstellung abschließe, möchte ich ein Dokument vorlegen, das nicht nur eine klassische Illustration der „Verharmlosung durch falsche Einordnung", sondern zugleich das Beispiel einer unentschuldbaren Beleidigung der Millionen, an die es sich richtet, darstellt. Es rechnet nämlich offensichtlich mit schwachsinnigen, richtiger: mit schwachsinnig gemachten, Lesern. Ich spreche von dem im Jahre 1959 in der Bundesrepublik verteilten Merkblatt „Verhalten bei Luftangriffen"[5].

Jedem der im Folgenden aus dem „Merkblatt" zitierten Sätze lasse ich einen ganz knappen Kommentar, genauer: die Aufklärung des im Text enthaltenen Betrugs, folgen.

1. „Ein stark blendender Lichtblitz ist das erste Zeichen der Detonation eines Atomsprengkörpers. Seine Hitzewirkung verursacht Verbrennungen."

[5] ‚Wehrpolitische Information', Wehrberichterstattung aus aller Welt, Köln, Oktober 1959.

Der implizite Betrug besteht darin, daß die Katastrophe zum bloßen „Zeichen" verharmlost wird. Die Warnung ist um nichts sinnvoller als die: „Wenn du tot bist – Vorsicht! Gefahr im Anzuge!"

2. „Daher ... empfindliche Körperteile wie Augen, Gesicht, Nacken und Hände blitzschnell bedecken!"

Der implizite Betrug besteht in der Voraussetzung, daß man Bedeckungsmittel bei sich führe, bei sich führen könne. Ebenso unwahrhaftig wie diese Voraussetzung ist die, daß gewisse Körperteile der atomaren Gefahr gegenüber weniger empfindlich seien als andere.

3. „Blitzschnell in ein Erdloch, eine Grube oder einen Graben springen."

Der implizite Betrug besteht in der Unterstellung, daß Erdlöcher, Gruben oder Gräben überall und jederzeit zur Verfügung stehen. Da kann man nur fragen: Woher nehmen und nicht stehlen? Und selbst wenn ein Genius des atomaren Zeitalters für alle Eventualitäten Erdlöcher etc. bei sich trüge, wie sollte er in diese mit (siehe oben) „blitzschnell bedeckten Augen" springen?

4. „In einem Verkehrsmittel sich augenblicklich unter Scheibenhöhe ducken, das Fahrzeug anhalten, sich auf den Boden des Fahrzeugs werfen und durch Zusammenkrümmen Gesicht und Hände schützen!"

Der implizite Betrug besteht in der These, daß Automobilisten – denn allein um solche scheint es sich hier ja zu handeln – wenn sie sich um dreißig Zentimeter tiefer befinden als auf ihren Sitzen, vom Atomblitz weniger gut entdeckt und getroffen werden können.

5. „Möglichst Deckung unter einem festen Tisch, einem Schreibtisch, einer Werkbank, einem Bett oder hinter anderen Möbelstücken suchen!"

Der implizite Betrug besteht in der rührenden Gleichsetzung des Atomblitzes mit einem ängstlichen Einbrecher.

6. „Du hast im Keller mehr Aussicht zu überleben als in den oberen Stockwerken. Nicht jede Kellerdecke muß einstürzen."

Der implizite Betrug besteht in der Verwandlung einer angeblichen Nicht-Unmöglichkeit in einen Trostgrund.

7. „Beim Auftreten von ABC-Kampfmitteln sofort die ABC-Schutzmaske aufsetzen!"

Der implizite Betrug besteht in der Voraussetzung, daß jedermann sofort die eingesetzten Kampfmittel identifizieren könne. – Dazu kommt: *Wo* soll man „sofort" eine Schutzmaske hernehmen? Und vorausgesetzt, Schutzmasken schützten tatsächlich, und man trüge eine solche bei sich – wie soll man sie mit geschlossenen Augen finden? Ganz davon zu schweigen, daß schon die Bezeichnung eines Atomschlages als „Auftreten eines Kampfmittels" lügenhaft ist.

8. „Wenn du keine ABC-Schutzmaske besitzt, atme nicht tief, schütze deine Atemwege durch Vorhalten eines möglichst feuchten Taschentuches vor Mund und Nase!"

Der implizite Betrug besteht in der Verwechslung eines Atomangriffs mit einem niesenden Nachbarn. Nicht weniger phantastisch ist die Unterstellung, daß man sich im Erdloch sitzend bei bedecktem Gesicht oder im Auto kauernd nasse Taschentücher verschaffen könne.

9. „Reinige, entstrahle, entseuche und entgifte dich den Umständen entsprechend!"

Der implizite Betrug besteht in der reinen Verbalität dieses Ratschlages. Seine Befolgung ist schlechthin unmöglich. Wie man sich „den Umständen entsprechend" entstrahlt, etc. das bleibt natürlich ebenfalls mysteriös.

10. „Verhindere Panik, vermeide kopflose Hast, aber handle!"

Der implizite Betrug besteht in der Nacktheit dieses Imperativs. Was heißt: „handle"? Handle wie? Und wie sollte man Panik vermeiden mit einem möglichst nassen Tuch vor dem Munde? Und mit bedeckten Augen? Und im Auto kauernd? Oder unter dem Bett liegend?

– Kurz: dieses Dokument ist von A bis Z ein reines Blabla, dazu ein schändliches, da es dem Zeitgenossen einzureden versucht, er könne sich durch alltägliche Handgriffe vor der apokalyptischen Katastrophe retten.

IX

Der hippokratische Eid

Erwägungen zum Problem des „Produktstreiks"

1963

Im Unmittelbaren liegt kein Verdienst. Daß du dich dem Bettler, der vor deiner Tür steht, nicht verschließt, und daß du auf den Passanten, der dir entgegenkommt, nicht einschlägst, das ist keine Tugend, und würde auch dann nicht zur Tugend, wenn man dich für deine Härte oder für deine Rohheit entlohnen würde. Umgekehrt würde es dir wahrscheinlich schwerfallen, den Elenden stehen zu lassen oder gegen den Arglosen deine Hand zu erheben. Moral beginnt erst dort, wo der enge Umkreis des Sinnlichen aufhört und das grenzenlose Reich des Abwesenden anfängt. Erst dort, wo du den Effekt deines Tuns und dessen Opfer vorstellen mußt, weil dein Effekt indirekt und dein Opfer dir unsichtbar bleiben. Wenn du eine Handlung, für die du Lohn erwarten könntest, deshalb unterlassen würdest, weil diese einem dir unsichtbaren Zweiten die Möglichkeit verschaffen könnte, einen euch Zweien unsichtbaren Dritten in die Lage zu versetzen, einem euch Dreien unsichtbaren Vierten die Kraft zu verleihen, auf einen euch Allen unsichtbaren Fünften einzuschlagen — also wenn du beweisen würdest, daß du dem dir nicht Sichtbaren die gleiche Wirklichkeit zubilligst wie dem dir Sichtbaren; daß du deine Abwesenheit von der Wirkung deines Tuns nicht zum Absolutionsgrund machst, vielmehr das, was sinnlich nicht vor dir steht, vor dich stellst und dir vorstellst – dann erst würdest du etwas tun, was zu zählen hätte. Denn das einzige Organ der Tugend ist die Vorstellung, und allein an deren Kraft mißt sich die Moralität deines Handelns. Darum lautet dein erster Imperativ: „Stelle dir vor!" Und dein zweiter, unmittelbar mit diesem ersten zusammenhängender: „Bekämpfe diejenigen, die die Verkümmerung dieser Leistung kultivieren."

(Aus: ‚Die molussische Katakombe')

Versuch der Formulierung eines universellen hippokratischen Eides

Da wir einsehen,
daß viele der wissenschaftlichen, technischen, maschinellen und administrativen Arbeiten, die als völlig harmlos und untadlig gelten, und zu denen man uns zu verpflichten pflegt, schlechthin unverantwortbare Folgen nach sich ziehen könnten: nämlich Vernichtung – und Vernichtung nicht nur einzelner Mitmenschen, nicht nur von Gruppen oder Völkern, sondern sogar die endgültige Vernichtung des Menschengeschlechtes –, und daß manche dieser Arbeiten auf Vernichtung geradezu abzielen;

da wir ferner einsehen,
daß das Ausmaß der Arbeitsteilung der wissenschaftlichen, technischen, maschinellen und administrativen Tätigkeiten die verhängnisvollsten Folgen für uns, die Arbeitenden, nach sich zieht: uns nämlich daran hindert, die Endprodukte und Endeffekte unseres Mitarbeitens zu kennen oder vorzustellen; daß wir diese in den meisten Fällen noch nicht einmal erkennen oder vorstellen sollen, nein, daß wir noch nicht einmal fähig sein sollen, diese zu erkennen oder vorzustellen; und zwar deshalb nicht, weil unsere Erkenntnis oder Vorstellung den Interessen derer, die uns mit solchen Tätigkeiten beauftragen, und damit auch dem uns von diesen zugewiesenen Ideal von „Gewissenhaftigkeit" widersprechen würde;

da wir dies einsehen, sind wir uns dessen bewußt, daß die mit unseren heutigen Arbeiten verbundenen Verpflichtungen ungleich größer sind, als es die Verpflichtungen unserer Vorfahren je zuvor gewesen waren.

Deshalb geloben wir,
keine Arbeiten anzunehmen oder durchzuführen, ohne diese zuvor darauf geprüft zu haben, ob sie direkte oder indirekte Vernichtungsarbeiten darstellen;

die Arbeiten, an denen wir gerade teilnehmen, aufzugeben, wenn diese sich als solche direkte oder indirekte Vernichtungsarbeiten erweisen sollten;

denjenigen unserer Arbeitskollegen, die nicht wissen, was sie tun, über die Bewandtnis ihres Tuns die Augen zu öffnen;

diejenigen Vorgesetzten, die uns zu solchen Vernichtungsarbeiten zu nötigen versuchen, als moralisch unzuständig abzuweisen, beziehungsweise diesen den Gehorsam zu verweigern, diese zu bekämpfen;

und schließlich, diesen Entschlüssen auch dann treu zu bleiben, wenn deren Einhaltungen mit Nachteilen oder Gefahren verbunden sein sollten.

*

So oder so ähnlich hätte ein dem hippokratischen Eide entsprechender, aber außerordentlich erweiterter, Eid zu lauten. Schön wäre es, wenn wir diesen Wortlaut bedenkenlos beschwören könnten. Ich sage aber „wäre" und „könnte", weil es nur wenige gibt, die diesen Eid schwören würden; ferner, weil der Wortlaut des Eides Elemente enthält, die seiner bedenkenlosen Beschwörbarkeit im Wege stehen; schließlich, weil die Welt nicht so ist, daß sie Chancen für das Halten dieses Eides offenläßt. – Nur ein Narr schwört mehr als hundert Weise halten könnten.

Mit der Skepsis, die diese letzten Worte verraten, hatte meine Arbeit an den nun folgenden Überlegungen freilich nicht angehoben. Sondern mit einer vor-skeptischen Betrachtung. „Es ist unerträglich und unentschuldbar", so hatte mein Ausgangsgedanke gelautet, „daß sich nur Mediziner (eben durch den Hippokratischen Eid) dazu verpflichten, denen, die sie behandeln, keinen Schaden zuzufügen. Daß man dagegen von den Millionen in anderen Berufen Tätigen: von den Naturwissenschaftlern, den Ingenieuren und den Legionen von Industriearbeitern, von deren Tun und Lassen das Geschick der Menschheit ebenfalls abhängt, nicht verlangt, und daß diese es nicht von sich selbst verlangen, sich durch eine dem hippokratischen Eide entsprechende Verpflichtung ebenfalls zu binden." Dies also war mein Ausgangsgedanke gewesen.

Der Produktstreik

Denn das Leben unserer Mitmenschen liegt nicht allein in den Händen von Ärzten. In deren Händen unmittelbar. Mittelbar dagegen in unser aller Händen. Mindestens in denen jener Millionen, die als Wissenschaftler, Ingenieure, Techniker, Fabrikarbeiter, Geschäftsleute, Publizisten, Verwaltungsbeamte, Militärs, Politiker etc. durch ihre Beiträge zu der arbeitsteiligen Produktion von heute auch jene Produkte, die die Zerstörung der Menschheit möglich oder wahrscheinlich machen, bzw. die Situation, in der diese Produkte zum Einsatz kommen könnten, miterzeugen. Daß sich allein diejenigen, die ihre Mitmenschen direkt behandeln, also die Ärzte, dazu verpflichten, das Leben ihrer Mitmenschen niemals willentlich zu schädigen, und daß allein sie ihre Tätigkeit nur dann ausüben dürfen, wenn sie durch den Schwur (des hippokratischen Eides) gelobt haben, ihre Mitmenschen immer nur zu fördern, das stellt heute, im Zeitalter der Arbeitsteilung, da Indirektheit triumphiert, und da die unmittelbare Behandlung und Affizierung des Menschen durch den Menschen nur noch einen verschwindenden Bruchteil unserer Tätigkeit ausmacht, systematische Scheinheiligkeit dar. Moral ist unteilbar. Eine „Moral", die sich als Monopol einer kleinen Sondergruppe oder als Alleinpflicht innerhalb der Grenzen eines speziellen beruflichen Kompetenzbereiches verwirklicht; deren Anspruch außerhalb dieser Grenzen als unzuständig gilt; die also selbst bereits der Arbeitsteilung zum Opfer gefallen ist, die trägt ihren Namen zu Unrecht. Und dieser Name ist nur noch ein Pseudonym für Unmoral als Institution.

Die Ungeduld mit diesem unmöglichen Zustand ist in den letzten Jahren, vor allem unter dem Eindruck der Atomgefahr, etwas stärker geworden. Wenn wir das behaupten dürfen, so haben wir das vor allem jenen Naturwissenschaftlern zu danken, die – sechs Jahre ist das nun her – die Wände der Gelehrtenrepublik, in der zu leben sie gewohnt gewesen waren, durchbrochen, und die warnend ihre Stimme erhoben haben, um die Außenwelt zu erreichen, namentlich die Ohren phantasieloser Politiker. Diese Physiker – ich denke hier vor allem an die „Göttinger" – haben in der Tat eingesehen, worauf es heute ankommt: daß sie nämlich, wenn sie stumm blieben, mitmachen und sich für die Effekte dessen, was durch ihre Beiträge möglich werden könnte, selbst für die entferntesten Effekte ihrer geringsten Beiträge, mitverantwortlich machen würden. In der Geschichte der Naturwissenschaften hat es einen solchen *Ausbruch aus dem „Fach" ins „Freie"* nie zuvor gegeben – freilich war auch der Einfluß naturwissenschaftlichen Tuns noch niemals so groß gewesen wie heute – gleichviel, dieses Ereignis ist um so eindrucksvoller und für Nicht-Naturwissenschaftler um so beschämender, als ja gerade die Naturwissenschaftler daran gewöhnt gewesen waren, die „Wertfreiheit" und die „Neutralität" ihrer Forschung aufs bestimmteste zu betonen. Nun, im entscheidenden Augenblick, haben sich einige von ihnen, einige Prominente, nicht auf diese „Neutralität" berufen, sich vielmehr die Freiheit genommen, auszusprechen, was „Wert" und „Unwert" ist; und damit auf ihre Weise ebenfalls einen Hippokratischen Eid geschworen: nämlich den, ihr Wissen und ihr Können niemals in den Dienst der atomaren Rüstung, damit des atomaren Krieges, zu stellen.

Und doch: wieviel Aufsehen und Bewunderung dieser damalige Durchbruch auch erregt haben mag, wie wichtig die Tatsache auch sein mag, daß ein Exempel statuiert worden ist und nun vor uns steht – daß durch dieses Beispiel eine fundamentale und allgemeine Wandlung eingetreten sei, davon kann keine Rede sein. Die Aktion der Physiker ist ein Sonderunternehmen geblieben, das Unternehmen einer Sondergruppe, sie trug nicht die Unterschriften aller Physiker und Chemiker der Welt. Und selbst wenn das der Fall gewesen wäre, auch dann wäre die Aktion ja noch eine partikulare geblieben, denn die Naturwissenschaftler sind ja, wie gesagt, nicht die einzigen, die an der Herstellung der Katastrophen oder der Endkatastrophe beteiligt sind. Außerdem – wenn nicht vor allem – gibt es ja Millionen von Arbeitern, die, wie indirekt und in wie inferioren Jobs auch immer, zur Vorbereitung des morgigen Global-Hiroshima durch ihre Mitarbeit beitragen. Und wenn man diese Millionen von Arbeitern beobachtet, kann man sich des Eindrucks nicht erwehren, daß ihnen das Beispiel der Physiker niemals zu Ohren gekommen ist. Niemals sind uns Industrie-Arbeiter bekannt geworden, die in eine Kontroverse über die Natur der Produkte, für deren Erzeugung sie angestellt und entlohnt werden, ausgebrochen wären; die dagegen protestiert hätten, derartige Produkte zu erzeugen, oder die deshalb gar gestreikt hätten. Gewiß, der Gedanke eines Streiks, der, statt dem Uneinverständnis mit dem Arbeitslohn oder mit Arbeitsbedingungen, dem Uneinverständnis mit der Natur der Arbeitsprodukte und deren möglicher Effekte entspränge, der Gedanke eines *Produktstreiks* also, ist ganz ungewöhnlich.[1] Aber liegt er nicht sehr nahe? Wie kommt es, daß die Arbeiter nicht auf ihn gekommen sind? Wollen sie denn beweisen, daß sie, gerade sie, sich in den achtzehn Jahren, die seit Hiroshima verflossen sind, die Bewandtnis dieser Produkte nicht klargemacht haben? Oder daß es sie nichts angehe, was aus ihren Leistungen werde? Oder daß es ihnen gleichgültig sei, welche Art von Welt sie herstellen? Oder gleichgültig sogar, *ob* sie die endgültige Katastrophe miterzeugen?

Nein, das zu beweisen, überhaupt etwas zu beweisen, das liegt diesen Arbeitern fern, „bösen Willen" verrät ihre Inaktivität gewiß nicht. Sondern „nur" Indifferenz: mangelnde Vorstellungskraft und mangelnde Vorstellungslust. Von Grund aus verändert wäre jedenfalls die Situation erst in demjenigen Augenblick, in dem sich alle in den Produktionsprozeß Eingeschalteten – und das sind, wie gesagt, Millionen – effektiv vorstellen würden, daß auch sie durch ihr Arbeiten über das Sein oder Nichtsein der Welt mitentscheiden. Also daß auch sie eigentlich dazu verpflichtet sind, ähnlich den Ärzten einen „hippokratischen Eid" auf sich zu nehmen. „Auch sie" ist sogar ein viel zu zurückhaltender Ausdruck. Denn die Dringlichkeit, mit der sie einen solchen Eid benötigen, ist ungleich größer als die Dringlichkeit, mit der die Mediziner ihr Gelöbnis nötig haben. In deren Leben taucht ja die Versuchung, Mitmenschen, statt diese zu fördern, zu schädigen oder zu zerstören, kaum je auf; und die, die Menschheit als ganze zu gefährden, niemals. Die Untaten und In-

---

[1] Übrigens nicht völlig neu: Während der letzten Monate des ersten Weltkrieges hat es mehrere Munitionsarbeiterstreiks gegeben.

famien der Lager- und Euthanasie-Ärzte unter Hitler sind ja Ausnahmen geblieben. Solches Glück haben die Wissenschaftler und die Arbeiter nicht, von „Ausnahmen" kann bei ihnen keine Rede sein. Die Versuchung ist für sie etwas Alltägliches, sogar etwas so Alltägliches, daß sie diese als Versuchung noch nicht einmal erkennen. Schließlich enthält das Produktionssystem, in das sie hineingeboren werden, und zu dem sie durch ihre Arbeit aktiv beitragen, die Beschädigungs- und Zerstörungserzeugung als einen Produktionszweig unter anderem in sich; und zwar als einen, dem auch äußerlich – denn die ehemals verrußte Schmiede des Mars gleicht heute ja einer verchromten Küche – besondere Merkmale fehlen, dem seine Bewandtnis also nicht anzusehen ist. Von den Leistungen der in der Rüstung Beschäftigten gilt das Gleiche. Auch diese unterscheiden sich, da der Typ heutiger Arbeit „produktneutral" (das heißt: in allen Zweigen außerordentlich ähnlich) geworden ist, von denen anderer Industriearbeit so gut wie garnicht. Als gleichartige und gleichberechtigte existiert die Vernichtungsbranche neben den anderen, wenn nicht sogar, da sie die meisten an Umfang übertrifft, und da Größe stets als Legitimation wirkt, mit dem Anschein der größeren Berechtigung. Und da sie mit diesen anderen, mit der Wirtschaft, und damit mit der Wohlfahrt als ganzer, auf engste verflochten ist, ist es für die Dirigenten dieses Produktionszweiges ein Leichtes, uns davon zu überzeugen, daß dessen Abschaffung oder Zerstörung auf Totalzerstörung herauslaufen würde; und daß es im Interesse der Allgemeinheit (das sie ihrem eigenen Interesse als Subjekt unterschieben) unverantwortbar wäre, eine solche Totalzerstörung zu riskieren. Ihre berühmte, bis zum Überdruß zu hörende Redensart: „we can't afford it" („wir können uns das nicht leisten") bedeutet nichts anderes, als daß sie, um die Schwächung, oder gar die „Apokalypse", ihres speziellen Geschäftes abzuwehren, die ständige Drohung mit der wirklichen Apokalypse der Menschenwelt für erforderlich halten. Wenn aber Fabrikarbeiter diese fatale Redensart wiederholen – und oft genug habe ich sie, und sogar mit Aplomb, aus deren Munde gehört – dann unterscheiden sich diese in nichts von zum Tode Verurteilten, die, solange sie noch am Leben sind, ihr Todesurteil gegen tägliche Bezahlung nachplappern.

Nicht nur gilt, daß im Zeitalter der möglichen Totalvernichtung viele Produktionen, die auf den ersten Blick nichts mit Vernichtung zu tun haben, indirekt doch etwas zu deren Durchführung beitragen, sondern auch, daß die spezifische Vernichtungsindustrie in den Augen der in ihr Angestellten, aber auch in denen der Welt, eine Industrie wie jede andere ist. Unter diesen Umständen fügen sich natürlich Millionen in diese Industrie genau so unbedenklich ein wie in die Erzeugung von Socken, Schulbüchern oder Trockenmilch. Die Zahl derer, die, obwohl völlig normal und persönlich hochanständig, vom Tode leben: deren Existenz auf der Herstellung der möglichen Nichtexistenz der Welt beruht, und die tagein, tagaus in den diversesten Ländern mit bestem Gewissen ihren Arbeitsplätzen in den Rüstungsfabriken entgegenrollen, ist in der Tat unvorstellbar. So ernähren sich zum Beispiel heute (1963) in den Vereinigten Staaten 18 Millionen plus Anhang von der Defence Industry; und das, obwohl gerade in diesem Zweige die Verwendung der Automation weiter vorgeschritten ist als in den anderen.[2]

In dieser Industrie sind also Millionen unserer freundlichen und anständigen Mitmenschen als Arbeiter oder Angestellte eifrigst beschäftigt. Und alle diese Millionen schweben ständig in der maßlosen Gefahr, an der Vernichtung ihrer selbst, ihrer Mitwelt und ihrer Nachwelt mitzuarbeiten, nein, an dieser arbeiten sie effektiv mit. Daß daneben die Größe der moralischen Gefahr, in der die Ärzte sich befinden, einfach nicht mehr der Rede wert ist, das liegt auf der Hand. Und trotzdem sind es die paar Ärzte, die Sorgfalt beobachten, – nicht diese Millionen von Arbeitern. Die paar Ärzte, die ihre Sorgfalt mit einem Eid absichern, nicht die Millionen von Arbeitern. Nein schlimmer als das: Denn das Fehlen dieser Sorgfalt gehört mit solcher Selbstverständlichkeit zu den Voraussetzungen des täglichen Arbeitslebens und zum Bilde der alltäglichsten Tugenden dieser Millionen, daß sich einer, der auf dieses Fehlen hinweist oder dieses als fragwürdig bezeichnet oder gar als einen Skandal, unvermeidlicherweise dem Risiko aussetzt, als Narr verlacht, als Utopist verhöhnt oder als Verräter verleumdet zu werden. „Die am Ver-

[2] Newsweek, 7. Januar 1963.

vielfältigungsapparat arbeitende Angestellte", höre ich immer wieder, „die soll sich vielleicht danach erkundigen, welche Folgen eine von ihr hergestellte Kopie irgendwo einmal nach sich ziehen könnte? Und der Schweißer sich vielleicht seinen Kopf darüber zerbrechen, wer seinen Handgriffen schließlich einmal zum Opfer fallen könnte? Und die beiden sollten vielleicht Research treiben? Und ihr Mit-Tun von ihren Forschungsergebnissen abhängig machen? Welche Zumutung! Welche Utopie!"

Non olet

„Nein" (so möchte man antworten), „von ‚Zumutungen' kann hier keine Rede sein. Ist es nicht umgekehrt ein Zeichen von Hochmut, wenn wir von Millionen von Menschen behaupten, daß sie a priori und endgültig Analphabeten der Sittlichkeit seien, also Menschen, die dasjenige, was moralisch heute erforderlich ist, grundsätzlich nicht begreifen? Warum sollte denn die Kontoristin oder der Schweißer weniger fähig sein, sich dazu zu entschließen, sich die Wirkungen ihrer Tätigkeiten vor Augen zu halten, mit ‚Effektbewußtsein' zu arbeiten und die nicht verantwortbaren Tätigkeiten zu verweigern, als der Arzt und der Physiker?" So möchte man fragen dürfen. Beleidigt man nicht den Arbeiter, wenn man ihm die Einsicht und die Kraft, die Ärzte und Physiker aufgebracht haben, pauschal abspricht? Und was den von uns angeblich zugemuteten „Research" angeht, wäre ein solcher denn überhaupt nötig? Gibt es denn Rüstungsarbeiter, die sich einreden, in einem Milchpulver- oder in einem Spielzeugunternehmen beschäftigt zu sein? Kennt nicht jeder das entscheidende Minimum über die Bewandtnis seiner Arbeit, und ist denn mehr als diese Minimum-Erkenntnis erforderlich, um die Entscheidung über das Mittun oder das Nicht-Mittun zu treffen?

Wie gesagt, so möchte man zurückfragen. Aber wären diese Fragen nicht viel zu optimistisch?

Zwar trifft es zu, daß der Arbeiterschaft die heute erforderlichen Einsichten nicht zuzutrauen ein beleidigendes Mißtrauensvotum darstellt. Aber ist damit bewiesen, daß wir von der Arbeiterschaft erwarten dürfen, daß sie mit Effektbewußtsein arbeite, und daß in ihr, auch nur in einzelnen Arbeitern, die Idee des „Produktstreiks" lebendig sei?

Machen wir uns keine Illusionen. Wir können das nicht erwarten. Nicht nur nicht bewußt sind ihnen diese Ideen, sie sind in ihnen noch nicht einmal latent wirksam. Abgesehen von den erwähnten Physikern gibt es in der Tat niemanden, der, ehe er einen Job oder einen Auftrag annimmt, über dessen mögliche oder wahrscheinliche, direkte oder indirekte Folgen Überlegungen anstellte; niemanden, der es versucht, sich über die Bewandtnis der eventuellen Arbeit zu informieren, und der seine Mitarbeit oder Nicht-Mitarbeit vom Wortlaut einer erhaltenen Auskunft abhängig macht.

„Gewiß", wird man einwenden, „können sich Abertausende solche Sorgfalt und Penibilität nicht leisten, am wenigsten natürlich in Zeiten der Arbeitslosigkeit." Zugegeben. Aber der Hauptgrund der Bedenkenlosigkeit ist dies nicht, diese Bedenkenlosigkeit ist genau so festzustellen in Zeiten restloser Vollbeschäftigung, in denen den Arbeitern die Auswahl ihrer Jobs viel „freier steht" als in Zeiten der Arbeitslosigkeit. Der Hauptgrund besteht vielmehr darin, daß Arbeiter systematisch bedenkenlos gemacht *werden*. Das heißt: daß sie dazu erzogen werden, alle Tätigkeiten, die ihnen angeboten werden, gleich welche Folgen diese nach sich ziehen können oder sollen, nur als „Arbeiten" aufzufassen, als Arbeiten, die (letztlich, weil sie gleichgültige Quellen des Verdienstes sind) auch moralisch gleichgültig bleiben, also moralischer Wertung noch vorausliegen. Auf wieviele und welche Millionen der ursprünglich dem Übermenschen zugesprochene Ehrentitel „jenseits von Gut und Böse" einmal zutreffen würde, das hätte sich Nietzsche wahrhaftig nicht träumen lassen. In den Augen, richtiger: in den Nasen der gesamten arbeitenden Menschheit „stinkt" Arbeit „nicht", „non olet"; kann Arbeit überhaupt nicht stinken. In diesen Geruch grundsätzlicher Geruchlosigkeit konnte sie allein deshalb geraten, weil uns das arbeitsteilige System, das uns unentrinnbar in sich integriert, ebenso unentrinnbar von der Kenntnis der Arbeitsziele und -folgen, mindestens von der Bekümmerung um diese Ziele und Folgen ausschließt – kurz: weil wir ausnahmslos in Wesen verwandelt sind, die nicht wissen sollen, was sie tun; und die, sofern sie das – was oft unvermeidlich ist – doch wissen, kein Interesse für das Gewußte aufbringen sollen, kein Interesse dafür aufbringen können sollen.

Gewiß, nach den verhängnisvollen Folgen unserer Mitarbeit zu fragen, das ist uns nicht ausdrücklich verboten. Direkt ausgeschlossen werden wir vom Wissen nicht. Aber das nur deshalb nicht, weil sich dieses Verbot, und zwar aus zwei Gründen, erübrigt. Einmal deshalb, weil, was hier, wenn überhaupt, als „Wissen" auftritt, von keiner wirklichen Vorstellung des Gewußten begleitet ist, also selbst schon ein verstümmeltes und ein nur scheinbares Verhältnis zum „Gewußten" darstellt, und solches „verstümmeltes Wissen" wird uns, da es risikolos bleibt, natürlich generös zugestanden.

Und ferner ist uns, nach den Folgen unserer Mitarbeit zu fragen, deshalb nicht direkt verboten, weil wir, wenn auch nicht direkt vom Wissen, so doch eben (was viel wirkungsvoller ist) vom Interesse am zu Wissenden ausgeschlossen bleiben, genauer: methodisch und kontinuierlich ausgeschlossen werden.[3] Und hat dieser Ausschluß erst einmal begonnen – er setzt in der Sekunde des Arbeitsantritts ein – dann sind wir auch, und darauf zielt diese Privation ab, des Gewissens beraubt. Das bedeutet: Selbst dann, wenn wir mehr oder weniger genau wissen, was wir (arbeitend) tun, bleibt uns dieses Wissen völlig gleichgültig; arbeiten wir mit dem besten Gewissen, und das heißt letztlich: gewissenlos, weiter.

Oder, in anderer Formulierung: *Immer ist Arbeitsteilung auch Gewissensteilung*. Da unsere arbeitsteilige Aufgabe darin besteht, daß wir das uns zugeteilte Stück Arbeit erledigen, aber nur dieses, dieses jedoch aufs gewissenhafteste, würden wir, wenn wir ein wirkliches Gewissen besäßen: also eines, das sich, statt auf unsere Handgriffe, auf deren Folgen bezöge, unsere Kompeten-

---

[3] Dieser Vorgang stellt geradezu das antipodische Pendant zur „Werbung" dar: so wie diese uns dadurch zu Eigentümern von Produkten macht, daß sie unser Interesse erzeugt, so beraubt uns die „Abwerbung" dadurch, daß sie uns das Interesse an dem, was „unser", nämlich unser Effekt, ist, fortnimmt.

zen aufs unerhörteste überschreiten. Die bekannte molussische Gleichung *Gewissen = Unverschämtheit* hat in unserer heutigen arbeitsteiligen Welt ihre totale Bestätigung gefunden.

Und unterstellt selbst, unsere Gleichschaltung funktionierte noch nicht tadellos, und mit letzter Anstrengung würde das Gewissen doch noch einmal versuchen, sich einzumischen – Gehör würde es sich nicht mehr verschaffen können. Denn für solchen Notstand ist vorgesorgt, die Rechtfertigungen, die für solche Fälle in Reserve liegen, und die durch den ersten Reiz ausgelöst werden, die sind uns viel vertrauter, und die klingen uns viel glaubhafter und großzügiger als das Geflüster des bereits beinahe erloschenen Gewissens. Es gibt nichts Erfolgreicheres als die vulgäre Generosität, mit der die Stimme der Ausrede uns für unsere Taten, und sogar schon ehe wir diese begangen haben, Absolution erteilt. „Wenn *nicht du* mitarbeitest", so spricht die Stimme nämlich, „dann wird eben *ein Anderer* an deiner Statt arbeiten – und im Effekt wird nicht das mindeste verändert sein." Oder: „Was du tun wirst, das wird sich ja auf bloßes ‚Mit-Tun' beschränken, der Bruchteil deiner Verantwortung und deiner Schuld wird also infinitesimal klein bleiben. Ein so lächerlicher Pedant wirst du wohl nicht sein, dieses infinitesimal Kleine nicht auf Null abzurunden." Oder, an unsere Männlichkeit appellierend: „Das wäre ja gelacht, wenn man nicht einmal auch ein bißchen Schuld riskieren würde."

In anderen Worten: Als Realität haben wir festzustellen, daß sich die Millionenheere der Industriearbeiter jedem Betrieb unbedenklich zur Verfügung stellen, und daß sie „ohne Ansehen der Produkte" und der Effekte, die sie erzeugen, zu arbeiten bereit sind.

Daß wir diesen erbärmlichen Zustand mit allen nur erdenklichen Mitteln bekämpfen müssen, ist klar. Das zu tun und in die Welt der Arbeitsteilung hineinzurufen, obwohl diese zu einer Welt der Gewissensteilung, sogar der Gewissenssuspendierung geworden ist, das mag zwar als kindisch gelten. Aber es gibt schlimmere Vorwürfe als diesen, und Richter, die kompetenter sind als diejenigen, die uns so nennen. Wahr bleibt trotz allen Hohns, daß unsere Rede von „Moral" solange Heuchelei bleibt, als wir im Arbeitsbetrieb unser Gewissen gewissenhaft stumm halten und unsere Verantwortung ausschließlich auf Handlungen außerhalb des Betriebes einschränken, also auf private Handlungen. Mit gutem Gewissen werden wir jedenfalls erst dann wieder reden dürfen, wenn wir unsere Beteiligung oder Nichtbeteiligung an Betriebsarbeiten ganz genau so von den zu erwartenden Folgen, auch von den fernsten und den indirektesten abhängig machen, wie wir das in unserem Privatleben tun.

Wir hatten gesagt: „Unser Arbeiten ist getarntes Handeln". Und das gilt, obwohl es nur Mit-Handeln ist. Und obwohl seine Effekte, solange wir arbeiten, abwesend und unsichtbar bleiben, sich also erst post festum, durch tausendfache Vermittelung verwirklichen. Aber diese Vermitteltheit darf uns nicht als Rechtfertigungsvorwand dienen. Umgekehrt geht uns diese, da eben auch die indirekten Effekte *unsere* Effekte sind, ganz unmittelbar an: nämlich als etwas, was wir zu überwinden haben. Zu überwinden haben wir die Vermitteltheit aber erst einmal dadurch, daß wir uns die vermittelten Effekte *vorstellen,* denn allein durch deren Vorstellung verwandeln wir sie in uns sichtbare Effekte. Haben wir das getan, das heißt, haben wir uns mit dem Bilde der vermittelten Effekte unmittelbar konfrontiert, dann haben wir uns zu prüfen, ob wir diese auch dann verantworten könnten, wenn sie unmittelbare Effekte unseres Tuns wären. Und schließlich haben wir die Entscheidung über das Ja oder Nein unseres Mitarbeitens von dieser Prüfung abhängig zu machen – kurz: die heutige Fundamentalaufgabe besteht im Kampf gegen die Indirektheit und in deren Überwindung.

Aber, wie schon gesagt, ich mache mir keine Illusionen. Es ist mir klar, wie wenig mit der Aufforderung, nicht Verantwortbares zu verweigern, also zu streiken, geleistet ist. Die taktische und politische Frage, wie diese Streikaufgabe in eine wirkliche Aktion übersetzt werden könnte, ist durch unsere bloße Rede von „Streik" nicht beantwortet. Darum betone ich: Was ich hier tue, ist allein, zu zeigen, daß die Überwindung der Indirektheit unseres Lebens, hier also unseres als „Arbeiten" getarnten Tuns, das Fundamentalstück der moralischen Aufgaben von heute darstellt.

Argument gegen den Streik?
Janusköpfigkeit

Mehr oder minder gehört heute zwar jedermann zu den Betrogenen, auch die Mehrzahl derer, die weit höhere Ränge in der Arbeitshierarchie bekleiden als die Millionen, die „ohne Ansehen der Produkte" die ihnen zugewiesene Arbeit leisten. Auch von den Technologen, den Gelehrten, sogar von den Grundlagenforschern gilt, mindestens zumeist, daß sie „nicht wissen, was sie tun", und daß sie das weder wissen sollen, noch wissen wollen. Aber deren Fall ist damit noch nicht erschöpft. Mit deren „Arbeitsneutralität" und mit deren „Ignoranz" hat es doch noch eine andere Bewandtnis.

Unterstellt, ein Forscher – nennen wir ihn X – besäße die Phantasie, sich einen furchtbaren Mißbrauch eines von ihm inaugurierten Verfahrens oder eines seiner Funde auszumalen (und es gibt wohl nur wenige Funde, die nicht mißbraucht werden könnten) – müßte dieses Schreckbild für ihn verbindlich werden? Hätte X auf Grund dieser vor ihm auftauchenden Möglichkeit die Pflicht, seine Weiterarbeit sofort abzubrechen und Andere an der Fortsetzung der von ihm abgebrochenen Arbeit zu hindern?

Eine heikle Frage. Die nicht ohne weiteres mit Ja beantwortet werden kann. Und zwar deshalb nicht, weil X, wenn er seine Weiterarbeit aufgäbe, vielleicht das Kind mit dem Bade ausschütten würde. Womit ich meine, daß er, wenn er seine wissenschaftliche Idee auf Grund der in ihr latenten Gefahren verurteilen würde, damit riskieren könnte, auch die in ihr schlummernden Chancen zu verurteilen. Erlaubt nicht diese Regel sogar eine grundsätzliche Erweiterung? Gilt nicht, daß, wer eine partielle Schließung der Wissenschaft und Technik empfiehlt, damit unter Umständen den Ladenschluß der Wissenschaft und Technik als ganzer empfiehlt? „Als ganzer" deshalb, weil es sinnlos, mindestens höchst problematisch wäre, den Betrieb der Naturwissenschaften fein säuberlich in verhängnisvolle Forschungen hier und menschenfreundliche dort aufzuteilen, beziehungsweise die verhängnisvollen auszusperren, die menschenfreundlichen dagegen offenzuhalten. Nur blutigsten Laien scheint solche säuberliche Aufteilung möglich. Unmöglich ist diese nicht nur deshalb, weil alle Forschungen, also auch die verhängnisvollen und die willkommenen, ineinanderhängen und voneinander abhängen, sondern vor allem deshalb, weil die meisten Forschungen, namentlich die Grundlagenforschungen, in ihren ersten, oft sehr lange währenden Stadien (besonders in denen der Entdeckung, die denen der Erfindung vorausgehen) nicht das mindeste über ihre schließliche Auswertung präjudizieren. Und aus diesem Grunde bleibt die Beziehung, in der sie zu ihren Effekten stehen, stets indirekt. Naturwissenschaftliche Forschung ist wesensmäßig zur Zweideutigkeit verurteilt, wesensmäßig *janusköpfig*. Das bedeutet: ohne irgendeines Forschers Verschulden hat jede zwei Gesichter, von denen das eine auf eine „gute Verwendung", das andere auf eine „böse Verwendung" hinblickt – sofern von „hinblicken" überhaupt die Rede sein kann: denn zumeist sind die beiden scheinbar in entgegengesetzte Richtungen blickenden Augenpaare geschlossen, und oft bleiben die Janusgesichter sogar total augenlos. Ohne Bild: Die Zweideutigkeit des naturwissenschaftlichen Arbeitens ist, obwohl sie diesem niemals fehlt, keine Qualität dieses Arbeitens als solchen, sondern eine Qualität der Stellung dieses Arbeitens im Raume der Praxis. Zu behaupten, die Naturwissenschaften verfolgten prinzipiell zweideutige Ziele, wäre natürlich unsinnig. Sinnvoll und berechtigt ist allein die These ihrer „passiven Zweideutigkeit", die besagt, daß jede ihrer Methoden und jedes ihrer Ergebnisse zwei- oder sogar mehrfach gedeutet und verwendet werden kann, daß jedes Resultat unter dem Fluch steht, aus zwei oder gar mehreren Richtungen anvisiert, erobert und ausgebeutet werden zu können[4].

Damit ist die „zweite Neutralität", die der Naturwissenschaftler, deutlich gemacht. Und da diese Janusköpfigkeit keinen nur beiläufigen Mangel darstellt, keinen bloßen Schönheits-

---

[4] Zuweilen kann dieser Fluch umgekehrt auch zum Segen ausschlagen. Denn es kommt ja zuweilen vor, daß einem Forscher, der mit seiner Arbeit einen zugespitzt bösen Zweck verfolgt hatte, seine Arbeitsmethoden und -ergebnisse entwunden und für von ihm niemals in Erwägung gezogene gute Zwecke „mißbraucht" werden.

fehler, der manche Forschungen verunzierte, andere dagegen nicht, sondern ein Wesensmerkmal der Stellung der naturwissenschaftlichen Arbeit in der Welt der Praxis; da naturwissenschaftliche Arbeit ohne diesen Defekt ebensowenig naturwissenschaftliche Arbeit wäre, wie der freie Wille, ohne zugleich Freiheit zum Guten und zum Bösen zu sein, freier Wille wäre, scheint dem Moralisten erst einmal jede Möglichkeit, ihr gegenüber eine bestimmte moralische Position einzunehmen, versagt zu bleiben. Jedenfalls wäre es naiv zu glauben, wir könnten die „Janusköpfigkeit", nachdem wir sie entdeckt hätten, wie einen Schmutzfleck fortreiben und dann in sauberer Arbeitskleidung, und ohne weiterer Zweideutigkeit ausgesetzt zu bleiben, unseren Aufgaben nachgehen. Guter Wille ist kein Entfleckungsmittel. Und selbst der organisierte gute Wille ist keines, auch er kann das Wesensattribut der wissenschaftlichen Arbeit nicht einfach zum Verschwinden bringen. Das heißt: das moralische Dilemma der Naturwissenschaften wäre auch dann nicht behoben, wenn es uns gelungen wäre, die allgemeine Verpflichtung auf den „erweiterten hippokratischen Eid" wirklich durchzusetzen.

Docta Ignorantia

Die Tatsache, daß die Ergebnisse unserer wissenschaftlichen Arbeiten unter dem Fluch der „Janusköpfigkeit" stehen, verleiht unserem moralischen Dilemma erst seine eigentliche Schärfe. Wenn wir imstande wären, bei jedem Schritt unserer wissenschaftlichen Arbeit unzweideutig zu erkennen, ob er Gutem diene oder Bösem, dann wäre unsere Situation unvergleichlich einfacher. Obwohl Arbeitsverweigerung unter Umständen auch dann mit Risiko, vielleicht sogar mit dem äußersten, verbunden sein könnte – immerhin würden wir dann doch wissen, wo wir Ja sagen dürften, wo wir Nein zu sagen hätten. Weder der Gefahr des Irrtums wären wir ausgesetzt noch der Verlockung zum Alibi. Aber diese Chance besteht nicht, wir bleiben ignorant.

Offensichtlich gehört diese Ignoranz einem anderen Typ zu als die Ignoranz der Arbeitssheere, über die wir vorhin gesprochen haben. Diese hatte sich, wie erinnerlich, als ein Ideologie-Produkt herausgestellt. Womit gesagt war, daß die Millionen deshalb im Nichtwissen verharren, weil ihnen ihr Mithandeln unter einem falschen Etikett zugewiesen wird: nämlich als eine Tätigkeit sui generis, als „Arbeiten", das unmoralisch überhaupt nicht sein könne.

Wie unbestreitbar es auch ist, daß es Tausende von Wissenschaftlern gibt, die dem Heere der so Betrogenen ebenfalls zugehören, erschöpfend erklärt ist ihr Nichtwissen damit nicht. „Nichtwissende" würden sie nämlich auch dann bleiben, wenn sie auf die „falsche Zuweisung" nicht hereinfallen würden. Und zwar, wie paradox das auch klingen mag, gerade deshalb, weil ihre Arbeit ausschließlich auf Wahrheit abzielt; bzw. solange diese ausschließlich auf Wahrheit abzielt. Denn solange sie auf diese und nur auf diese aus sind, arbeiten sie in einer Dimension, in der Auswertungsmöglichkeiten als Möglichkeiten noch nicht auftauchen: in einer Dimension, die vor-spezifisch und damit „janusköpfig" bleibt. Ignoranten (nämlich Effekt-Ignoranten) sind und bleiben sie also, weil (und solange) ihre Arbeit reine Theorie ist; nicht obwohl, sondern weil (und solange) sie Theoretiker sind. *Pragmatisch gesehen ist Theorie – eine „docta ignorantia".*

Es ist plausibel, daß die Beziehung zwischen wissenschaftlicher Arbeit und deren Ausnutzung um so indirekter bleibt, je näher die ursprüngliche Arbeit der Grundlagenforschung steht. Welcher moralischen oder unmoralischen Verwendung axiomatische Spekulationen und Entdeckungen, wenn diese erst einmal in Erfindungen umgegossen sind, einmal zugeführt werden, das bleibt, solange dieser Umguß noch nicht begonnen hat, unvoraussehbar. Und nicht nur das. Vielmehr sind die meisten Spekulationen und Entdeckungen von sich aus wirklich „moralisch indifferent". Und das bedeutet wiederum (abgesehen davon, daß sie ebensogut zum Guten wie zum Bösen verwendet werden können), daß der Gedanke einer Verwendung im ersten Stadium der geistigen Arbeit zumeist noch fehlt. Die Beziehung zwischen diesem Arbeitsbeginn und dem Schlußeffekt der Arbeit ist extrem vermittelt. Der Satz „sie wissen nicht, was sie tun" hat, wenn wir ihn auf Grundlagenforscher anwenden, einen völlig anderen Sinn, als wenn wir ihn von Granatendrehern aussagen, die in ihre Fabrikarbeit integriert sind, oder von Overkill-Spezialisten, die im Kriegsministerium ihre Pflichten erfüllen. Nicht den Sinn der persönlichen Verantwortungslosigkeit oder der Verblendung gegenüber der Herstellung oder dem Einsatz „unmoralischer" Produkte; sondern den, daß ihre Erfindung effektiv noch neutral ist und wirklich noch einer Dimension zugehört, die mit Verwendung noch nichts zu tun hat, und die gleich gut für gute wie für schlechte Zielsetzungen verwendet werden könnte. Ich betone „könnte". Denn dieser Konjunktiv ist es, der den Wissenschaftler entschlußunfähig und politisch impotent macht, also unfähig, mit der gleichen Unzweideutigkeit Nein zu sagen, mit der seine mit spezifischeren Arbeiten beschäftigten Kollegen Nein sagen könnten, wenn sie nur wollten. In der Tat hält die objektive Neutralität so lange an, daß sogar noch fertige Produkte an dieser teilnehmen: Explosivstoffe können schließlich ebensogut für Tunnellierungen wie für Stadtverwüstungen verwendet werden; Kernspaltungs- oder -verschmelzungsprozesse ebensogut für ungeheure Energiegewinnungen wie für Genozid.

Das Wort „Indirektheit" bedeutet hier also: Die Richtung der Verwendung liegt noch nicht fest. Daher hat der Erfinder (unter Umständen auch der Ingenieur oder der Arbeiter) mit dem guten oder üblen Gebrauch, der von der Erfindung gemacht wird, auch nur indirekt etwas zu tun, auch moralisch nur indirekt. In der Tat ist gegen diese „Neutralität" und gegen diese „Indirektheit" kein Kraut gewachsen. Nein, schlimmer: Vermutlich gibt es überhaupt keine Idee, die nicht in diesem Sinne „neutral" und „indirekt" wäre, und die nicht ebensogut negativ ausgewertet werden könnte wie positiv.

Und das ist ein springender Punkt, der moralisch die größten Schwierigkeiten bereitet, und der jede „hippokratische" Eidformel unmöglich zu machen scheint. Verweigert nicht – wir haben diese vorhin schon formulierte Frage hier zu wiederholen – derjenige, der eine Arbeit deshalb abweist, weil diese unverantwortbare Gefahren in sich birgt, damit zugleich diejenigen positiven Chancen, die der Arbeit ebenfalls innewohnen könnten?

Dieses Dilemma darf nicht verschwiegen werden. Wenn wir es so ausdrücklich betonen, so natürlich nicht, um jene Wissenschaftler in Schutz zu nehmen, die diese „Neutralität" als Ausrede für ihre Indolenz willkommen heißen, und die es lieben, sich auf Grund des vormoralischen Status ihres Arbeitens die Hände in Unschuld zu waschen. Es gibt nämlich viele, die sich voll Genugtuung auf diesen vormoralischen Status berufen, und die mit der Geste von Männern, die schuldig nicht werden können, zurückfragen: „Was kann ich schon dafür, wenn man später diesen oder jenen Mißbrauch mit meinen Erfindungen treibt?" Ursprünglich mögen sie dafür wirklich nichts „gekonnt" haben. Wenn sie aber, statt über die Möglichkeit des Mißbrauchs zu erschrecken, zu arbeiten fortfahren, weil ja, was sie machen, noch nicht auf speziellste und bestimmteste Verwendung zugespitzt ist, dann sind sie nicht nur verblendet, wie die Mehrzahl derer, die nicht begreifen, was sie in ihren Fabriken herstellen, dann führen sie vielmehr ganz bewußt im Interesse ihrer Weiterarbeit Selbstverblendung durch. „Kunst ist Kunst", sprach abweisend ein molussischer Schwertschmied, als man ihn dafür pries, wie wunderbar sich seine blanken Schwerter im Gemetzel bewährt hatten. „Was Ihr deren Bewährung nennt, das geht mich nicht das mindeste an. Ich hatte sie als Prachtstücke geschmiedet, als Stücke, die sich selbst genug sind, und als solche werde ich auch meine morgigen und übermorgigen Schwerter schmieden. Mich einzumischen in den Gebrauch, den Ihr Käufer von meinen Kunstwerken gemacht habt oder machen werdet, das sei fern von mir! Wie käme ich denn dazu, mich einzumischen und Eure Freiheit einzuschränken?"

Nein, die Neutralität, die gewissen, namentlich wissenschaftlichen Arbeiten fraglos innewohnt, die darf nicht als von Haus aus erteilte Absolution oder als Rechtfertigung moralischer Indolenz mißbraucht werden – was, wie gesagt, leider häufig geschieht, denn die Devise „Wissenschaft ist Wissenschaft" und das Gerede von der Liebe zur „Reinheit und Autonomie der Forschung", auf die sich die heutigen „Schwertschmiede" (obwohl 99 Prozent ihrer Arbeiten auf Bestellung von Firmen oder Regierungen durchgeführt werden) so gerne berufen, die sind zumeist nichts anderes als ein Deckmantel für die Abwehr der Verantwortung und als eine Ausrede für den selbstgerechten Verzicht auf selbständige Entscheidung.

Wirft uns nicht die Folgerung, die wir aus allen diesen Überlegungen zu ziehen haben, um viele Schritte zurück? Wenn es zutrifft, daß naturwissenschaftliche Forschung entweder „janusköpfig" oder keine wissenschaftliche Forschung ist, und daß möglicher Brauch und möglicher Mißbrauch stets junctim auftreten – scheint dann nicht die Möglichkeit partieller Lahmlegung des Wissenschaftsbetriebs, und damit die Möglichkeit eines „hippokratischen Eides" wieder zu verschwinden? Und bliebe dann nicht als Alternative allein die Sistierung oder Abschaffung der Wissenschaft als ganzer? Aber kommt nicht diese noch viel weniger in Betracht als die Partialabschaffungen? Müssen wir nicht mit unserer Warnung vor möglichem Mißbrauch äußerst vorsichtig umgehen? Sabotieren wir nicht, wenn wir es an dieser Vorsicht fehlen lassen, auch den Brauch? Auch die positiven Verwendungsmöglichkeiten? Und das heißt: Treiben wir dann nicht Mißbrauch mit unserer Warnung vor dem Mißbrauch?
Fragen.

Janusköpfige Produkte

Natürlich ist es nicht nur die Tätigkeit der Wissenschaftler, die unter dem Fluch der Zweideutigkeit steht. Vielmehr breitet sich dieser Fluch aus, wie eine Krankheit steigt er in den Ästen der Produktion hoch und bis hinein in deren letzten Verästelungen, also in die Produkte selbst – kurz: der Fluch hält sich in diesen mit unverminderter Schärfe bis zum Augenblicke des Einsatzes frisch. Es gibt – ein Beispiel für viele – keine elektrische Rechenmaschine, die nicht Böses ebensogut leisten könnte wie Gutes, die nicht ebenso bereit dazu wäre, einen Überschlag über die Zahl der bei einem Atomangriff auf ein Land zu „erhoffenden" megacorpses zu liefern, wie dazu, eine Einschätzung der für die Rettung einer Bevölkerung erforderlichen Serummenge durchzuführen. Da diese Maschinen außer

Erröten einfach nichts nicht können, würden sie natürlich auch keine Hemmung haben, diese zwei immerhin verschiedenen Leistungen, wenn dies von ihnen verlangt würde, gleichzeitig hervorzubringen oder rapide aufeinander folgen zu lassen.

Analog gibt es tausende von Präparaten, die, solange sie hermetisch verschlossen herumstehen, noch nicht „olent", weil sie wirklich noch nichts präjudizieren; das heißt: weil die Entscheidung darüber, ob sie als Heil- oder als Unheilmittel verwertet werden werden, wirklich noch aussteht. Auch von diesen Mitteln gilt also cum grano salis, daß sie „nicht wissen, was sie tun". Auch von ihnen noch, daß sie „janusköpfig" sind.

Unbekannt ist dieses Faktum natürlich nicht. Im Gegenteil. Es gibt wohl kaum eine Tatsache, die allgemeiner bekannt wäre als die, daß Explosivstoffe oder Kernenergien ebenso für verderbliche wie für förderliche Zweck eingesetzt werden können. Nur bedeutet das nicht, daß die Suche nach Auswegen gleichfalls allgemein ist. Usus ist es vielmehr, die „Janusköpfigkeit" als eine harmlose Angelegenheit abzutun. Und das gelingt deshalb so ausgezeichnet, weil es, abgesehen von Ignoranz, nichts gibt, was den Verharmlosungsmechanismus so gut in Gang setzen und in Gang halten könnte, wie – allgemeines Wissen. Womit ich meine, daß Probleme, von denen jedermann weiß, daß sie jedermann bekannt sind, bald als Stücke der Alltagswelt, also als trivial und damit auch als „so gut wie gelöst" gelten, mindestens als Angelegenheiten, über die sich den Kopf zu zerbrechen nicht mehr lohnt. Und das ist die Attitüde, die die meisten von uns der „Janusköpfigkeit der Produkte" gegenüber einnehmen.

Aber man mißverstehe nicht. Wenn wir die Zweideutigkeit dieser Produkte betonen, so wollen wir damit natürlich nicht leugnen, daß die meisten von ihnen, wenn sie erst einmal ihre fertige Form gewonnen haben, „auf Schienen stehen" – das heißt: daß sie dann unfähig sind, auf anderen Bahnen anderen Zielen entgegenzulaufen, geschweige denn solchen, für die sie überhaupt nicht vorgesehen waren. Je fertiger ein Produkt, um so spezifischer wird es, um so schmaler wird seine Verwendungspotentialität, desto enger wird der Spielraum seiner Funktionen. Raketenrampen oder atomare Sprengköpfe können keine andere als die völlig unzweideutige Aufgabe erfüllen, für die sie geschaffen werden. Sie „wissen" ganz genau, was sie, wenn sie zum Zug kommen, zu tun haben und tun werden; und ihnen steht es natürlich nicht mehr zu, sich auf „Janusköpfigkeit" herauszureden. Diese endgültig festgelegten Produkte, die durch die Unzweideutigkeit ihrer Abzweckung die gefährlichsten sind – und von denen gibt es Millionen – haben wir erst einmal in den Mittelpunkt unserer Sorge zu stellen. Keinen Augenblick lang dürfen wir uns durch die Einsicht in die „Janusköpfigkeit" unserer Produkte in unseren Bemühungen, die Erzeugung und den Einsatz solcher Produkte zu unterbinden, lähmen lassen. Nur gilt freilich ebenso, daß wir es uns nie einreden dürfen, durch die Unterbindung spezialisierter Erzeugnisse dem Dilemma, in dem wir uns befinden, endgültig entrinnen zu können. Da die Qualität „Janusköpfigkeit" den Wissenschaften und der Technik als solchen innewohnt, läßt sich natürlich diese nicht durch die Abschaffung individueller Produkte oder Produktklassen aus der Welt schaffen. Illusionslos haben wir im Auge zu behalten, daß alle noch nicht abgeschafften fatalen Produkte, die es gibt und die es noch geben wird, ihr Dasein derselben nicht abgeschafften Wurzel verdanken, aus der die fatalen Produkte, deren Abschaffung uns vielleicht gelungen ist, entstanden waren; daß also die Abschaffung des Produktes A nicht die Abschaffung der Wurzel der Produkte B bis Z impliziert. Oder anders: Keinen Moment lang dürfen wir vergessen, daß das abgeschaffte Produkt A sein Dasein keiner Sonderwissenschaft und keiner speziellen von vornherein bösartigen Technik verdankt hatte; daß also die Bedingung der Möglichkeit fataler Produkte solange weiterexistieren wird wie Wissenschaft und Technik selbst; und daß diese, und damit wir, von deren Begleiterin: der „Janusköpfigkeit", niemals mehr verlassen sein werden.

Das know how und das not knowing how

Vorhin habe ich (was ich schon oft getan habe), um falschem Optimismus zuvorzukommen, mit allem Nachdruck darauf hingewiesen, daß die Zerstörung aller heute existierenden Kernwaffenbestände atomare Sicherheit nicht gewährleisten würde, mindestens nicht à la longue oder gar endgültig. Diese Sicherheit würde sie deshalb nicht gewährleisten, weil es, wie gesagt, eine Barriere gibt, an der unsere Zerstörungsfähigkeit versagt: weil nämlich „unser Können durch unser Können limitiert" ist – womit ich meine, daß wir, wenn wir unsere Zerstörungsmittel zerstören würden, deren potentielle Herstellung, also unser „know how" nicht mitzerstören würden, daß dieses vielmehr als intakter Rest übrigbleiben würde.[5]

Aber unterstellen wir einmal, daß diese Barriere nicht existiere; und ferner, daß wir alle Naturwissenschaftler der Welt zum Antiatomstreik aufgerufen hätten und alle sich dazu verpflichtet hätten, bei Vorarbeiten für Vernichtungswaffen niemals mit Hand anzulegen; und schließlich sogar, daß alle Vernichtungswaffen wirklich liquidiert seien – wäre die Gefahr damit behoben? Auch damit noch nicht. Und zwar deshalb nicht, weil es auch dann noch eine Grenze gäbe, weil unser guter Wille, das Unverantwortbare zu vermeiden und nur das Förderliche zu fördern, noch gegen eine zweite Barriere anrennt; und weil auch diese wieder in einer Fähigkeit besteht, die zu zerstören nicht in unserer Macht liegt. Und die Fähigkeit, die ich nun im Auge habe, ist eben die „Janusköpfigkeit". Denn mit diesem Ausdruck hatten wir ja die Tatsache bezeichnet, daß unsere naturwissenschaftlichen und technischen Arbeiten „zu allem fähig" sind; und zwar als solche – also nicht nur diejenigen speziellen, die offen und ausdrücklich auf Vernichtung abzielen. Alle Arbeiten, weil es keine einzige gibt, die nicht angefüllt wäre mit noch unentschiedener Potentialität, keine einzige, die nicht sowohl diesen wie jenen Effekt nach sich ziehen könnte, und

---

[5] Fähig zu dieser „Re-Produktion" sind wir also deshalb, weil wir, platonisch gesprochen, immer nur Ding-Exemplare zerstören können, niemals dagegen deren Bedingungen, d. h. deren Urbilder, bzw. unser Können. Positiv: Immer sind wir dazu imstande, Geschwisterstücke der von uns liquidierten Produkte von neuem zu erzeugen. Nein, wir sind sogar begierig darauf, die alten Exemplare zu liquidieren, *um* eine Rechtfertigung für die Produktion neuer zu haben; und wir sind nur deshalb wirtschaftlich fähig, neue zu produzieren, weil wir die alten zuvor liquidiert haben.

keine einzige, von der wir wissen könnten, welcher ihrer möglichen Effekte und Auswertungen sich morgen, übermorgen oder überübermorgen einmal verwirklichen könnte.

Wenn wir aber – und darauf läuft das ja heraus – den jeweiligen „Gefahren-Koeffizienten" unserer Arbeiten nicht kennen; wenn wir unfähig bleiben, unseren Forschungen (deren vorläufige Zielsetzungen mit Zerstörung nichts zu tun zu haben scheinen) anzusehen, wie sie einmal ausgewertet werden könnten, dann bedeutet das, daß unserem guten Willen nicht nur unser „know how" im Wege steht, sondern auch unser „not knowing how", nämlich unsere Unkenntnis darüber, wie dieses oder jenes Erzeugnis ausgewertet werden wird. – Und praktisch bedeutet das, daß wir durch bloßes Ausweichen aus einem Forschungsfeld in ein anderes dem Dilemma nicht entrinnen; daß es Selbsttäuschung wäre, zu glauben, wir hätten nach Verweigerung unverantwortbarer Forschungen die Chance, den Bereich des Unverantwortbaren endgültig zu verlassen und einfach in Elfenbeintürme einzuziehen, in denen uns die Beschränkung auf verantwortbare naturwissenschaftliche Forschung hundertprozentig verbürgt wäre. Wie bedauerlich es auch klingen mag, aber solange wir naturwissenschaftlich und technisch arbeiten – und daß das unvermeidbar ist, das braucht ja nicht wiederholt zu werden – solange gibt es für uns keinen einzigen „Elfenbeinturm", der nicht auf demselben Grunde stünde, den zu verlassen wir gerade versucht hatten. Wir gleichen Infizierten: Den Fluch, dem wir zu entrinnen wünschen, den schleppen wir mit uns mit, wohin wir auch umsiedeln. Da wir niemals voraussehen können, ob das „Elfenbein" des Turms, den wir zum Refugium unserer Moral gemacht haben, echt bleiben wird, haben wir das Recht darauf, es als echt zu betrachten, verloren – und zwar schon in demjenigen Moment, in dem wir in unseren Turm einziehen. Wie harmlos die Forschungsarbeiten, denen wir uns nach Verweigerung von Vernichtungsaufgaben widmen, auch aussehen mögen, mit wie großer Genugtuung und mit wie gutem Gewissen wir diese auch befördern mögen, als wissenschaftliche sind auch sie „zu allem fähig", auch sie bergen unerkannte und unerkennbare Potentialitäten in sich, mithin auch Vernichtungspotentialitäten. Und da ja unsere Arbeitsverweigerung, wenn wir diese „hippokratisch" beschwören, immer nur einer ganz bestimmten und sehr engen Klasse von unzweideutig desaströsen Arbeiten gelten kann, sind die Vernichtungspotentialitäten unserer neuen Arbeiten nicht mit-verweigert, geschweige denn mit-ausgeräumt. Da diese uns unbekannt sind, könnten wir sie gar nicht mitverweigern, geschweige denn mitausräumen. Jede Flucht aus der Schwertschmiede in die Pflugschmiede kann eine Flucht aus der unbestreitbaren und unmittelbar sichtbaren Mit-Verschuldung in die nur mögliche und nur indirekt sichtbare Verschuldung sein. Kein Zweifel, es gibt Wissenschaftler – sie sind die tragikomischen Figuren des apokalyptischen Zeitalters – die auf der Flucht vor der „Traufe" A unter einer anderen „Traufe" B gelandet sind: die sich nämlich, um mit „Schwertern" nichts mehr zu tun zu haben, mit ausschließlichem Furor auf die Verbesserung von „Pflügen" geworfen haben und sich gerade dadurch um die Verbesserung der Schwerter verdient gemacht haben. Nichts ist schwieriger als Nein zu sagen.[6]

Da wir also *erstens* nur Exemplare unserer Produktion zerstören können, nicht aber unsere Produktionsfähigkeit; das heißt: da wir unser „know how" nicht loswerden können; und da wir *zweitens* unfähig sind, den Gefahr-Koeffizienten noch harmlos aussehender Arbeiten abzuschätzen; das heißt: da wir auch unser „not knowing how" nicht loswerden können, scheint unsere Hoffnung auf einen sicheren Ausweg aus unserem Dilemma unerfüllbar zu bleiben; mindestens die Hoffnung auf eine Rettungsmaßnahme, die wir im Raume der Naturwissen-

---

[6] Unterstellt selbst, alle Wissenschaftler der Welt träfen auf Grund dieses Verhängnisses geschlossen die Entscheidung, auf ihren gesamten Betrieb zu verzichten und die gesamte durch Wissenschaft und Technik möglich gewordene Welt wieder zu demontieren (was, abgesehen von tausend anderen Gründen, deshalb undurchführbar wäre, weil sich dieser Abbau ohne den Einsatz kompliziertester wissenschaftlicher und technischer Maßnahmen nicht bewerkstelligen ließe, und ohne die Erfindung neuer wissenschaftlicher und technischer Methoden nicht kontrolliert werden könnte) – endgültig abgewehrt wäre das Verhängnis dann nicht, weil (s. o.) durch die Demolierung des physischen Wissenschaftsbetriebes unsere Fähigkeit, das Demolierte wieder aufzubauen, nicht mit-demoliert wäre. Siehe Anmerkung 5.

schaften selbst treffen könnten. Als Forscher haben wir uns offenbar mit weniger zu bescheiden: damit, okkasionell Widerstand zu leisten. Genauer: in Wissenschaftsstreik erst dann zu treten, wenn die Unverantwortbarkeit einer Arbeit wirklich manifest wird. Nur ein Narr verspräche mehr als hundert Weise halten könnten.

Peccatum originale und saubere Hände

Da wissenschaftliche und technische Arbeit „janusköpfig" ist, kann eine gewisse Arglosigkeit der Forscher nicht bestritten werden. Den großen Theoretikern, Entdeckern und Erfindern der ersten Jahrzehnte unseres Jahrhunderts nachzusagen, sie trügen Schuld an der heutigen radioaktiven Verseuchung der Luft, wäre unsinnig. Über dem Assoziationshorizont dieser Fundamentalarbeiten hätten die Atompilze von Hiroshima und Bikini niemals aufsteigen können. Naturwissenschaftler sind keine Propheten.

Aber das bedeutet nicht, daß sie das Recht hätten, sich auf ihre Unfähigkeit zur Prophetie zu berufen und sich so, als seien sie durch diese Unfähigkeit immer schon automatisch absolviert, frisch-fröhlich-fromm in jede ihnen angebotene Arbeit hineinzustürzen. Ihr Ignorabimus ist kein Freibrief für moralische Gleichgültigkeit. – Als sich ein Bekannter von mir, der leider geniale Wissenschaftler M., einem Zweige der ABC-warfare-Industrie verschrieben hatte, da antwortete er mir auf meine Frage, wie es ihm denn nun in seinem neuen Job zumute sei, und ob das Ziel, für das er nun täglich arbeite, sein Leben schön ausfülle, mit der rhetorischen Gegenfrage: „Wer weiß, ob nicht bei diesen Arbeiten vielleicht auch einmal etwas ganz Nettes und für die Menschheit Nützliches mit abfallen wird?"

Nein, so einfach wie dieser M. dürfen wir es uns nicht machen. Denn ebenso berechtigt wie die sich auf die Unvermeidlichkeit unserer Ignoranz berufende Unschuldsthese wäre deren Umkehrung, also die Behauptung, daß wir uns als naturwissenschaftlich Arbeitende unter allen Umständen schuldig machen: daß wir uns von dem Augenblick an, in dem wir zum ersten

Male die Labortüre hinter uns schließen, in einem Raum aufhalten, in dem schon *vor* unserem Eintritt die dicke Luft des „peccatum originale" geherrscht habe, und daß dieses „peccatum" automatisch auch von uns Besitz ergreife. Ich lasse die Entscheidung darüber offen. Aber ganz unberechtigt wäre diese Gegenthese deshalb nicht, weil es uns ja bekannt ist, daß die Tätigkeiten, denen wir uns widmen, stumm bleiben – was nicht nur bedeutet, daß sie zumeist nicht verraten, was sie indirekt einmal anrichten werden, sondern daß sie das zumeist noch nicht einmal verraten können. Und das bedeutet wiederum, moralisch formuliert, daß wir uns, wenn wir zu arbeiten begonnen haben, auf *etwas* eingelassen haben, *wovon wir wissen, daß wir, wenn wir es tun, nicht wissen, was wir tun*. Wenn das keine Schuld ist, dann weiß ich nicht, was das Wort „Schuld" bedeutet. Nur gehört diese Schuld eben – und deshalb greife ich auf den Ausdruck „peccatum originale" zurück – zu denjenigen peccata, an denen wir ipso facto unserer Existenz (hier unserer Existenz als Naturwissenschaftler) teilnehmen; deren Herkunft wir nicht selbst verschuldet haben und die wir uns aus diesem Grunde nicht vorwerfen können.

Trotzdem, aus dieser schuldhaften Situation herauszuspringen, das ist uns unmöglich. Und zwar deshalb, weil es keinen Elfenbeinturm gibt, der uns saubere Arbeit verbürgen könnte. –

Aber wie wichtig diese Einsicht in unser Nichtkönnen auch sein mag, nicht minder wichtig ist es, einzusehen, daß wir selbst dann, wenn wir herausspringen könnten und effektiv herausspringen würden, das heute Entscheidende damit noch nicht leisten würden. Unsere Hände würden dadurch zwar sauber bleiben, aber – schon vorhin haben wir diese Frage gestellt – was bedeuten schon saubere Hände? Was bedeutet es schon, den Brandstiftern den Rücken gekehrt zu haben, wenn die Gefahr noch weiterdroht? Reinheit ist Luxus, Wichtignahme der eigenen Reinheit Selbstgerechtigkeit, Moral Unmoral. Was gelöscht werden muß, ist nicht die Glut unserer Mitschuld, sondern, gleich ob wir an ihr mitschuldig sind oder nicht, die Feuersgefahr, in der wir alle schweben.

Die Tatsache, daß diese Gefahr indirekte Folge unseres

wissenschaftlichen Arbeitens ist, die bedeutet natürlich nicht, daß sie sich auch im Rahmen unseres wissenschaftlichen Betriebes bekämpfen lassen müßte. Im Gegenteil. So maßlos ist die Gefahr ja deshalb geworden, weil sie sich von uns unabhängig gemacht hat, weil sie, einem Buschbrande gleich, die Grenzen ihres Ursprungsgebietes durchbrochen hat, weil sie nun, inkarniert in abertausenden von lagernden Raketen und Sprengkörpern, da ist, und weil sie, um in dieser ihrer Maßlosigkeit dazubleiben, unserer akademischen Hilfeleistung schon kaum mehr bedarf: denn bekanntlich reicht ja der bereits vorhandene Vorrat für die mehrfache Ausrottung der Menschheit, was immer dieser Ausdruck bedeuten mag. Ein drohendes Feuer kann nicht dadurch bekämpft werden, daß der Erfinder des Streichholzes feierlich erklärt, künftighin an der Streichhölzer-Forschung und an der Verbesserung der bereits vorzüglich funktionierenden Streichhölzerproduktion nicht mehr teilzunehmen.

Und ebenso wenig reicht unsere Nicht-Teilnahme an wissenschaftlicher Mitarbeit, also individueller Streik. Denn während wir einen solchen durchführen, bleibt ja der Betrieb der Wissenschaften intakt, die Produktion läuft ja weiter, und die Politik natürlich ebenfalls. Dadurch, daß wir aus dem Betrieb nur herausspringen, ist nichts geleistet. Der Effekt unserer Arbeit ist uns entsprungen, er ist nun „draußen", mithin haben wir ihm nachzuspringen, haben wir hineinzuspringen in denjenigen Raum, in dem er nun herrscht. Oder anders: Da diejenigen, die die Effekte unserer Arbeiten für ihre Ziele (oder für das, was sie, blind gegenüber dem apokalyptischen Charakter des Zeitalters, für ihre Ziele halten) mißbrauchen, und die an diesem Mißbrauch interessiert sind, Politiker sind; und da die Gefahr, in der wir schweben, gerade deshalb so enorm ist, weil die Politiker unfähig sind, in den Instrumenten von heute etwas anderes zu sehen als Geräte ihrer Taktik und ihrer Politik – aus diesen Gründen ist der Raum, in den wir erst einmal hineinzuspringen haben, der der Politik. Unverblümt haben wir politisch aufzutreten. Tun wir das nicht, dann werden uns die Politiker als bloße Querulanten abtun, als Querulanten, die sich in Angelegenheiten einmischen, die sie „nichts angehen", und in unseren mehr als politischen Argumenten noch nicht einmal politische Argumente sehen.⁷ Letztlich ist freilich dieser Sprung in die politische Praxis kein Sondersprung. Da jeder Sprung (außer demjenigen des Selbstmörders) irgendwo landet, gibt es keinen Herausspringenden, der nicht zugleich ein Hineinspringender wäre – und die Politiker, die sich als Sachwalter der praktischen Welt gerieren, sehen das auch so. Es ist ja bekannt, daß die diversen Erklärungen zur atomaren Situation, die die von ihrem Gewissen getriebenen Naturwissenschaftler abgegeben haben, von den Politikern automatisch als Eingriffe in die Politik aufgefaßt worden sind, als unerlaubte und inkompetente Eingriffe in ihre (der Politiker) Domäne. Die erste, nicht gerade auf Grund ihrer Noblesse berühmt gewordene Reaktion Adenauers auf den Appell der „Göttinger" ist nur ein Fall unter anderen gewesen. Keine Frage, einige der Gelehrten waren sich damals wirklich nicht im klaren darüber, daß sie ipso facto ihrer Erklärung als Politiker aufgetreten sind, und sie hatten das Gefühl, von Adenauer mißverstanden zu werden. Aber wie unwahrscheinlich und überraschend das auch klingen mag, in einem gewissen (von Adenauer selbst nicht geahnten) Sinne hat gerade er, und gerade weil er unsubtil war, die protestierenden Gelehrten besser verstanden als sie selbst sich verstanden. Denn was er an den Gelehrten nicht begriff, war das Selbstmißverständnis, das ihrem Auftreten noch beigemischt war. Ihr Wahn, daß ihr Schritt keinen politischen Schritt darstelle. Und ebenso wenig verstand er die Geste der Professoren, die nicht die unverblümte Geste von Oppositionellen oder gar von Rebellen war, sondern die vornehme und höfliche von um Gehör ersuchenden Ratgebern.

Wie gesagt, die Gelehrten mißverstanden sich, als sie sich unpolitisch aufführten. Denn was politisch ist und was nicht, das bestimmt und darüber entscheidet jeweils derjenige, der herrscht – das ist geradezu das Kriterium von Herrschaft. Andersherum: Die Freiheit, von eigenen Aktionen zu behaupten, sie seien unpolitisch, steht Nichtherrschenden niemals zu. Dem unpo-

---

⁷ Selbst der Ausdruck „politisch" bezeichnet den Raum, in den wir hineinzuspringen haben, noch nicht ausreichend. Denn da von der Verwendung unserer Arbeiten unter Umständen das Sein oder Nichtsein

litischen Tonfall und Gestus der Göttinger mißtraute Adenauer also, und etwas anderes als Mißtrauen zu empfinden, war er garnicht fähig, da es ihm bei seinem autoritären Naturell garnicht einfallen konnte, Gedanken, die seiner politischen Taktik nicht entsprachen, nein dieser direkt widersprachen, als nicht politisch gemeint aufzufassen. Wozu natürlich noch kam, daß unter seinen Gaben die der Phantasie oder der Einfühlung die am wenigsten entwickelten waren. Sich in die total neue Situation der von ihrem Gewissen getriebenen und an nichts weniger als an politisch-taktischen Kalkulationen interessierten Gelehrten hineinzuversetzen, das war zuviel verlangt. Und was die Gelehrten selbst betrifft, so wäre es erstaunlich gewesen, wenn diese, die zum ersten Male nicht bei ihrem Leisten geblieben waren, vollkommen begriffen hätten, in was sie sich ipso facto ihres Schrittes verwandelt hatten. Nur der Nichts-als-Taktiker, der diesen Schritt garnicht anders als einen politisch-oppositionellen auffassen konnte, nur der Beschränkte begriff, und zwar eben auf Grund seiner Beschränktheit, die Wahrheit. Nicht nur durch seine psychologische Unsubtilität, sondern auch durch seine autoritäre Verblendung verstand Adenauer den Text der Göttinger als einen rein politischen, und hatte damit letztlich recht, während die Unterzeichner selbst, die den politischen Charakter ihres Unternehmens nicht ganz durchschauten, sich selber mißverstanden.

Was wir daraus zu lernen haben, ist, daß Herrschende, die nur in der Politik zuhause sind, die Differenz zwischen unpolitischem Gestus und effektiv politischer Funktion ausnahmslos als politische Schwäche und Inkompetenz auffassen. Auf Erfolg können wir erst dann, höchstens dann rechnen, wenn wir es durchgesetzt haben, als Gegner ernst genommen zu werden. Und das können wir allein dann durchsetzen, wenn wir ohne die mindeste Zweideutigkeit erklären, daß wir als „Heraussprin-

der Welt abhängt, da hier also etwas „Metapolitisches" auf dem Spiel steht, haben wir in diesen „metapolitischen" Raum hineinzuspringen. – Die Frage, wie dies gemeint sein solle, die können wir positiv nicht beantworten. Wir beschränken uns auf die wohl von niemandem bestreitbare Feststellung, daß das Verschwinden des Menschengeschlechts ein mehr als politisches Ereignis darstellen würde.

gende" zugleich „Hineinspringende" sind: nämlich hineinspringend in die politische Realität. Als Oppositionelle.

Nachbemerkung 1971

Ich habe meinen Ausführungen nun nachträglich den Untertitel *Erwägungen zum Problem des Produktstreiks* gegeben, um durch diesen aufs deutlichste anzuzeigen, daß mein Text keine Antworten, geschweige denn endgültige Antworten auf die Fragen, die sich uns heute aufdrängen, enthalte; daß er vielmehr diese Fragen erst einmal formuliere. Und selbst, ob *das* gelungen ist, dessen bin ich nicht so gewiß. Gleichviel, es handelt sich hier um reine Aporetik, um den Versuch, die Probleme vorzulegen.

Auch die, so hoffe ich, ist nicht ganz zwecklos. Aber ihren Nutzen sollte man auch nicht überschätzen. Mit dieser Warnung meine ich, daß ich die beliebte Redensart „gut gefragt ist halb geantwortet" für zu optimistisch halte.

Dies aus zwei Gründen:

Erstens deshalb, weil ich garnicht so sicher bin, daß die Kalamität, in der wir uns heute befinden, in wirklich sinnvolle Fragen übersetzt werden kann;

und zweitens, weil ich nicht weiß (unterstellt, eine solche Übersetzung könne gelingen oder sei mir hie und da gelungen), ob diese Fragen zufriedenstellend beantwortet werden können. Es ist ja durchaus denkbar, daß es aus den Schwierigkeiten, in die wir Heutigen geraten sind, keinen wirklichen Ausweg gibt. Vielleicht sind die Schwächen und Mängel, die meinen Untersuchungen anhaften, nicht nur meinem persönlichen Versagen zuzuschreiben, vielleicht haben sie ihre Wurzel *in re*. Ich kann nur hoffen, daß das nicht der Fall sei; daß es also Anderen dort, wo ich nicht weitergekommen bin, gelinge, zu positiven Einsichten, Ratschlägen oder Taktiken vorzustoßen. Viel Zeit, um auf Bearbeitungen unseres „Themas" zu warten, die erfolgreicher sind als meine, haben wir freilich nicht. Vielleicht überhaupt keine, da ja die Katastrophe jeden Tag eintreten kann. Aber vielleicht ist uns eine Frist vergönnt, die lange genug währt, eine, die uns die Chance bietet, die Frist zu verlängern oder gar die Katastrophe zu vermeiden. Wenn meine Reflexionen dazu auch nur das mindeste beigetragen haben sollten, dann sind sie nicht vergeblich gewesen.

X

Das monströseste Datum

1967

Es gibt Tatsachen, die, obwohl nicht ausdrücklich unterdrückt, keinem Zeitgenossen bekannt zu sein scheinen. Wären sie bekannt, sie würden uns wegen ihrer Monstrosität täglich von neuem atemlos machen. Das unglaublichste Beispiel ist die Tatsache, daß die Charta des „Internationalen Militärtribunals" in Nürnberg, dasjenige Dokument also, in dem der Begriff „Verbrechen gegen die Menschlichkeit" zum ersten Male juristisch kodifiziert und die Verantwortlichkeit und Strafwürdigkeit der an derartigen Verbrechen beteiligten Individuen zum ersten Male festgelegt wurde – daß dieses Dokument das Datum des 8. August 1945 trägt.

Was ist am 8. August 1945 geschehen?

Am 8. August 1945 sind die letzten strahlenverseuchten Opfer von Hiroshima, nachdem sie auf allen Vieren durch den Schutt kriechend versucht hatten, sich zu retten, im Umkreis ihrer Stadt zusammengebrochen und verendet.

Und am 8. August 1945 hatten die Einwohner von Nagasaki gerade noch 24 Stunden Galgenfrist, um ahnungslos herumzugehen, zu liegen, zu arbeiten, zu essen, zu schlafen, zu lachen, zu weinen und zu lieben. Ehe es auch sie traf. In anderen Worten: dasjenige Dokument, in dem der Begriff „Verbrechen gegen die Menschlichkeit" und der der Verantwortlichkeit und Strafwürdigkeit der an derartigen Verbrechen beteiligten Individuen zum ersten Male völkerrechtliche Realität wurde – dieses Dokument ist zwei Tage nach Hiroshima und einen Tag vor Nagasaki formuliert worden. Von vornherein war der Text von Verbrechen gegen die Menschlichkeit umrahmt gewesen. Und natürlich von Verbrechen, die mit den Maßen dieses

Dokuments niemals gemessen und auf Grund dieses Dokuments niemals bestraft worden sind.

Kein Datum der Weltgeschichte ist abenteuerlicher. Und wohl keine Tatsache tiefer deprimierend als die, daß es unter den Milliarden von Zeitgenossen, die von den zwei Fakten Nürnberg und Atombombe gehört haben, keinen einzigen gegeben hat, dem deren Koinzidenz in die Augen gesprungen wäre.

XI

Die Frist

1960

„Le monde va finir. La seule raison pour laquelle il pourrait durer, c'est qu'il existe. Que cette raison est faible, comparée à toutes celles qui annoncent le contraire ... nous périrons par où nous avons cru vivre. La mécanique nous aura tellement américanisés, le progrès aura si bien atrophié en nous toute la partie spirituelle, que rien parmi les rêveries sanguinaires, sacrilèges ou antinaturelles des utopistes ne pourra être comparé à ces résultats positifs."   Baudelaire, Fusées

Die Veränderung unseres metaphysischen Status: vom genus mortalium zum genus mortale

Davon, daß wir Menschen seit 1945 psychologisch „neue Menschen" geworden seien, daß wir durch das Ereignis Hiroshima eine innere Verwandlung durchgemacht hätten, davon kann keine Rede sein. Wo eine solche Verwandlung sichtbar wurde, da blieb sie rudimentär. Sie mit den unzweideutigen seelischen Veränderungen, die wir durch unseren täglichen Umgang mit unseren Geräten wie Auto oder Fernsehapparaten erfahren haben, in einem Atem zu nennen, wäre sinnlos. Vielmehr gilt, daß uns das Neue, das uns getroffen hat, bisher kaum zu betreffen scheint, daß wir es unterlassen haben, der veränderten Welt, in die wir nun versetzt sind, durch Selbstveränderung Rechnung zu tragen; kurz: unsere psychische Antiquiertheit ist *der* Defekt von heute.

Aber wir *sind* Andere. Wir sind Wesen einer neuen Art. Ereignisse von solcher Größe wie das Ereignis Hiroshima warten nicht darauf, ob wir geruhen, sie ins Auge zu fassen und uns ihnen anzumessen. Wer verwandelt ist, bestimmen *sie.* Also: was an uns ist durch das Hiroshima-Ereignis verwandelt?

Unser metaphysischer Status.

Inwiefern?

Bis 1945 waren wir nur die selbst hinfälligen Akteure in einem nichtendenden Stück gewesen, mindestens in einem Stück, über dessen Enden oder Nicht-Enden wir uns den Kopf nicht zerbrochen hatten. Nunmehr ist das Stück, in dem wir Hinfällige spielen, selbst hinfällig. – Unbildlich: bis 1945 waren wir nur die sterblichen Glieder einer als zeitlos gedachten Gattung gewesen, mindestens einer Gattung, der gegenüber wir uns die Frage „sterblich oder unsterblich?" eigentlich niemals gestellt hatten. Nunmehr gehören wir einem Geschlecht an, das als solches sterblich ist. Und wenn auch nicht (dieser Unterschied braucht nicht vertuscht zu werden) sterblich im Sinne von Sterben-Müssen, so doch in dem von Sterben-Können. Aus dem Stand „genus mortalium" sind wir in den Stand „genus mortale" hinübergewechselt.

Eine wirkliche Umwälzung. Eine Umwälzung, die noch elementarer ist als die bis gestern wohl elementarste, als diejenige, die unsere Vorfahren durch Zusammenbruch ihres Jahrtausende alten geozentrischen Weltbildes hatten durchmachen müssen. Die Desillusionierung derer, die zuvor in naivem metaphysischem Größenwahn geglaubt hatten, das Zentrum des Universums zu bewohnen, aber plötzlich hatten erkennen müssen, daß es auch ohne sie ging, daß ihre Residenzstadt nichts anderes war als ein beiläufiger und anderswo nicht beachteter Provinzflekken; und die sich nun damit abzufinden hatten, ihr Leben als kosmisch abkömmliche Hinterwäldler des Sonnensystems weiterzuführen – diese Desillusionierung war gewiß schon schlimm genug gewesen.

Aber fatal nicht. Denn unsere Vorfahren hatten ein Mittel gefunden, um diesen Verprovinzialisierungs-Schock zu überwinden. Sie hatten es ja zuwegegebracht, den Verlust des Absolutums zu kompensieren, den Makel der Degradierung abzuwaschen und sich mit einer neuen anthropozentrischen Würde auszustatten. Die Maßnahme, mit deren Hilfe sie das bewerkstelligt hatten, war bekanntlich die Verabsolutierung der *Ge-*

schichte gewesen. Denn dieser trauten sie ja zu (oder richtiger: muteten sie ja zu) diejenige Dimension zu sein, auf die der Weltgeist gewartet hatte, um sich selbst zu verwirklichen. Dieses Zutrauen, das „auserwählte Volk des Weltgeistes" zu sein, ist uns Heutigen schon kaum mehr nachvollziehbar. Gleichviel: als wie exzentrisch oder winzig sie den ihnen zugeteilten Platz im Universum auch sehen mußten, von neuem hatten sie sich dem selbstbewußten, mindestens dem tröstlichen Traum hingeben können, in einem Zentrum zu residieren.

Daß sich auch dieser Traum eines Tages im Nichts würde auflösen müssen, das war eigentlich vorauszusehen gewesen. Dies um so eher, als ja gerade Hegel, in dessen Metaphysik diese Verabsolutierung ihren Höhepunkt erreichte, zugleich auch schon das Ende der Geschichte behauptet hatte, nämlich den Abschluß der Selbstverwirklichung des Weltgeistes. Womit sich dieser nach bestandener Reifeprüfung noch beschäftigen könnte, das ist dem Hegelschen System nicht zu entnehmen. Und ebensowenig, ob wir auch jetzt noch dem Weltgeist als Gefäß unentbehrlich sind, oder ob er uns, nachdem er uns zur Selbstverwirklichung verwendet, achtlos als ein Seiendes unter tausend anderen betrachtet und auf den Abfallhaufen des Kontingenten wirft. Gleichviel, heute ist es nun soweit, heute ist der Tag der Degradierung der Geschichte nun da. Denn im Augenblick, da sich diese als selbst sterblich herausstellt (als genauso sterblich wie jedes andere Stück Natur oder Geschichte), verliert ihre Auszeichnung ihren letzten Schein von Plausibilität. Obwohl sie von unseren Vorfahren auf jenen Zentral- und Ehrenplatz geschoben worden war, den zuvor der Erdball eingenommen hatte, wird sie nun von dem gleichen Schicksal ereilt, dem dieser zum Opfer gefallen war: nämlich von dem Schicksal, nur etwas unter anderem zu sein, etwas Abkömmliches.

Hatten wir noch vor wenigen Jahrzehnten, wenn wir die banale Redensart „alles ist relativ" in den Mund nahmen, damit gemeint: „Es gibt keine Erscheinungen, noch nicht einmal Wahrheiten, die nicht letztlich nur geschichtlich wären", so scheint uns dieser historische Relativismus heute nur eine Halbheit, so erkennen wir in ihm heute eine Verabsolutierung, und zwar eben eine der Geschichte, da diese (gleich, wie wir die Dimension bezeichnen, innerhalb derer sie sich abspielt und in die hinein sie zugrundegehen kann) selbst sterblich, und damit selbst etwas „Relatives", ist.

Für uns, die wir die Geschichte sind, bedeutet das, daß wir um nichts besser dastehen als unsere Vorfahren nach dem Zusammenbruch ihres geozentrischen Stolzes dagestanden hatten: also wiederum als kosmische Hinterwäldler, die der Tatsache ins Auge zu blicken haben, daß es auch ohne sie geht.

Ob uns das Gleiche gelingen wird, was unseren Vorfahren gelungen war: nämlich den Verprovinzialisierungs-Schock durch ein Ersatz-Absolutum zu überwinden, das ist nicht vorherzusagen. Aber es ist auch garnicht gewiß, daß das wünschenswert wäre. Vermutlich wäre es besser, den Thron verwaist zu lassen, als ihn alle paar Saecula mit einem anderen Absolutum neu zu besetzen. Jedenfalls gibt es wohl nichts, was uns gegen die Akutheit der Gefahr, in der wir schweben, und aus der wir nur dann errettet werden können, wenn wir uns selbst erretten, blinder machen würde als die Inthronisierung eines neuen ad-hoc-Absolutums.

Die eschatologische Situation – der Kairos der Ontologie

Ephemer war unser Dasein immer schon gewesen. Aber heute sind wir nun ephemer in der Potenz geworden, nämlich zu „Intermezzi innerhalb eines Intermezzos".

Der Ausdruck „Intermezzo" bezeichnet von heute ab nicht mehr nur ein geschichtlich-individuelles Dasein, nicht mehr nur einen Vorgang zwischen anderen oder eine geschichtliche Epoche zwischen anderen; nicht mehr nur diejenigen Zwischenspiele, die innerhalb des Mediums der Geschichte ablaufen – welches Stück Geschichte täte das nicht? Da es nun die Geschichte selbst ist, die in der Gefahr schwebt, sich (so, als wäre sie ein Teil ihrer selbst) zu einem endlichen und einmaligen, also individuellen, Ereignis abzurunden, bezeichnet der Ausdruck „Intermezzo" nun die Geschichte selbst.

Tore, über denen die Worte „Es war einmal" eingemeißelt waren, die hatte es auch früher schon gegeben. Aber die Inschrift hatte sich doch immer nur auf Einzelepochen bezogen, auf Einzelvölker oder auf Einzelmenschen, nur diesen hatte sie „gekündigt" – und immer war doch dafür gesorgt gewesen, daß es Wesen gab, die die Inschrift lesen konnten. Menschen, die die Torschwelle überschritten und die Gelegenheit hatten, einen Blick zurückzuwerfen.

War es auch immer Nichtsein gewesen, das mitgeteilt worden war, so hatte es sich doch immer nur um Nichtsein im Raume des Seins gehandelt, immer waren es doch Seiende gewesen, denen dieses Nichtsein mitgeteilt worden war, immer hatte es sich doch um „Nichtsein für uns", um „Nichtsein ad usum hominum" gehandelt.

Mit dieser idyllischen Zeit des „Nichtseins für uns" ist es nun vorbei. Was uns bevorsteht, ist ein „Nichtsein für niemanden". Die Chance, die Inschrift zu lesen, die wird nun niemand mehr haben. Und ebensowenig wird es Erzähler geben, die sich dieser Form bedienen werden, um über das märchenhafte Vorkommen der einmal gewesenen Menschheit Report zu erstatten. Weil der Friedhof, der auf uns wartet, ein Friedhof ohne Hinterbliebene sein wird.

Unbildlich: Zum „Wesen" der gewesenen Geschichte als ganzer wird es gehören, daß sie (im Unterschied zu Ereignissen innerhalb ihrer selbst) von niemandem wird erinnert oder überliefert werden können. Ihr Nichtsein wird also ein „wirkliches Nichtsein" sein, eines von so massiver Nichtigkeit, daß, mit ihm verglichen, alles was wir an Nichtsein bisher gekannt hatten, beinahe wie eine verspielte Variante von Sein wirken würde – aber, wie gesagt, so nur wirken *würde*, da es eben zum „Wesen" dieses Nichtseins gehören wird, daß es für niemanden dasein und von niemandem mit früherem Nichtsein verglichen werden wird.

Wenn der Vergleich zwischen dem, was früher als „Nichtsein" gegolten hatte, und dem, was nun als „wirkliches Nichtsein" droht, gezogen werden kann, so vielleicht nur von unserer Generation. Und zwar deshalb, weil wir die erste Generation letzter Menschen sind. Frühere Generationen hatten den Vergleich nicht ziehen können, weil der Unterschied früher im Blickfeld nicht hätte erscheinen können. Und spätere werden es (vielleicht) deshalb nicht mehr tun können, weil es zweite oder dritte

Generationen letzter Menschen (vielleicht) nicht mehr geben wird.

Die Behauptung, daß es nicht nur – was die Menschheit mit Recht seit mehr als zweitausend Jahren beunruhigt hatte – „Nichtsein gibt", sondern verschiedene Modi des Nichtseins, nein sogar verschiedene Modi des „Nicht-mehr-Seins", die klingt allerdings verwirrend. Aber da hilft nichts, keine Absurdität bleibt uns erspart. Die nicht-mehr-seiende Geschichte wird auf eine fundamental andere Art etwas Nicht-mehr-Seiendes sein als die nicht-mehr-seienden individuellen Geschichtsereignisse. Denn sie wird eben nicht mehr „Vergangenheit" sein, sondern etwas, was so gewesen sein wird (das heißt: so „nicht-sein" wird), als wenn es niemals gewesen wäre.

Wer aus irgendeinem Grunde Wert darauf legt, daß das Gewesene doch erinnert werde, und wer noch zur Zeit zu kommen wünscht, nämlich in einer Zeit, in der es noch Zeit gibt, der sollte sich daher beeilen, sein Geschäft des Erinnerns praenumerando zu erledigen, also die Aufgabe unserer Enkel und Urenkel, unser zu gedenken, jetzt schon vorwegnehmen. Posthum lassen sich Testamente nicht aufsetzen. Historikern und Romanciers, die die Zeichen der Zeit nicht nur sehen, sondern sie als Zeichen der drohenden Zeitlosigkeit zu lesen verstehen, denen ist es daher anzuraten, schon heute ihre Geschichten mit der Formel einzuführen: „Es wird einmal eine Geschichte gewesen sein!" Also:

„Es wird einmal eine Geschichte gewesen sein von einer großen und berühmten Menschheit. Aber die Zeit, in der das gewesen sein wird, die wird keine Zeit sein. Und in dieser Nichtzeit wird die Menschheit, von der wir euch erzählen, nicht mehr berühmt sein. Und die Geschichte, die wir zu erzählen im Begriff stehen, ebenfalls nicht, weil zum Ruhm Rühmende gehören und zur Geschichte Geschichtenerzähler und Zuhörer. Und weil es dann weder Rühmende geben wird noch Geschichtenerzähler noch Zuhörer. Denn die Zukunft, die das Vergangene würde weitertragen können, die wird mit dem Sturz des Vergangenen miteinstürzen und selbst zum Gewesenen werden, nein, zur niemals gewesenen Zukunft. Darum gedenken wir schon heute der künftigen Vergangenheit, in der auch das vorkommt, was, von heute aus gesehen, noch Zukunft sein mag." So also sollten sie sprechen.

Wir haben uns auf den letzten Seiten wiederholt ontologischer Ausdrücke bedient. Das wird überraschen. In Betrachtungen über atomare Fragen Abschweifungen ins Ontologische zu finden, ist gewiß nicht alltäglich. Aber diese Überraschung ist nicht gerechtfertigt. Umgekehrt dürfen wir den apokalyptischen Augenblick, richtiger: den Gefahrenaugenblick möglicher Apokalypse, da dieser uns die Chance der Begegnung mit dem Nichtsein bietet, als denjenigen Augenblick betrachten, in dem ontologische Reflexionen erst ihre volle Rechtfertigung gewinnen, also als den „Kairos der Ontologie".

Damit ist aber allerdings nicht gesagt, daß uns dieser Kairos für die ontologischen Chancen, die er bietet, auch Zeit lasse. Moralisch ausgedrückt: daß uns in demjenigen Moment, in dem Ontologie theoretisch rechtmäßig wird, auch das Recht zustehe, uns bedenkenlos auf diese einzulassen. Vermutlich nicht. Aus diesem Grunde beschränke ich mich hier auf die folgenden Bemerkungen:

Vor mehr als dreißig Jahren hat Heidegger das „Dasein" bestimmt als das Seiende, dem es „um sein Sein gehe". Erst heute, erst seitdem wir in die apokalyptische Situation geraten sind, hat diese Redensart „es geht um" vollen Sinn angenommen, erst heute wird sie wahr im buchstäblichen Sinne, da es heute eben im buchstäblichen Sinne „darum geht", dasjenige, was heute noch da ist, morgen aber vielleicht nicht mehr da sein wird, am Sein zu erhalten. – Analoges gilt von Heideggers berühmter „ontologischer Differenz". Da das Nichtsein von Seiendem (das offensichtlicherweise nicht identisch ist mit dem von Nichtseiendem) nun wirklich möglich geworden ist, und da, verglichen mit diesem eventuellen Nichtsein von morgen, das heutige Sein, nämlich das Noch- und Weitersein des Seienden wie ein Wunder wirkt, nimmt diese Heideggersche Scheidung zwischen Sein und Seiendem nun wirklich Sinn an. Auch wer die Aussage „das Seiende *ist*" als Tautologie beiseiteschiebt, der kann der Aussage „das Seiende ist *noch*" Sinn und Inhalt nicht absprechen. In anderen Worten: die Differenz zwischen Seiendem und

Sein gewinnt evidente Rechtmäßigkeit erst in demjenigen Augenblicke, in dem das Nichtsein des Seienden als Eventualität am Horizont auftaucht; die Spaltung zwischen Sein und Seiendem ist eine „von Gnaden des Nichtseins". Allein dem eisigen Schatten, den heute das mögliche Nichtsein in das Seiende hineinwirft, verdankt die „ontologische Differenz" ihr Dasein. „Sein" im Unterschiede zu „Seiendem" gibt es nur deshalb, weil es „Nichtsein" gibt.[1]

Man kann sich nur schwer dazu entschließen, zu glauben, daß die Gleichzeitigkeit der heutigen, auf der „ontologischen Differenz" so hartnäckig insistierenden Ontologie einerseits und der apokalyptischen Situation andererseits (die diese Differenz erst „ehrlichgemacht" hat) auf einem bloßen Zufall beruhen sollte. Viel glaubhafter scheint es mir, daß die mögliche Katastrophe ihren ersten kalten Schatten bereits in jene Zeit vor mehr als dreißig Jahren hineingeworfen hatte, in der Heidegger die alte Unterscheidung von neuem aufnahm. Vieles spricht dafür, daß die heutige, in Heideggers Fahrwasser schwimmende Ontologie eine sich als Philosophie mißverstehende oder sich als solche verkleidende apokalyptische Prophetie ist.

Ob die Redensart „atomarer Selbstmord" berechtigt ist

Zwar ist es wahr, daß wir, die wir bisher ein „genus mortalium" gewesen, nun dazu verurteilt sind, als „erste letzte Menschen" zu leben; daß wir von nun an, sofern wir überhaupt weiterleben dürfen, als „genus mortale" weiterleben müssen; und daß damit eine metaphysische Metamorphose bezeichnet ist. Aber

---

[1] Wenn die Welt ein parmenideisch Seiendes wäre, also eines, neben dem es einerseits kein anderes Seiendes gäbe, geschweige denn ein Nichtseiendes, und das andererseits in sein Sein so massiv eingemauert wäre, daß es gegen sein Sein nicht ankönnte — ein solches Sein wäre, eben auf Grund dieser seiner „Seinsverfassung", unfähig, den Gedanken einer Unterscheidung zwischen sich als „Seiendem" und seinem „Sein" zu fassen. Und nicht nur unfähig, den Gedanken zu fassen: denn die Differenz *wäre* nicht, d. h.: der Unterscheidung würde unter solchen Umständen nichts entsprechen.

ausreichend ist diese Feststellung noch nicht. Es kann ja keine Rede davon sein, daß wir die Verwandlung „durchgemacht" haben, daß wir in diese neue Spezies verwandelt worden seien. Wahr ist vielmehr, daß wir uns in diese neue Spezies selbst verwandelt haben, daß die Metamorphose unser eigenes Werk ist. Wie erschreckend es auch sein mag, dieser Tatsache ins Auge zu blicken, also wirklich aufzufassen, daß wir die Metamorphose unserer Welt in eine apokalyptische, und damit auch unsere eigene Metamorphose, uns selbst zuzuschreiben haben – diese Tatsache, daß es sich um eine Selbstmordsituation handelt, scheint doch die einzige, die noch die Möglichkeit einer wirklichen Korrektur offen hält. Womit ich nicht etwa eine Korrektur der Definition unseres Zustandes im Auge habe, sondern die Korrektur des Zustandes selbst.

Was heißt das?

Die Antwort lautet einfach: Jede Selbstmordsituation schließt noch das Element der Freiheit in sich. Freisein bedeutet: Dasjenige, was wir tun können, das können wir unter Umständen auch unterlassen; dasjenige, was wir als eigenes Werk herstellen können, das können wir unter Umständen auch abstellen. Da in der Selbstmordsituation das Opfer zugleich der Täter ist, liegt die Entscheidung darüber, *ob* es Opfer gibt, ob es Opfer geben muß, in der Hand des Opfers selbst. In dieser Situation also scheinen wir uns zu befinden: Unsere Endzeit *ist* bereits unser Werk. Und das Zeitenende, wenn es einträte, *wäre* unser Werk, mindestens wäre es unserer Werke Werk. Aus diesem Grunde, so scheint es, brauchen wir die Verhinderung des Zeitenendes und den Abbau der Endzeit nicht als unmöglich auszuschließen. Also dürfen wir, so scheint es, einen Augenblick lang aufatmen, erleichtert darüber, daß unsere katastrophale Situation eine Selbstmordsituation ist: und dankbar dafür, daß, was über uns schwebt, nicht von einer dunklen, unerreichbaren oder unerbittlichen Übermacht über uns verhängt ist, sondern von uns selbst; eben darum nicht verhängt ist.[2]

Damit ist aber zugleich gesagt, daß wir uns in unserer heutigen Endzeit nicht nur in Menschen einer neuen Art verwan-

---

[2] Zur Problematik dieser Selbstmordsituation siehe auch S. 55.

delt haben, sondern auch in Apokalyptiker einer neuen Art. Mindestens daß wir die Chance haben, als Apokalyptiker einer neuen Art aufzutreten, nämlich als „prophylaktische Apokalyptiker". Wenn wir uns von den klassischen jüdisch-christlichen Apokalyptikern unterscheiden, so nicht allein dadurch, daß wir das Ende (das sie erhofft hatten) fürchten, sondern vor allem dadurch, daß unsere apokalyptische Leidenschaft überhaupt kein anderes Ziel kennt als das, die Apokalypse zu unterbinden. Apokalyptiker sind wir ausschließlich, um Unrecht zu bekommen. Ausschließlich, um an jedem Tage neu die Chance zu genießen, als die Blamierten dazustehen. Diese Zielsetzung hat es in der Geschichte der Eschatologien noch niemals gegeben, vor dem Hintergrunde der aus der Religionsgeschichte bekannten apokalyptischen Attitüden wirkt sie vermutlich absurd. Aber eben nur deshalb, weil wir mit ihr auf etwas selbst Absurdes reagieren.

Wir hatten gesagt: „Was wir tun können, das können wir unter Umständen auch unterbinden." Diese These klingt zwar sehr erfreulich, hat aber einen Haken. Denn was bedeutet in ihr, wenn wir sie auf unsere atomare Situation beziehen, das harmlos klingende Wörtchen *wir*? Ich fürchte, das Wörtchen ist nicht harmlos, es klingt nur so. Sind denn „wir", die wir die Katastrophengeräte produzieren konnten, produziert haben, und nun als Drohung verwenden – und „wir", die wir von ihnen bedroht werden, wirklich dieselben? Oder bedeutet das Wörtchen nicht zweierlei? Sind nicht einmal die Naturwissenschaften gemeint, die Technik, Produktion und Politik, kurz: die infinitesimal winzige Anzahl von Menschen, die über Erzeugung und eventuellen Einsatz zu befinden haben? Und das anderemal die Abermillionen unbeteiligter, ohnmächtiger, uninformierter Bewohner des Globus, wir, die prospektiven Opfer? Haben wir nicht, wenn wir von „Selbstmord" sprechen, ein Modell vor Augen, das garnicht auf unseren Fall paßt? Ein Wesen, das, obwohl „zwei Seelen, ach, in seiner Brust" wohnen, doch immer *eines* ist und das märchenhafte Glück hat, wenn es kämpft, stets nur in seinen eigenen vier Wänden zu kämpfen und immer nur sich selbst bekämpft? Läuft es denn nicht auf einen Trick heraus, die zwei völlig verschiedenen „Menschheiten", die Menschheit A und die Menschheit B, unter einem einzigen nomen, also in dem Singular „*die* Menschheit" zusammenzufassen? Und so zu argumentieren, als handelte es sich bei dieser angeblich „einen" Menschheit sogar um eine Art von moralisch entscheidungs- und handlungsfähiger „Person"?

Die Frage stellen, heißt sie bejahen. Der Singular „die Menschheit" ist in unserem Falle eine Irreführung. Und das bedeutet natürlich auch *die Entscheidung gegen den Ausdruck „Selbstmord der Menschheit"* und gegen die mit diesem Ausdruck verknüpfte Hoffnung. Wie finster dieser Ausdruck auch klingen mag, wie scharf er sich auch von dem farblosen Hintergrund des üblichen Verharmlosungsvokabulars abheben mag – da er seine Entstehung nur dem unwahren Singular „*die* Menschheit" verdankt, muß auch er fallen.

Gewiß, sowohl die Produzenten der Hiroshima-Bombe wie deren Opfer waren Menschen. Aber war etwa auf Grund dieser Gemeinsamkeit der Tod, den die Japaner erlitten, ein Schaden, den sie sich „in Freiheit" selbst zugefügt hatten? Oder unterstellt, ein Mensch A liquidiere einen anderen Menschen B, oder eine Menschengruppe A eine andere Gruppe B – würde etwa die Tatsache, daß die Gruppe der Mörder und die der Ermordeten derselben Gattung angehören, diese Untaten in Selbstmorde verwandeln?

Selbst dann nicht, wenn (was in einem heutigen Atomkrieg der Fall wäre) auch A dabei mit umkäme. Sogar dann nicht, wenn (was z. B. Jaspers erwägt) A sein eigenes Umkommen als Nebenwirkung seiner Tat zuvor mit einkalkulieren würde. Die Zweiheit zu unterschlagen, ist unerlaubt, die Taten bleiben Morde.

Machen wir uns also keine Illusionen. Auf eine Atempause haben wir kein Anrecht. Die Ausdrücke „Selbstbedrohung" oder „Selbstmord der Menschheit" stellen sich als unwahr heraus. Unsere, auf diesen Ausdrücken basierende, Mindesthoffnung haben wir aufzugeben. Unsere Endzeitsituation, von Zeitenende zu schweigen, enthält zwei Kategorien von Menschen: die der Täter und die der Opfer. Also haben wir auch bei unserer Gegenaktion mit dieser Zweiheit zu rechnen – unsere Arbeit heißt „Kampf".

Habere = adhibere

Freilich bleibt es auf sonderbare Weise undeutlich, wer die Täter und wer die Opfer sind. Am einfachsten wäre es natürlich, zu statuieren, daß unter den „Tätern" die Eigentümer der Waffen zu verstehen seien, und unter den „Opfern" die überwältigend große Menge der wehrlosen Menschheit, oder die „have not"-Mächte. Damit wäre gesagt, daß sich die Täter auf beiden Seiten der im kalten Kriege zweigeteilten Menschheit finden. Aber machen wir uns es da nicht zu einfach? Dürfen wir die zwei Haupteigentümer als „Täter" gleichsetzen? Ist nicht die Sowjetunion (ganz abgesehen davon, daß sie die Waffe niemals eingesetzt hat) unschuldiger? Hatte sie nicht nachkommen müssen? War sie nicht genötigt gewesen, die Nötigung, unter der sie selbst lebte, durch Produktion der gleichen Waffen zu neutralisieren? Und ist es nicht sogar ein Glück gewesen, daß sie das getan hat, da das amerikanische Monopol, das anfangs geherrscht hatte, eine ungeheuer gefährliche Balancelosigkeit zur Folge gehabt hatte, und diese Balancelosigkeit durch das atomare „Gleichziehen" ihr Ende gefunden hat?

Geschichtlich und moralisch ist das richtig. Und trotzdem, heute ist heute. Heute kann der Unterschied der Entstehungsgeschichten der atomaren Rüstungen hüben und drüben nicht mehr als entscheidend gelten. Heute zählt allein dasjenige, was nun da und wirksam ist. Und nun da und wirksam ist allein das Bestehen der atomaren Bedrohung als solcher – gleich, wann, wo und wie diese zustandegekommen ist; und die Tatsache, daß diese Macht in beiden Händen, grob gesprochen, die gleiche ist. Und diese Gleichheit ist es, die eine neue, eine höchst merkwürdige Grenzverschiebung mit sich bringt, eine Grenzverschiebung, die wir ja bereits angedeutet haben, als wir von der Undeutlichkeit des Frontverlaufes zwischen Tätern und Opfern sprachen.

Um die Grenzverschiebung, die wir meinen, zu verstehen, haben wir uns eine Tatsache ins Gedächtnis zurückzurufen, auf die wir schon vor Jahren einmal aufmerksam gemacht haben[3].

---

[3] ‚Die Antiquiertheit des Menschen', S. 256.

Die Tatsache nämlich, daß es zum Wesen der atomaren Macht gehört, den sonst plausiblen Unterschied zwischen Haben und Verwenden, zwischen „habere" und „adhibere" aufzuheben, und an deren Stelle *die Gleichung „habere = adhibere", „haben = verwenden"* als gültig einzusetzen. Was wir damit meinen, ist nicht etwa, daß, wer die Waffe habe, diese daraufhin verwende, also die Bombe werfe oder abschieße – das ist ja, wie die Jahre seit Nagasaki beweisen, nicht notwendigerweise der Fall. Gemeint ist vielmehr, daß die Eigentümer der Waffe diese dadurch, daß sie sie haben, auch schon verwenden. Aus der Perspektive der „have nots" ist die Geltung dieser Gleichung vollkommen evident. Diese brauchen ja nur zu wissen, daß sich die atomare Waffe in der Hand dieser oder jener Macht befindet, und schon fühlen und benehmen sie sich als Erpreßte, *sind* sie also effektiv Erpreßte und Entmachtete. Das ist auch dann der Fall, wenn die Eigentümer wirklich nicht den Wunsch haben, durch die Drohung mit einer atomaren Attacke Erpressung auszuüben. Von ihren Wünschen oder Nichtwünschen hängt hier nichts ab, gegen die Tatsache, daß sie durch den Besitz der Bomben Erpresser sind, sind sie machtlos. Durch das bloße Faktum ihres Besitzes setzen sie, ob sie das wollen oder nicht, ihre Allmachtsgeräte bereits ein. *Habendo adhibent*[4].

Als eine der Grundeinsichten des Atomzeitalters haben wir uns also einzuprägen: es gibt keine Atomwaffe, die nicht zugleich schon ihr Einsatz wäre. Oder einfacher: *Nichtverwendung existierender Atomwaffen gibt es nicht.*

Und diese Regel gilt generell. Die Verschiedenheit der Motive, aus denen es hier und dort zur Atomrüstung kam, ist diesem Prinzip völlig gleichgültig, um so gleichgültiger, als ja im Fall eines atomaren Krieges die Gefahr nahezu gleichzeitig aus beiden Richtungen losbrechen würde. Da die durch das Faktum „Atomwaffen" bereits effektiv Erpreßten eine einzige Kategorie bilden, bilden diejenigen, die als Habende bereits effektiv

---

[4] Mehr oder minder gilt diese Gleichung zwar von jeder Waffe. Von der Atomwaffe aber, da deren effektiver Einsatz den Feind auslöschen würde, ohne Einschränkung. – Und in gewissem Sinne ist „Macht" im Unterschiede zu „Gewalt" durch diese Gleichung definiert.

erpressen, gleichfalls eine einzige Kategorie. Der Schnitt scheint also zwischen den „haves" und den „have nots" zu verlaufen. Schon vor dem Camp-David-Gespräch war das als Trend erkennbar gewesen, zum Beispiel auf Grund der Ähnlichkeit der Einstellung, die die beiden Atommächte gegenüber der drohenden (und nun wirklich gewordenen) Erweiterung des „Atom-Klubs" eingenommen hatten. Nun aber wird es vollends deutlich, daß der Schnitt zwischen den „haves" einerseits und den „have nots" andererseits verläuft. Wenn ich diese Entwicklung „dialektisch" nenne, so deshalb, weil es gerade die Vorbereitung des Kampfes gegeneinander gewesen war, was die zwei ersten Atommächte in ein einziges Lager zusammenzuführen begonnen hat.

Nun, war es dieser Schnitt zwischen den „haves" und den „have nots", den wir gemeint hatten, als wir von „zwei Menschheiten" gesprochen hatten?

Nein, auch dieser nicht. Und zwar deshalb nicht, weil auch dieser bereits zu veralten beginnt. Denn durch den Besitz der Atommacht oder durch die Erfüllung des „Ich-auch-Wunsches" ist Rettung oder Sicherheit nicht im mindesten verbürgt. Umgekehrt ist es sogar augenscheinlich, daß der Besitz der Atommacht eine Gefährdung mit sich bringt, die mindestens ebenso groß ist, wie die Unsicherheit, unter der die „have nots" zu leben haben. Denn daß atomar gerüstete Länder als Atomziele ungleich stärker exponiert sind als harmlose „have-not"-Länder, das liegt ja auf der Hand. Der Satz, der heute gilt, lautet nicht nur nicht: „Wer hat, der ist sicher". Noch nicht einmal: „Auch wer hat, bleibt unsicher". Sondern: „Wer hat, macht sich dadurch noch unsicherer". Kurz: Da die Ohnmacht der „haves" mindestens ebenso gefährlich ist wie die der „have nots", verteilt sich die Ohnmacht so gleichmäßig über die Menschheit, daß von einem wirklichen Schnitt keine Rede mehr sein kann.

Dann krepiert man halt mit

Jene Männer, die, getrieben von ihren kurzsichtigen Interessen (aber welche Interessen wären das heute nicht?) unermüdlich und

geradezu professionell damit beschäftigt sind, die Maßlosigkeit der Bedrohung zu verharmlosen, diese Männer finden Hilfe von einer Seite, von der sie Bundesgenossenschaft zu allerletzt erwartet hätten. Die Bundesgenossin, von der wir sprechen, ist nämlich die Bedrohung selbst, da diese von sich aus einen verhängnisvollen Verharmlosungseinfluß ausübt; und zwar sonderbarerweise nicht trotz, sondern gerade auf Grund der Maßlosigkeit ihrer Größe[5].
Was meinen wir damit?
Zweierlei.
1. Die Bedrohung überfordert durch ihre Immensität die begrenzte Kapazität unserer Auffassung (der Wahrnehmung sowohl wie der Phantasie); sie „geht nicht ein"; sie „bleibt draußen"; sie läßt sich in die Dispositionen des Individuums oder der Gesellschaft nicht einarbeiten – kurz: sie wird als existent nicht registriert. Nicht nur das zu Kleine ist unauffaßbar (im Sinne von „unterschwellig") sondern auch das zu Große (im Sinne von „überschwellig")[6].
2. Über diesen ersten Punkt können wir hier hinweggehen, da wir auf ihn schon früher nachdrücklich aufmerksam gemacht haben[7]. Und uns dem zweiten zuwenden, der zwar weniger

---

[5] Die Berufsverharmloser haben diese Hilfe in ihre Disposition nicht miteinkalkuliert, wahrscheinlich sogar von deren Existenz noch nicht einmal Notiz genommen. Die Vorurteilslosigkeit und Geistesgegenwart, die erfordert sind, um Dinge einzukalkulieren oder auch nur richtig zu beobachten, auf die man nicht gerechnet hatte oder die man nicht versteht, die darf man von diesen Männern nicht erwarten. Umgekehrt gehen sie – ohne diese Unterstellung wäre ihre Verharmlosungskampagne ja gegenstandslos – von der (höchstens durch die heute beliebten Angst-Redensarten bestätigten) Voraussetzung aus, daß die maßlose Gefahr die Menschheit tatsächlich in maßlose Angst versetzt habe und versetzen müsse. Wenn sie doch recht hätten! Aber ihre Voraussetzung ist von keiner Empirie getrübt. Nirgendwo ist maßlose Angst zu beobachten, von universell verbreiteter Angst zu schweigen. Und zwar fehlt Angst eben deshalb, weil das Verharmlosungsgeschäft auch ohne sie schon gründlich besorgt worden ist und täglich weiterbesorgt wird – wie gesagt: durch die Gefahr selbst.

[6] S. d. Verf., ‚Der Mann auf der Brücke', S. 117.

[7] Ebendort S. 240 und 267.

bekannt, aber nicht weniger verhängnisvoll ist als der erste, weil er uns zeigt, daß selbst auf diejenigen unserer Zeitgenossen kein Verlaß ist, die die Gefahrsituation irgendwie verstanden zu haben scheinen, die also die Universalität und die Endgültigkeit der Katastrophe als Möglichkeit anerkennen; daß selbst diese Männer die Bedrohung mißverstehen, und auch dies wiederum nicht obwohl, sondern *weil* die Gefahr so groß ist.

Der zweite Typ von Mißverstehenden, den wir im Auge haben, ist schwerer durchschaubar als der erste. Denn was deren Mißverständnis zugrundeliegt, ist nicht einfach die (unmittelbar plausible) Begrenztheit ihrer Auffassungskraft, sondern ein komplizierter Mechanismus, ein *„Trugschluß des Fühlens"*. Eine kleine Alltagsbemerkung wird uns klar machen, was wir darunter verstehen. Auf einer Eisenbahnfahrt hatte ich den Ausdruck „atomare Gefahr" fallen lassen. Mein Gegenüber, ein behäbiger, offensichtlich nicht schlecht situierter Herr, der gerade dabei war, seine Zigarre zu beriechen, blickte einen Moment lang auf, zuckte mit seinen Schultern und brummte: „Dann krepiert man halt mit". Der verschmitzte Ausdruck, den seine Züge dabei annahmen (und an dem sich die Gesichter der anderen Reisenden sofort ansteckten) schien einem Mann zu gehören, der auf Grund seiner regelmäßigen Einzahlungen in seine Versicherung in der friedlichen Zuversicht lebt, daß er niemals auf seine Zigarre würde zu verzichten brauchen, daß ihm letztlich nichts passieren könnte. Und in der Tat nahm er auch seine Duftprüfung im Augenblick wieder auf. Was ging in diesem Manne vor sich?

Man höre in seine Worte hinein. Der Klasse derer, die, weil das Aufzufassende zu groß ist, überhaupt nichts auffassen, der gehörte er offenbar nicht an. Denn die Möglichkeit des universalen Endes bestritt er ja nicht. Er behauptete auch nicht, daß die Katastrophe gerade ihn auslassen würde. Aber wenn er all dies nicht meinte, was meinte er dann? Wie haben wir ihn zu verstehen?

Die einzig mögliche Antwort darauf scheint mir die: Der Defekt, an dem er litt (sofern er an ihm „litt"), war offenbar keine „Apokalypseblindheit"[8], sondern eher eine *Apokalypse-Indiffe-*

---

[8] Siehe auch ‚Die Antiquiertheit des Menschen', S. 265 ff.

renz. Obwohl er, was er sagte, wirklich meinte, kam ihm sein Ausdruck garnicht so schlimm vor. Und zwar deshalb nicht, weil die Katastrophe selbst ihm nicht so schlimm vorkam. Und diese wiederum kam ihm deshalb nicht so schlimm vor, weil sie, auf Grund ihrer Universalität, *nicht nur ihn bedrohte*. Was er zugestanden hatte, war ja nicht, daß *er*, sondern daß *man* krepieren, jeder also *nur „mitkrepieren"*, würde. Und damit stehen wir vor dem angekündigten Trugschluß, dem unser Mann (gewiß nicht ungern) zum Opfer gefallen war. In Worte übersetzt, würde dieser Trugschluß so lauten:

Grundformel: „‚Man' ist nicht nur ‚ich'. Mithin nicht ‚ich persönlich'."

Anwendung: „Diejenige Gefahr, von der nicht nur ich, sondern ‚man' bedroht ist, die bedroht mich nicht persönlich. Mich persönlich geht sie daher nichts an. Mithin braucht sie mich persönlich auch nicht zu beunruhigen oder gar aufzuregen."

Mir scheint, damit beginnt unser Mann ein Gesicht anzunehmen. Mindestens seine Gesichtslosigkeit wird damit nun deutlicher. So gewiß er sich im klaren darüber ist, daß er im Katastrophenfalle wird mitsterben müssen, emotional bleibt dieses Wissen für ihn ein Nichts. Die Katastrophe ist vielmehr so groß, daß sie ihm nicht bevorsteht, sondern ihm nur mit-bevorsteht; so groß, daß er sich auf sein Sterben nicht mehr gefaßt zu machen braucht, sondern nur noch auf sein Mit-Sterben; nein, so groß, daß er sie persönlich überhaupt nicht zu fürchten braucht. Vielmehr scheint sie, eben auf Grund ihrer Größe, nur denjenigen, höchstens denjenigen zu betreffen, den als Opfer zu treffen sie beabsichtigt, also die Menschheit als ganze. Soll *die* sich also aufregen. Aber ich sage „höchstens" – womit ich meine, daß die Menschheit als ganze für ihn vermutlich etwas so Abstraktes ist, daß er garnicht auf den Gedanken kommen kann, diese könne oder solle oder müsse sich aufregen.

Gleichviel, seinen kleinen Privattod hat die universelle Katastrophe, noch ehe sie ausgebrochen, bereits verschlungen. Und noch ehe sie ihm sein Leben genommen, hatte sie ihm die Last seines Sterbens und seine Todesangst bereits abgenommen. Und mit diesem Ausdruck „abgenommen" wird dieser Mann uns nun wirklich vertraut und zum normalen Zeitgenossen. Denn wenn es etwas gibt, was unsere Epoche als ganze charakterisiert, einen Zug, der für die diversesten heutigen Erscheinungen, vom Komfort bis zur Unfreiheit, vom Fernsehbild bis zum Vernichtungslager, einen Generalnenner darstellt, dann ist es eben diese „Entlastung": die Tatsache, daß uns, und zwar durch die (unserer Arbeit, unserer Muße und unserem Konsum gemeinsame) technische Betriebsform, das Meiste und das Wichtigste abgenommen – und das heißt: das Meiste und das Wichtigste *genommen* ist. „Abgenommen" ist uns zum Beispiel, da wir überhaupt nicht mehr Tuende sind, sondern nur noch „medial Mit-Tuende", die Verantwortung für unsere Taten und die Reue über diese.

Es ist bekannt, daß die Situation, die uns alles einschließlich der Freiheit abnimmt, uns als Entschädigung Sicherheit vermittelt, mindestens deren Illusion[9]. Im Falle des bloßen Mit-Tuns ist das ja evident: wann immer wir uns darauf beschränken oder darauf beschränkt werden, nur mitzutun, gleich ob bei der Kanalisierung einer Stadt oder bei der Einrichtung eines Konzentrationslagers – sofort beginnt der breite Strom des Großgeschehens, der als „Tun" schon garnicht mehr erkennbar ist, uns zu tragen; und das Tatsubjekt, das sich zwar der Identifizierung fast restlos entzieht, von dem wir aber zu wissen glauben, daß es die Verantwortung allein übernommen habe und sich seinerseits vor keiner Instanz mehr zu verantworten brauche, das beginnt, Nestwärme auszuströmen, in der wir uns geborgen fühlen. Das Gefühl der Geborgenheit ist der Restitutionsbetrag, den wir dafür erhalten, daß wir uns unsere Verantwortung abnehmen, also unsere Freiheit nehmen, lassen. Und dieser Restitutionsbetrag fließt uns ebenso unaufgefordert und automatisch zu, wie Wasser, Gas, Weltbild oder was immer uns ins Haus strömt.

Damit sind wir beinahe angekommen. Denn der letzte

---

[9] Zuweilen ist die Entschädigung sogar noch generöser. Denn die Wurschtigkeit, die spricht: „Mir kann keiner, denn was könnte es denn geben, das ich (als ich) getan hätte?", die mißversteht sich sogar oft als Freiheit. Das heißt: Freiheitsillusion erwächst gerade der Freiheitsberaubung.

Schritt, der zu tun noch übrigbleibt: der von unserer Aktivität zu unserer Passivität, der von unserem Tun zu dem, was uns angetan wird, der ist ganz mühelos, da er einfach in der Formel besteht: Was heute von unserer Aktivität gilt, das gilt heute auch von unserer Passivität. – Und das bedeutet konkret: *Nicht nur die Schläge, die wir austeilen, und nicht nur die Effekte dieser Schläge gehen uns nichts mehr an, sondern ebensowenig die Schläge, die wir zu gewärtigen haben, und deren Effekte.* Ganz zu schweigen davon, daß wir, wenn die Schläge erst einmal fallen oder gefallen sein werden, diese nicht mehr spüren werden – selbst heute, da sie noch ausstehen, sind sie schon nicht mehr „our business", selbst heute schon brauchen wir sie nicht mehr zu fürchten.

Kurz: Durch ihre unübersehbare Größe (also da sie zu groß ist, um nur meine oder nur deine zu sein) nimmt uns die Katastrophe unsere Angst genauso ab, wie uns die Großbetriebe und Großaktionen, an denen wir als Arbeitende nur mitbeteiligt sind, unsere Verantwortung abnehmen. Und auch der Restitutionsbetrag ist wieder derselbe, nämlich das Gefühl der Geborgenheit. Kein Wunder also, daß mein Gegenüber im Zugabteil dieses Gefühl so überzeugend ausstrahlte, und daß dieses Strahlen sofort auf die Gesichter der Anderen hinüberwanderte.

Fassen wir zusammen: Die seelische Verstümmelung, die wir erfahren haben, ist vollständig geworden. Hatten wir bisher nur gewußt, daß wir aus Handelnden zu Mitmachern geworden sind, zu Wesen, die sich um die Folgen ihres Tuns nicht mehr zu kümmern brauchen und dazu auch nicht mehr imstande sind – so wird heute nun sichtbar, daß wir mit der gleichen Rücksichtslosigkeit aus Leidfähigen in Indolente verwandelt worden sind, in Wesen also, die es nicht mehr nötig haben, das, was ihnen bevorsteht, zu fühlen, und die dazu auch nicht mehr fähig sind. In der offiziellen Sprache wird diese Tatsache freilich auf den Kopf gestellt: Denn wenn heute etwas als Mut, Reife oder Unerschütterlichkeit gilt, so nichts anderes als gerade diese Indolenz, also der Zustand, in dem es gelungen ist, uns das Fühlen und das Recht auf Fühlen restlos abzunehmen. Und wenn dort etwas als „Feigheit" gilt, so nichts anderes als die Kraft jener wenigen, die sich die Freiheit ihres Fühlens nicht widerstandslos aus den Herzen haben reißen lassen.

Die These, mit der wir diesen Paragraphen begannen, ist nunmehr belegt.

Wie furchtbar auch immer die Verstümmelungen sein mögen, die die professionellen Verharmloser in unserer Seele anrichten – und darüber wird noch vieles zu sagen sein – die erste Verstümmelung ist keinem Interessenten anzukreiden, vielmehr ist sie die Folge der Größe der Bedrohung selbst.

Wenn aber diese bereits von sich aus das Giftkorn der Verharmlosung in sich trägt, dann bedeutet das zugleich, daß wir, und selbst wir professionellen Panikmacher, ihre Größe noch immer unterschätzt hatten. Woraus wir Folgerungen zu ziehen haben werden.

Das Inversionsgesetz

Das Harmlosigkeitsgesetz: Je größer der Effekt, desto kleiner die für dessen Verursachung erforderliche Bosheit. Das Ausmaß der für eine Untat verlangten Gehässigkeit steht im umgekehrten Verhältnis zum Ausmaß der Tat. Wenn sich in akademischen Ethiken dieses Gesetz nicht findet, so weil die Kluft, die diese Ethiken von den heutigen Wirklichkeiten trennt, so breit geworden ist, daß der Blick von Ufer zu Ufer verhindert ist, nein schon garnicht mehr versucht wird.

Das Quantum an Haß und Bösartigkeit, das für die Abschlachtung eines einzigen Menschen durch den Mitmenschen erforderlich ist, erübrigt sich für den Angestellten am Schaltbrett. Knopf ist Knopf. Ob ich durch meine Schaltbrettbedienung eine Fruchteismaschine in Gang setze, ein Elektrizitätswerk anstelle, oder die Endkatastrophe auslöse – attitüdenmäßig macht das keinen Unterschied. In keinem dieser Fälle wird mir Gefühl oder Gesinnung irgendwelcher Art zugemutet. Als Knopfdrücker bin ich von Güte ebenso wie von Bosheit absolviert. Weder soll ich dabei hassen, noch brauche ich dabei zu hassen, nein, ich kann das sogar nicht einmal[10]. Weder soll ich schlecht sein, noch brauche ich schlecht zu sein, nein, ich kann das noch nicht einmal. Genauer: ich soll es nicht können. Und zwar deshalb nicht, weil ich dann auch nicht mehr „sollen kann"; das heißt: weil ich dann vom Moralischen ausgeschlossen bleibe – und das eben soll ich. Kurz: Der Startgriff für das Anlaufen der Apokalypse wird sich von keinem anderen Griff unterscheiden und wird (sofern er sich nicht völlig automatisch vollziehen wird, nämlich als Reaktion eines Gerätes auf die Reaktion eines anderen Gerätes) von einem beliebigen harmlosen Angestellten, der die Weisung eines aufleuchtenden Signals befolgen wird, gelangweilt erledigt werden. Wenn es etwas gibt, was die Diabolik unserer Situation symbolisiert, so diese Harmlosigkeit. Und wenn die heutige Situation von Tag zu Tag diabolischer wird, so eben deshalb, weil das (soeben formulierte) Gesetz das heute bestehende Verhältnis zwischen der Größe der Untaten und der für diese erforderlichen Bosheit regelt; und weil sich durch den täglichen Machtzuwachs der technischen Apparaturen die in dem Gesetz formulierte Kluft immer mehr verbreitert.

Kein Hiroshimaflieger hat dasjenige Quantum an Bosheit aufzubringen nötig gehabt, dessen Kain bedurft hatte, um seinen einen Bruder Abel erschlagen zu können[11]. Und das für die Durchführung der letzten maßlosen Untat erforderliche Bosheitsquantum wird bereits gleich Null sein. Wir stehen

---

[10] „Auf den Knopf drückend kann man nicht mit den Zähnen knirschen." (‚Der Mann auf der Brücke', S. 144).

[11] Vice versa gilt für die Abels: Je größer die Untat, die sie zu gewärtigen haben, um so geringer die Angst vor ihr. Die unter der atomaren Drohung Lebenden fürchten diese nicht annähernd so, wie Abel die Faust Kains gefürchtet hat. Unter unseren Zeitgenossen kenne ich nur ganz wenige, deren Angst vor der möglichen Apokalypse ihrer Angst vor läppischen Gefahren, etwa der vor Prestigeverlust, gleichkäme. Womit übrigens auch eine der Wurzeln der heutigen Devise „Lieber tot als rot" angezeigt ist. Diejenigen, die angemessen auf die Größe der Gefahr zu reagieren verstehen, bilden jedenfalls eine ganz winzige (und allgemein verachtete) *Elite des Entsetzens*.

also vor dem „Ende der Bosheit", was natürlich nicht – ich wiederhole – das Ende der bösen Taten bedeutet, sondern deren perfide Erleichterung. Denn nichts ist nun entbehrlicher als Bosheit. In demjenigen Augenblicke, in dem Täter zur Durchführung ihrer Untaten Bosheit nicht mehr benötigen, verlieren sie auch die Chance, ihre Untaten zu bedenken oder zu revidieren. Die Verbindung zwischen Tat und Täter ist dann zerstört. Was übrigbleibt, sind zwei endgültig auseinanderklaffende und durch keinen nachträglichen Brückenschlag mehr zu verbindende Ufer: das des (vielleicht sogar – warum nicht? – guten) Menschen hier, und das des entsetzlichen Tateffekts dort. Die Entfremdung zwischen Tat und Täter ist perfekt, und zwar bereits seit fünfzehn Jahren, seit 1945, denn auch die Hiroshima-Piloten hatten ihre Tat ja gar nicht mehr als „Tat", auf keinen Fall aber als „ihre" Tat identifizieren sollen. Und bei der Mehrzahl der mit dieser Mission Betrauten – „mission" war der amtliche Terminus für den Vernichtungsflug – war ja auch die Abdrosselung der Identifizierung (mit dem Ergebnis ihrer „Mission") so vollkommen gelungen, daß sie bis heute vorgehalten hat. Dieser Hiroshima-Fall ist aber der Fall von uns Allen. Denn wir Alle sind ja als Arbeitende dazu verurteilt, nicht zu wissen, was wir tun. Und da wir dadurch, vielleicht sogar „das Gute wollend", hemmungslos „das Böse tun", sind wir alle gewissermaßen zu „negativen Mephistophelessen" geworden. Wie gut waren doch die alten Zeiten gewesen, in denen Bösartigkeit noch die Bedingung böser Taten gewesen war!

Bekanntlich hat der ehemalige Präsident der Vereinigten Staaten Truman in den fünfzehn seit Hiroshima und Nagasaki verflossenen Jahren nichts bedacht, nichts eingesehen, nichts bedauert, nein, sein Nichtbedauern sogar ausdrücklich der Öffentlichkeit als „news" übergeben. Diese Mentalität darf also nicht damit erklärt werden, daß Truman ein speziell bösartiger, schadenfroher oder hartgesottener Mann gewesen wäre (selbst dann nicht, wenn zufällig manches für einen solchen Charakter sprechen sollte); sondern einfach damit, daß er Bosheit nicht nötig gehabt hatte, eben auch nicht für seinen Entschluß, sein Verbrechen durchzuführen. In der Tat kann Truman Hiroshima nicht bedenken oder bereuen, weil Taten, die keine Bosheit erforderten, der Einsicht verschlossen und der Reue unzugänglich bleiben. Ihm Vorwürfe zu machen, erübrigt sich. Wenn wir ihm gegenüber überhaupt ein Gefühl aufbringen wollen, dann kann dieses höchstens in Mitleid bestehen, in Mitleid mit dem Mann, der um sein Leiden betrogen worden war.

Die Klimax moralischer Schizophrenie haben wir nach Bekanntwerden der angeblich unbekannt gewesenen Zustände in den Hitlerschen Vernichtungslagern miterlebt. Es ist ja sogar vorgekommen, daß diejenigen, die an Liquidierung aktiv teilgenommen hatten, bei den Vernehmungen beteuerten, das Böse *„nur getan"* aber *„nicht gewünscht"* zu haben – ein gräßlicheres „Nur" als dieses ist wohl kaum vorstellbar. Wie dem auch sei, diese Kreaturen der Arbeitsteilung betrachteten es als selbstverständlich, daß ihre bessere Gesinnung (deren Nichtexistenz unbeweisbar bleibt) und der Tateffekt (dem kein Wollen ihrerseits vorausgegangen war – aber eben auch kein Widerstand) zwei einander völlig fremde Größen darstellen, die sich gegeneinander nicht verrechnen lassen. Und offenbar hielten sie es für ihr gutes Recht – gewissermaßen für ihren Fundamentalanspruch im rechtlosen Dasein –, auf Grund dieser Inkohärenz von Gesinnung und Tateffekt als Unschuldige eingestuft zu werden, nein von Schuld schon von vornherein absolviert zu sein – kurz: überhaupt nicht schuldig werden zu können.

Aber selbst diese Klimax wird in der heutigen atomaren Situation noch überboten. Und zwar eben durch die Einführung des Knopfdrucks. Ob wir dabei an einen „direkten" Täter denken oder an einen „indirekten", also an denjenigen, der den die Katastrophe unmittelbar auslösenden Griff tut; oder an einen jener Unzähligen, die die für die Kalkulation und die Herstellung der Geräte erforderlichen Tasten berühren, das ist dabei gleichgültig. Was den Ausschlag gibt, ist allein, daß nun der Tuende nicht nur nicht mehr weiß, *was* er tut (daß er das nicht weiß, das ist uns ja bekannt); sondern daß er *noch nicht einmal spürt, daß er überhaupt etwas tut*. Denn sein Handeln ist ja als „Arbeit" getarnt, und diese überdies als eine, die so infinitesimal geringe Mühe verursacht, daß sie sich sogar als „Arbeit" nicht mehr erkennen läßt. Klassisches Beispiel einer derart „getarnten Arbeit" ist die durch Musikbegleitung in „fun" verwandelte, zum Beispiel die Arbeit jener Granatendreherinnen des letzten Weltkrieges, die, befeuert von den die Werkhallen durchtönenden Schlagern, ihr Produktionstempo zu einem lustigen Prestissimo steigern konnten. Sowenig Handeln Handeln sein soll, sondern Arbeiten, sowenig soll Arbeiten Arbeiten sein, sondern Spaß. Dies die ingeniöse, sich im heutigen industriellen Prozeß bereits hie und da durchsetzende *doppelstufige Tarnung*.

Wenn wir aber nicht mehr wissen, daß wir etwas tun, dann können wir eben *das Entsetzlichste tun*. Und die Regel, die ich als „Harmlosigkeitsgesetz" formuliert habe, die findet ihre Anwendung.

Nicht anders als ein großer Teil heutiger Effekte wird auch die Endkatastrophe nicht nur keine Folge eines Wollens sein, nicht nur keine Folge einer „Handlung", nicht nur keine Folge einer „Arbeit", sondern die Folge einer schlechthin beiläufigen, vielleicht Spaß machenden Fingerbewegung. Nicht durch Zorn oder Verbissenheit wird unsere Welt untergehen, sondern ausgeknipst wird sie werden. Die Zahl derer, die in diesem Fall unbeteiligt bleiben, und die (sofern man das von den blutverschmierten „mega-corpses" sagen darf) „mit unbefleckten Händen" dastehen werden, wird unvergleichlich viel größer sein als die Zahl derer, die sich früher in Kriegen, gleich in welchen, unbeteiligt und unbefleckt hatten halten können. Wir leben im Massenzeitalter der sauberen Hände, die Inflation von Gutwilligen ist unabsehbar. In einer Sintflut von Unschuld werden wir versaufen. Rechts und links von dem einzigen Knopfdrücker, dessen gleichfalls unblutige Fingerbewegung dazu ausreichen wird, um die Katastrophe auszulösen, wird sich im weitesten Umkreis der Blutozean derer ausdehnen, die, gleich, wie weit sie mitgemacht hatten, nichts Arges gemeint, und die nicht gewußt hatten, daß sie mitgemacht hatten.

„Es hat ganz den Anschein", lautet ein molussischer Text, „als habe sich der Böse einen Scherz erlaubt: als habe er nämlich, um seinen Triumph durchzusetzen, Handlungsarten erfunden, die Verbindungen mit Güte oder Schlechtigkeit überhaupt nicht mehr eingehen können; Handlungsarten, die Handlungen im Stile unserer Vorväter garnicht mehr ähneln, und die von den Handelnden als solche nicht mehr erkannt werden. Durch diesen ingeniösen Trick macht er sich die Menschen gefügig, sodaß diese nun Böses bewirken können, ohne böse zu sein, ohne Böses zu wollen, ohne zu wissen, daß sie Böses tun, nein ohne zu wissen, daß sie überhaupt etwas tun. Eine süßere Genugtuung, eine dauerhaftere Schadenfreude, einen willkommeneren Triumph als den, das Böse mit Hilfe der Nicht-Bösen oder gar der Guten anrichten zu lassen, statt, wie in den altfränkischen Zeiten seiner Herrschaft, durch Menschen, deren Unschuld er erst verderben, und die er für seine Zwecke erst hatte böse machen müssen, hätte es für den Bösen garnicht geben können. Nun reibt er sich, von niemandem inkommodiert, die Hände, denn nun hat er die unwahrscheinliche Chance, sich in den Tateffekten selbst einzunisten und dort völlig nach Belieben zu walten und zu schalten. Wo der Mensch frei ist vom Bösen, ist der Böse frei von Menschen. Er hat gesiegt."

Das Oligarchiegesetz: Je größer die Zahl der Opfer, desto kleiner die Zahl der für die Opferung erforderlichen Täter

Der den heutigen Maschinen eingebaute Trend, ohne den keine Maschine eine Maschine wäre, zielt darauf ab, ein Höchstmaß an Effekt und Machtkonzentration mit einem Mindestaufwand an menschlicher Kraftinvestierung zustandezubringen. Dies ist die Idee der Technik. Und dies das Ziel unseres heutigen utopischen Denkens, das sein politisches Traumbild gegen ein technisches ausgewechselt hat, bzw. den politischen Idealzustand selbst als einen technischen auffaßt. Ideal ist nicht mehr der beste Staat, sondern die beste Maschine. Die beste aber wäre diejenige, die nicht nur die Beteiligung des Menschen überflüssig machen würde (mindestens die Beteiligung des Menschen *als* Menschen), sondern auch die Existenz anderer Maschinen, aller anderen: um als einziger und absolut alleinherrschender Behemoth alle denkbaren Leistungen in sich zu vereinigen und zu verrichten"[12].

Dieser Apparat wäre in gewissem Sinne identisch mit der Menschheit selbst, da ja jedermann in Bezug auf ihn und ihm zugehörig leben würde – sei es als dessen Teil, sei es als dessen Rohstoff, sei es als dessen Konsument oder als Abfall – ein Zustand, dessen Vorform wir ja als „totalitären Staat" kennen.

Außer Zweifel steht jedenfalls, daß der Technik als solcher das Prinzip der Machtkonzentration innewohnt, und damit das

---

[12] Fällig wäre eine „Soziologie der Produkte", namentlich eine „Soziologie der Geräte". – Sowenig wir Menschen als Monaden funktionieren, sondern als zoa politika, sowenig die „individuellen" Apparate, die ihrerseits „erga politika" sind, nämlich Stücke, die weltoffen zu sein und mit anderen Stücken Hand in Hand zu arbeiten haben, die von anderen abhängen und andere abhängig machen – kurz: die ihre raison d'être erst im Fabrikganzen finden. Perfekt ist ein Apparat, gleich welcher, erst dann, wenn seine Koordinierung, also der Betrieb, gleichfalls als Apparat funktioniert. Sein Betrieb hat Sinn erst innerhalb des Apparates „Betrieb". Und nicht nur innerhalb dieses. Denn auch von diesem (also von dem Apparat 2) gilt, was vom individuellen Apparat 1 gilt: auch er hat weltoffen zu sein, auch er Hand in Hand mit anderen zu arbeiten; und auch er funktioniert ideal erst dann, wenn er auf die gesamte (Produktions-, Nachfrage-, Rohstoff-, Angebot-, Konsum-)Welt (und diese gewissermaßen auf ihn) ausgerichtet ist; wenn „der ganze Apparat" klappt. Oder richtiger: ideal würde er nur dann funktionieren, wenn das „Ganze" als Apparat klappen würde. Natürlich kann davon keine Rede sein. Aber daß die Tendenz in diese Richtung geht: also auf den total monokratischen Apparat, innerhalb dessen jeder individuelle seine Rechtfertigung und Sicherheit hätte, und damit zum Apparatteil würde, das ist, und nicht nur durch die Tatsache der Planwirtschaften, unverkennbar. Der Publicity-Apparat, der Produktekäufer herstellt, und der Apparat, der die zu kaufenden Produkte herstellt, gehören zu einem größeren Makro-Apparat, der nun zugleich technischer und sozialer Natur ist und die bisher nur metaphorisch verwendete Vokabel „Apparat" nun ehrlich macht. – An die Stelle der Idee „homme machine" des 18. Jahrhunderts ist heute die der „humanité machine" getreten.

der oligarchischen oder gar monopolistischen Herrschaft. Und unvermeidlich scheint es, daß die weitere Entwicklung der Technik als Entwicklung von machtkonzentrierenden Minoritäten ablaufen wird.

Wenden wir diese These auf das Atomproblem an:

Da Apparate grundsätzlich so gebaut sind, daß sie *erstens* ein Maximum an Effekten mit einem Minimumaufwand an Bedienungsmannschaft verwirklichen; und da *zweitens* der Apparateinsatz in den Händen herrschender Minderheiten liegt, die an (negative) Omnipotenz grenzende Macht in Einzelapparaten investieren können; liegt heute Omnipotenz in den Händen von Gruppen, die (gleich, wie im Einzelfalle das Zahlenverhältnis von Technikern und Politikern aussehen mag) auf jeden Fall Minoritäten darstellen.

Machen wir uns also keine Illusionen: Das Faktum „Technik" steht nicht neutral zu politischen Herrschaftsformen. Zu glauben, daß Technik von allen gleichermaßen für ihre Zwecke verwendet werden könne, wäre Selbstbetrug. Vielmehr wohnt der Technik als solcher das Prinzip „Oligarchie" ein. Und das bedeutet, daß sie politisch-oligarchischen Herrschaftsformen Vorschub leistet. Negativ: daß sie wesensmäßig der Demokratie zuwiderläuft; mindestens sofern man als deren, allen ihren geschichtlichen Spielformen zugrundeliegendes, Prinzip die Majoritätsherrschaft anerkennt. Der Widerspruch zwischen den zwei Prinzipien ist tatsächlich so scharf, daß die dauerhafte Koexistenz der beiden ganz zweifelhaft ist. Dies das wahre Koexistenzproblem von heute.

Dieser Gedanke steht offensichtlich in engstem Zusammenhange mit der Behauptung von Marx, daß die Maschinerie des Kapitalismus zu immer größerer Macht in immer weniger Händen führe. Oder anders ausgedrückt: Daß der Anspruch eines Staates, eine Demokratie zu sein, auch wenn er politische und Rechtsgleichheit verfassungsmäßig gewährleistet, auf Ideologie herauslaufe; und erst dann wahr werde, wenn er auch wirtschaftliche Demokratie, das heißt: Sozialismus, verbürge. Diese Einsicht ist mutatis mutandis heute wahrer denn je. Nur daß sie heute erstens vor allem von technischer Macht gilt; und daß sie zweitens durchaus nicht nur auf kapitalistische Staaten zutrifft, sondern – denn die Gesetze der Entwicklung der Technik sind relativ unabhängig von Wirtschaftsformen – auch auf diejenigen Staaten, die „wirtschaftliche Demokratie" eingeführt haben oder zu haben behaupten. Gleich, wie sich die heutige Menschheit firmiert, ob als „demokratisch" oder als „sozialistisch" – unbekümmert um diese Etiketts gleitet das Leben der technischen Welt den oligarchischen oder monokratischen Herrschaftsformen entgegen[13]. Wenn ein einzelnes Gerät – eine einzelne Wasserstoffbombe – imstande ist, über das Sein oder Nichtsein von Millionen zu entscheiden, dann verfügen diejenigen, die dieses Gerät in Händen halten, über ein Machtquantum, das die Majorität der Menschheit terroristisch zur quantité négligeable und die Rede von „Demokratie" zum bloßen Gerede erniedrigt. Natürlich ist es ein Kinderspiel – und zuweilen soll ja derartiges schon geschehen sein – durch Einsatz von Massenmedien die Majorität dazu zu bringen, für ihre eigene Impotenz zu plädieren. Aber das besagt nichts anderes, als daß man den un- oder widerdemokratischen Hebel bereits in einer tieferen Schicht angesetzt hat. Durch die Tatsache, daß zusätzlich das Einverständnis mitproduziert wird, wird die undemokratische Situation nicht demokratischer. In der Tat besteht in der Massengesellschaft die „Freiheit der Meinung" ausschließlich in der „Freiheit der Meinungsäußerung"; die der Äußerung vorausliegende Meinung selbst dagegen gleicht der „Sitte", das heißt: sie ist nicht „meine oder deine", vielmehr immer die durch die pausenlose Arbeit der Massenmedien in mir oder dir geprägte Meinung, also ein Vorurteil. Nichts ist heuchlerischer als der Hohn, den die Massenmedien konformistischer Staaten auf die neunundneunzigprozentigen Abstimmungsergebnisse totalitärer Staaten gießen. In gewissem Sinne sind diese Staaten sogar ehrlicher als die nicht-totalitären; und alle Wahrscheinlichkeit spricht, wie entsetzlich das auch klingen mag, dafür, daß die totalitäre Ära des Hitlerschen und Stalinschen Regimes keine Intermezzi gewesen

---

[13] Das gilt auch außenpolitisch. Der Versuch kleiner Mächte, die atomare Allmacht zu erwerben, hat keinen anderen Sinn als den, jederzeit durch Drohung die Majorität vergewaltigen zu können.

sind, vielmehr die Verwirklichung dessen, auf was die Epoche eigentlich hinaus will. In diesen Regimes hat sie jedenfalls ihr nacktes und demaskiertes, ihr rechtschaffen-skrupelloses Technikgesicht gezeigt, nämlich ein Gesicht, das politisch nicht mehr wesentlich anders redete als es technisch dachte.

Vollends wäre die oligarchische bzw. monokratische Herrschaft dann etabliert, wenn der Apparat, um Schicksal zu spielen, nicht mehr, wie heute noch, darauf angewiesen wäre, für Auslösung und Steuerung auf den Wink einer aus Menschen bestehenden Minorität zu warten; wenn er vielmehr dazu befähigt würde, durch eigenes Reagieren (auf den feindlichen Apparat, den er atemlos belauert, und von dem er atemlos belauert wird) mit seiner Leistung selbst zu beginnen. Dann wäre der Apparat der alleinherrschende Kain, die Menschheit als ganze das terrorisierte Opfer – dann wäre ein letztes Stadium erreicht, das Stadium, in dem die Durchführung der Untaten nicht nur keiner Täter mehr bedürfte (von bösartigen zu schweigen), sondern nun auch keiner Knopfdrücker mehr. Der Trend zielt jedenfalls auf eine Situation, in der der unwiderruflich letzte Knopfdrücker vermittels eines unwiderruflich letzten Knopfdrucks die Leistung des Knopfdrückens den Knöpfen selbst aushändigt, um mit dieser feierlichen „Schlüsselübergabe" endlich, endgültig und bis zum baldigen Ende den Schlußpunkt zu setzen unter jenes unwürdige und altertümliche Misch-Zeitalter, in dem Knopfdrücker aus richtigem Fleisch und Blut noch erforderlich gewesen waren.

Daß den Geräten dadurch in einem mehr als metaphorischen Sinne Mündigkeit zuwachse oder Autonomie, davon kann natürlich keine Rede sein. Wohl aber davon, daß wir durch die Herstellung dieser Geräte unsere Mündigkeit und unsere Autonomie endgültig liquidieren. Und damit haben wir einen weiteren wichtigen Punkt erreicht.

Nichts wäre nämlich kurzsichtiger als zu glauben, daß die Möglichkeit unserer Liquidierung nur ein zufälliges Nebenprodukt einiger spezieller Apparate, z. B. der Atomwaffen, sei. Vielmehr ist die Möglichkeit unserer Liquidierung das Prinzip, das wir allen unseren Apparaten mitgeben, gleichgültig mit welcher Sonderfunktion wir jeden von ihnen außerdem betrauen; das Prinzip, auf das es uns bei ihrer Konstruktion ausschließlich ankommt. Denn worauf wir abzielen, ist ja stets, etwas zu erzeugen, was unsere Gegenwart und Hilfe entbehren und ohne uns klaglos funktionieren könnte – und das heißt ja nichts anderes als Geräte, durch deren Funktionieren wir uns überflüssig machen, wir uns ausschalten, wir uns „liquidieren". Daß dieser Zielzustand immer nur approximativ erreicht wird, das ist gleichgültig. Was zählt, ist die Tendenz. Und deren Parole heißt eben: „ohne uns".

Es wäre weder lächerlich noch übertrieben, im Gegenteil: sogar nur folgerichtig, wenn wir in einem utopischen Roman ein epilogisches, ein nach-apokalyptisches Zeitalter schildern würden, in dem (nicht weniger pflichtbewußt als der Kafkasche „Bote des toten Königs") gewisse Apparate ihre Arbeit weiterleisten würden. So könnten diese, um aus den schönen Tagen unserer irdischen Existenz immerhin doch etwas in die Nacht der Zukunft hinüberzuretten, und um die Spuren unserer Erdentage, wenn auch für niemanden, so doch nicht ganz und gar verlöschen zu lassen, noch ein paar tröstliche posthume Jahre lang Krieg spielen: also auf einander reagieren, einander finden, aufeinander losstürzen und einander umbringen. „Die Entscheidungsschlacht bei den Penxer Bergen", so heißt es in der molussischen Chronik über die Fehden zweier feindlicher Stämme, „hatte die Kriegführenden zwar restlos aufgerieben. Aber tröstlicherweise waren noch tausende von zum Kampfe abgerichteten Elefanten und Büffeln übriggeblieben, loyale Bullen, zuverlässige Herden, die wußten, wozu sie dawaren. Diese setzten den Krieg so hartnäckig fort und tränkten das Schlachtfeld noch so lange mit dem Blut ihrer Leiber, daß der Penxer Grund erst nach Jahrzehnten wieder als bewohnbar gelten konnte." Für solches tröstliches Überleben werden in unserem Falle vielleicht unsere treuen Geräte Sorge tragen. Unterstellen wir einmal, die zwei Kontinente A und B hätten, den molussischen Stämmen gleich, einander bereits ausgerottet. Durchaus denkbar, daß es einem der beiden – sagen wir: dem Kontinent A – doch noch beschieden wäre, posthum über den Kontinent B zu triumphieren; daß etwa A's atomare Raketen in eifrigster

Pflichterfüllung über das Massengrab der Megacorpses hinweg noch wochenlang weitersausten, während B's Vorrat bereits erschöpft wäre, und sein Trümmerfeld schutzlos der Zertrümmerung durch den (selbst zertrümmerten) A preisgegeben wäre. Wahrhaftig, A's Triumph wäre vollkommen. Denn die Tatsache, daß wir bei dem Triumph nicht mehr anwesend wären, die würde ja nur einen geringfügigen Mangel darstellen, einen Schönheitsfehler, den die Raketen, da sie ja schon heute dazu erzogen sind, ohne uns zu arbeiten, überhaupt nicht bemerken würden. Wir freilich müßten diesen Sieg eben schon antizipatorisch feiern, und die Siegesdenkmäler schon heute errichten.

In anderen Worten: Da es uns gelingt, unsere Apparate so zu bauen, daß ein von Apparat A ausgehender Reiz die Reaktion des Apparats B auslöst, können diese uns die Kains-Taten abnehmen. Die Unmenschlichkeit dieser Taten gehört damit einer ungeahnten Klasse von Unmenschlichkeiten an. Während nämlich Untaten alten Stils dadurch unmenschlich gewesen waren, daß deren Täter in actu oder ante actum ihr Menschsein suspendiert hatten, werden die neuen es nun dadurch, daß sich die menschlichen Täter als Täter suspendieren. *Unmenschliche Taten sind heute Taten ohne Menschen.* Damit ist zugleich gesagt, daß es sich nicht eigentlich mehr um „Taten" im herkömmlichen Sinne handelt, vielmehr um „Begebenheiten". Die ‚Kritik der praktischen Vernunft' scheint zum Tode verurteilt. Denn diese hat Kant ja deshalb geschrieben, um unzweideutig zu etablieren, daß moralische Akte nicht den „notwendig in einer Zeitreihe verknüpften Begebenheiten" zugehören, also nicht dem Reiche der Natur[14]. Wie stolz wir auch darauf gewesen sein mögen, den Rahmen der „Natur" oder der „Erscheinung" durch „Kausalität aus Freiheit" gesprengt und uns auf den Weg der Freiheit gemacht zu haben – die Straße hat uns, mindestens uns als

---

[14] Die heutige Situation hat sich weit über die von Kant erahnbaren Möglichkeiten hinwegentwickelt. Wenn Kant (Kritik der prakt. Vernunft, Erster Teil, I Buch, 3. Hauptstück) betont, daß alles, nur der Mensch nicht, als Mittel, also als Sache behandelt werden dürfe, konnte er nicht ahnen, daß das Handeln selbst bereits dem Menschen als Menschen aus der Hand genommen sein würde.

homines fabros, irregeführt. Nicht vorwärts, wie wir es seit zweitausend Jahren erhofft hatten, sondern im Kreis oder, wenn man will, spiralförmig – jedenfalls *zurück;* zurück an jenen Startpunkt jenseits von Gut und Böse, von dem wir einmal, als unser Menschsein anhob, aufgebrochen waren. War die vormenschliche Gegend unserer Herkunft die der *totalen Animalität* gewesen, so ist die nach-menschliche, die wir nun zu erreichen im Begriff stehen, die der *totalen Instrumentalität. Das Humane scheint sich als ein Intermezzo zwischen diesen zwei (mindestens im Negativen ähnlichen) Phasen der Unmenschlichkeit herauszustellen.*

Wenn unsere Untaten nicht mehr „unsere" sind, wenn deren Unmenschlichkeit daher rührt, daß kein Mensch mehr hinter ihnen steht, dann scheinen sie in fremde Schauspiele verwandelt, wenn nicht sogar in katastrophale Naturschauspiele, denen gegenüber wir uns darauf beschränken, unsere Hände in Unschuld zu waschen, und sie als Zaungäste zu beobachten; oder die wir als Zaungäste beobachten würden, wenn wir irgendeinen Beobachtungsplatz auf oder hinter dem Zaun finden könnten, der von den Effekten der Schauspiele, also von der Radioaktivität, nicht getroffen werden würde. Da wir aber einen solchen Platz nicht finden können, werden wir auch unsere Zaungastvergnügungen und unsere Unschuldswaschungen vorverlegen müssen. In der Tat tun wir das ja auch schon, mindestens jene Millionen, die, mit den vorhin zitierten Worten „dann krepiert man eben mit" auf den Lippen, die Gefahr zwar nicht leugnen, ihr aber auch keinen Widerstand leisten.

Unnötig zu betonen, daß die Rede von „Naturkatastrophen", die die moralische Verantwortung auslöschen soll, reines Gerede ist. Denn gerade darin, daß wir unsere Verbrechen die Form von Naturkatastrophen annehmen lassen, besteht unser Verbrechen.

In anderen Worten: Im ausschlaggebenden Moment werden wir selbst oder unsere Bosheit nicht mehr ins Spiel kommen. Den Apparaten ist so unendlich viel überlassen, daß sie nun hinter unserem Rücken als eine zweite Belegschaft der Menschheit zu handeln beginnen – wodurch sie nicht nur ihresgleichen (die „zweite Belegschaft") zerstören werden, sondern auch die erste, in deren angeblichem Auftrag sie handeln. – So und nicht anderes wird „es" passieren. Womit gesagt ist, daß durch die Zwischenschaltung der Roboter die Mordenden sich bereits als Menschen ausgeschaltet haben; und daß sie unter Umständen von der Roboter-Tat ebenso überrascht sein werden wie deren Opfer; daß auch sie „Opfer" der Tat sein werden.

Und auch damit noch nicht genug. Setzen wir einmal den simplen Beispielsfall, daß jede der zwei einander bekämpfenden Parteien A und B je nur eine einzige atomare Rakete und je nur eine einzige Abwehrrakete für den Kriegsfall bereit hielte. Da bei Kriegsausbruch die Auslösung von A's Rakete B's Antirakete auslösen würde (oder umgekehrt), würden, technisch gesehen, Rakete A mit Abwehrrakete B, und Rakete B mit Abwehrrakete A einen einzigen Apparat bilden. Wie weit sie im Augenblicke der Auslösung geographisch auch von einander entfernt sein würden, und wie verfeindet immer sie auch wären – sie würden nicht anders funktionieren als zwei aufeinander eingespielte Stücke eines einzigen Apparats, etwa so wie die ineinander greifenden Stücke eines Motors. Was da als angeblicher Krieg ausbrechen und vor sich gehen würde, wäre also nicht nur kein Krieg zwischen Feinden, und (da sich ja je zwei Apparate zu einem einzigen ergänzen würden) auch kein Krieg zwischen Apparaten – vielmehr würde es sich hier um kombinierte Apparatvorgänge handeln, wobei *jeweils zwei gegnerische Stücke* (also ein Stück der Partei A und eines der Partei B) *ein kombiniertes Ganzes* darstellen würden. Durch diese Tatsache wäre das Prinzip der Zweiheit also aufgehoben. – Überflüssig zu betonen, daß das, was in dem soeben unterstellten einfachsten Beispielsfall gilt, genauso in dem kompliziertesten (der Wirklichkeit entsprechenden) Fall gelten würde, in dem jeder Partei eine große Zahl von Raketen und Antiraketen zur Verfügung stehen würde. *Der Krieg,* der da ausbrechen würde, und an dem dann auch noch ad libitum Antiraketen-Raketen und Antiraketen-Antiraketen teilnehmen könnten, *wäre dann kein Krieg mehr, sondern ein harmonischer Vorgang.*

Diese, erst einmal widersinnig klingende, These verliert vielleicht dann ihre Absurdität, wenn man sich an eine bestimmte (bereits bekannte) Tatsache erinnert, die dieser strukturell entspricht: nämlich an die Tatsache, daß auch der Effekt des Atomkrieges keine Dualität mehr zeigen wird, da ja die Feinde zu einer einzigen besiegten Menschheit zusammenfließen werden. – Wahrhaftig, die „fission" hat in jeder Hinsicht zur „fusion" geführt. – Nun kommt es darauf an, dafür zu sorgen, daß statt der Fusion der Apparate oder der Opfer eine andere Art von „Fusion" gelinge, die die zwei anderen verhindere.

Nicht in einem Zeitalter leben wir, sondern in einer Frist

Unter den hunderten von terribles simplifications unserer Vergangenheit gibt es wohl keine, die uns nachträglich mit solchem Grauen erfüllt wie die kurz vor dem Ausbruch des letzten Krieges geprägte Redensart „Peace in our Time". Horchen wir heute in sie hinein – heute, da wir wissen oder mindestens wissen müßten, daß sie von Menschen bejubelt wurde, auf die die Massengräber bereits warteten; in Städten, die bereits aus prospektivem Schutt bestanden; und daß sie in die vier Windrichtungen einer Welt hineingefunkt wurde, die sich eigentlich (da die Ouvertüre, genannt „Spanischer Bürgerkrieg", schon hinter ihr lag) bereits mitten im Kriege befand – dann klingt die Formel wie infernalischer Hohn. Freilich gehören die zwei: Naivität und Hohn, aufs engste zusammen. Und auch den damaligen Augenblick fassen wir nur dann vollständig auf, wenn wir die arglose Stimme des Mannes, der auf dem Londoner Flughafen landete, und die höhnische des anderen, der die deutsche Mobilmachungsorder bereits in seiner Rocktasche trug, als einen bi-tonal komponierten Text der Weltgeschichte hören.

Noch absurder klingt die Redensart, wenn sie heute verwendet wird, oder wenn sie gar mit dem Anspruch auftritt, die Aufgabe von heute zu formulieren. Denn heute stellt sie unseren Weltzustand geradezu auf den Kopf. Seit dem Augenblick, da – ex oriente lux – der Feuerschein von Hiroshima den Erdball überstrahlt hat, hat sich unsere Situation ja noch einmal fundamental verändert. Von „Frieden in unserer Zeit" zu reden, ist nunmehr nämlich deshalb widersinnig geworden, weil es weitergehende Zeit außer im Frieden überhaupt nicht mehr geben kann. Wünscht man, dem Zeitgenossen eine Formel in die Hand zu geben, dann darf man höchstens die Umkehrung der ersten anbieten, nämlich die: „Zeit in unserem Frieden". Was heißt das?

Es gibt wenige Unterstellungen, die naiver wären als die, daß es für uns Heutige im gleichen Sinne Zeit „gebe", in dem es früher Zeit „gegeben" hatte: daß die Zeit ein geduldiges und gegen seine Inhalte gleichgültiges Gefäß darstelle, in das wir, ohne es dadurch zu affizieren, diese oder jene Aktion, gleich welche, hineinpacken könnten; einen Hohlraum, innerhalb dessen sich, ohne daß er darunter litte, dieses oder jenes Ereignis, gleich welches, abspielen könnte. Damit ist es vorbei. Entweder gibt es Friedenszeit, oder es gibt überhaupt keine Zeit. Friedenszeit und Zeit sind identisch geworden. – Das bedeutet:

Erstens von der Zeit aus gesehen: diese hat aufgehört, im Kantischen Sinne eine „bedingende Form" zu sein. Vielmehr ist sie – was in manchen philosophischen Ohren gewiß haarsträubend klingt – zu etwas Bedingtem geworden. Nämlich zu etwas, was von Frieden abhängt, was mit diesem steht oder fällt.

Zweitens vom Frieden aus gesehen: dieser hat aufgehört, ein empirischer geschichtlicher Zustand unter anderen zu sein. Vielmehr ist er nun die Bedingung schlechthin: die Bedingung für Menschheit, Geschichte und Zeit.

Damit nicht genug. Denn ebensowenig gibt es heute „unsere Zeit" im Sinne von „unser Zeitalter". Es sei denn, wir bestimmten dieses Zeitalter als diejenige „Zeit", die pausenlos in der Gefahr schwebt, ein Ende zu nehmen und dabei auch *die* Zeit mit sich zu reißen. Theologisch gesprochen also als *Endzeit*. Aber ein „Zeitalter" im üblichen Sinne ist solche Endzeit deshalb nicht, weil sie (was von keinem Zeitalter sonst gilt) solange es Zeit „gibt", niemals enden kann, sondern nur mit dem Ende der Zeit selbst. Obwohl sie einen äußerlich unbestreitbaren Startpunkt hat (ihr Jahr Null liegt im Jahre 45), und obwohl sie so fragil, nämlich immer „am Ende", ist; oder gerade weil sie immer am Ende ist, ist sie auch endlos im Sinne von „endgültig". Und durch diese ihre merkwürdige Verbindung von Endnähe und Endlosigkeit unterscheidet sie sich von allen anderen Zeitaltern. Endlos aber – was noch merkwürdiger klingt – ist sie deshalb, weil sie von uns abhängt, oder genauer – und das ist am merkwürdigsten – weil sie von einer Unfähigkeit von uns abhängt: weil wir nämlich ohnmächtig sind, dasjenige, was wir nun einmal können (nämlich einander das Ende bereiten) jemals nicht mehr zu können, weil wir also „zu unserem Können verurteilt sind".

Wie lange die Welt auch stehen mag, welche Scherze und Sensationen die Geschichte in ihrer Pandorabüchse auch noch verbergen mag, mit einem neuen Zeitalter wird sie uns nicht mehr überraschen können. Aber nicht etwa deshalb nicht, weil sie in irgendeinem Sinne erschöpft wäre, sondern umgekehrt, deshalb, weil sie das nun erreichte Maximum ihrer Potenz: die Selbstauslöschung der Menschheit, durchhalten wird, weil sie unfähig bleiben wird, dieses Maximum nicht durchzuhalten. Und das heißt eben: weil keine Veränderung denkbar ist, die als stärkeres Kriterium eines neuen Weltalters mit dem heutigen Kriterium „mögliche Selbstauslöschung der Menschheit" in Wettbewerb treten könnte. Verfünffachung der Zahl der Erdbewohner? Möglich. Verdreifachung der durchschnittlichen Lebenszeit? Denkbar. Interstellare Kursbücher? Warum nicht? Aber alle diese stolzen Errungenschaften werden doch keinen Deut am Fortbestehen unseres einen Zeitalters verändern, auch sie würden diesem nur zugehören, es aber nicht ablösen.

Dies also ist „unsere Zeit". Die „unsere" freilich in einem neuen Sinne ist. Eben weil es zu ihr gehört, daß die Entscheidung darüber, ob sie als weitergehende bleibe oder nicht, in unserer Hand liegt und in unserer Hand liegen bleiben wird; weil in ihr die Zeit, die als Dimension des Möglichen bisher nur den *Spielraum unserer Freiheit* dargestellt hatte, nunmehr zum *Gegenstand unserer Freiheit* geworden ist.

Wenn aber die täglich neu bis an den Rand des gerade noch Tragbaren geführte Drohung einmal wirklich werden, oder wenn der Krieg durch ein technisches Versehen ausbrechen würde – nicht nur „Krieg in unserer Zeit" wäre das also, sondern der letzte Krieg. Und als letzter wäre er zugleich der Krieg gegen alle bisherigen Zeiten, in denen es Menschen gegeben hatte. Denn diese Zeiten würden nun sub specie dieses letzten Ereignisses, also nachträglich, zu einer einzigen Epoche zusammenschießen. Nicht nur der „Friede in unserer Zeit" wäre damit ausgelöscht, nicht nur der Friede überhaupt, sondern das „Zeitalter des Menschen", in dem es Kriege gegeben hatte und Friedenszeiten.

Unser Friedensruf hat heute daher einen völlig anderen Inhalt als der früherer Generationen. Und einen Grad von Dringlichkeit, den diese nicht hatten ahnen können. Voller Respekt gedenken wir zwar des Rufes „Nie wieder Krieg!", mit dem die Generation unserer Väter, die Schützengrabenkämpfer von der Somme und die Überlebenden aus Galizien den „ewigen Frieden" verlangt hatten. Aber auch voll Rührung und Neid. Denn ihr Ruf klingt herüber aus einer glücklicheren Welt, aus einer besser gesicherten. Wie empört sie damals auch geschrien haben mögen, wie überschwenglich gehofft – ihre Empörung und ihr Überschwang hatten doch innerhalb eines Raumes bleiben dürfen, dem zu mißtrauen sie keine Ursache hatten, und von dem sie keinen Augenblick lang zu zweifeln brauchten, daß er ihnen gegeben war: innerhalb der Welt, die „da" und deren Bleiben verbürgt war, und die es ihnen vergönnte, sich darauf zu beschränken, einen verbesserten Zustand zu fordern anstelle des bestehenden „schlechten Zustandes", wenn nicht gar die beste aller Welten.

Uns dagegen ist selbst diese Alternative „schlechte Welt oder gute Welt" mißgönnt. Da das Ende droht, lautet die unsere nun: *Welt oder Nichtwelt*. Und schon erscheint uns die heutige Welt beinahe als die „beste aller Welten", sofern sie nur bleibt.

Oder doch nicht.

Doch nicht. Denn wie wahr es auch sein mag, daß es um Weitersein oder Nichtweitersein geht – um die glatte Ablösung der einen Alternative durch die andere handelt es sich nicht. Und zwar deshalb nicht, weil vom Bessersein der Welt heute mehr abhängt, als je von ihm abgehangen hatte; weil, wie paradox das auch klingen mag, die Bewahrung der Welt nur gelingen kann durch deren Veränderung; weil Weitersein allein dann möglich ist, wenn die weitere Welt nicht so bleibt wie die heutige ist. Annulliert sind die Hoffnungen und Ansprüche unserer Väter also durchaus nicht. Vielmehr wohl erst aktuell geworden.

Apokalypse ohne Reich

Zu denken uns aufgegeben ist heute der Begriff der *nackten Apokalypse*, das heißt: der Apokalypse, die im bloßen Untergang besteht, die also nicht den Auftakt zu einem neuen, und zwar positiven, Zustande (zu dem des „Reiches") darstellt. Diese *Apokalypse ohne Reich* ist kaum je zuvor gedacht worden, außer vielleicht von jenen Naturphilosophen, die über den Wärmetod spekuliert haben. Den Begriff zu denken, bereitet uns um so größere Schwierigkeiten, als wir an dessen Gegenkonzept, an den Begriff *Reich ohne Apokalypse* gewöhnt sind, und weil uns seit Jahrhunderten die Geltung dieses Gegenkonzepts absolut selbstverständlich gewesen war. Dabei denke ich nicht so sehr an utopische Bilder gerechter und ezechielhafter Weltzustände, in denen die Quellen des Bösen als versiegt gegolten hatten, als an die Geschichtsmetaphysik, die unter dem Titel *Fortschrittsglaube* geherrscht hatte. Denn dieser Glaube, beziehungsweise diese Theorie, die uns allen zur zweiten Natur geworden war, hatte ja gelehrt, daß es zum Wesen unserer geschichtlichen Welt gehöre, auf unentrinnbare Weise immer besser zu werden. Da der erreichte Stand angeblich den Keim des unentrinnbar Besseren schon immer in sich enthielt, lebten wir in einer Gegenwart, in der die „bessere Zukunft" immer schon begonnen hatte; nein, gewissermaßen bereits in der „besten aller Welten", weil etwas Besseres als unentrinnbares Besserwerden eben nicht denkbar war. In anderen Worten: Für den Fortschrittsgläubigen erübrigte sich die Apokalypse als Vorbedingung des „Reiches". Aufs ingeniöseste waren Präsens und Futurum ineinander verschlungen. Das Reich kam immer, weil es immer schon dawar. Und es war immer schon da, weil es kontinuierlich kam. Ein apokalypseferneres Credo, um nicht zu sagen: einen schärferen antiapokalyptischen Affekt (und damit eine dem apostolischen Christentum fremdere Mentalität) kann man sich wohl kaum vorstellen. Daß sich Amerika, das klassische Land der Vulgarisierung des Fortschrittsglaubens, so gerne „God's own country" nannte, war nichts weniger als Zufall. Der Ausdruck bezeichnet eben unverblümt das Schon-da-sein des Reiches Gottes; den Anklang an den Ausdruck „Civitas Dei" zu überhören, ist unmöglich. – Gewiß, die Wörter „apokalyptisch" und „antiapokalyptisch" spielten in der Diskussion der Kategorie „Fortschritt" keine Rolle, aber in der beliebten Unterscheidung zwischen „evolutionär" und „revolutionär" läßt sich trotz der Verwässerung das Gegensatzpaar „apokalyptisch" und „antiapokalyptisch" doch noch wiedererkennen. Wer weiß, ob nicht der Abscheu, mit dem die Amerikaner auf den Bolschewismus und auf die Tatsache „Sowjetrußland" reagiert haben, ursprünglich nicht so sehr dem Kommunismus als solchem gegolten hatte, als der Tatsache, daß die russische Revolution, die ja offensichtlich etwas Apokalyptisches an sich hatte, ihren Glauben an die Unnötigkeit apokalyptischen Geschehens aufs äußerste brüskiert hatte. Nichts behindert jedenfalls unsere Bemühung, den heute fälligen Begriff zu denken, ernsthafter als diese optimistische These vom „Reich ohne Apokalypse". Und es ist unbestreitbar, daß, was zu denken gefordert wird, eine wirkliche Zumutung, weil ein wirklicher Sprung in contrarium ist.

Damit ist aber nicht etwa gesagt, daß die Schwierigkeit auf der Seite der Revolutionäre wesentlich geringer wäre; daß diese, die (auf wie säkularisierte Weise auch immer) das apokalyptische Erbe wiederaufgenommen oder weitergeführt haben, geringere Mühe hätten, den Gedanken an die drohende „Apokalypse ohne Reich" zu denken. Denn wie lebendig für sie auch der (in den Begriff „Revolution" verwandelte) Begriff „Apokalypse" gewesen sein mag, der Begriff des „Reiches" war für sie nicht minder lebendig. Das Denkmodell der jüdisch-christlichen Eschatologie „Sturz und Gerechtigkeit" oder „Ende und Reich" leuchtete deutlich durch die kommunistische Doktrin hindurch, da in dieser nicht nur die Revolution die Rolle der Apokalypse spielte, sondern auch die klassenlose Gesellschaft die Rolle des „Reiches Gottes". Dazu kommt ferner, daß sie mit der, die Apokalypse vertretenden, Revolution nicht ein einfach eintretendes Ereignis gemeint hatten, sondern eine

Aktion, die ohne das Aktionsziel „Reich" ins Werk zu setzen schlechthin sinnlos gewesen wäre. Von irgendeiner Affinität zu dem heute erforderten Begriffe der „nackten Apokalypse ohne Reich" kann also auch hier keine Rede sein. Umgekehrt scheinen aus der heutigen Perspektive der möglichen Totalkatastrophe Marx und Paulus zu Zeitgenossen zu werden. Und diejenigen Unterschiede, die bisher die Fronten markiert hatten – selbst der fundamentale Unterschied zwischen Theismus und Atheismus – scheinen zum Untergang mit-verurteilt zu sein.

Trotzdem ist unsere Behauptung, daß der Gedanke der im nackten Nichts landenden Apokalypse unerhört sei, und daß wir die Ersten seien, die diesen Gedanken einzuüben hätten, befremdlich. Und zwar deshalb, weil wir ja schließlich seit beinahe einem Jahrhundert von Nihilismus umgeben gewesen sind, von einer Bewegung also, die uns, da sie das Nihil in den Vordergrund geschoben hatte, an den Gedanken der Vernichtung hätte gewöhnen müssen. Haben uns denn diese Nihilisten auf das, was wir nun (um es zu verhüten) zu gewärtigen und zu lernen haben, überhaupt nicht vorbereitet?

Nein, überhaupt nicht. Und im Vergleich mit der Position, die wir Heutigen, dem Zwang gehorchend, nicht dem eigenen Triebe, einnehmen, erscheint die ihre als eine von „good old nihilists", ja sogar von Optimisten. Nicht nur deshalb, weil sie, was sie der Vernichtung zuschoben, als „delendum", also als vernichtungswürdig ansahen, dessen Vernichtung also bejahten; sondern vor allem deshalb, weil sie die Aktionen oder Vorgänge der Zerstörung innerhalb eines Rahmens geschehen ließen, dessen Unzerstörbarkeit sie keinen Augenblick lang bezweifelten. In anderen Worten: als „delenda" betrachteten sie „nur" Gott und „nur" die sogenannten „Werte". Und „nur" dürfen wir deshalb sagen, weil sie die Welt selbst nicht der Klasse der „delenda" zurechneten; weil der Gedanke, der für uns Heutige *der* zu denkende Gedanke ist: der der Weltvernichtung, innerhalb ihres Horizontes, des Horizontes dessen, was sie zu fürchten oder zu hoffen fähig waren, nicht auftauchen konnte.

Im Gegenteil: Wenn diese Nihilisten für Zerstörung plädierten, so war ja ihre Leidenschaft durch ihre Weltbejahung genährt. Ihre Herkunft aus dem Naturalismus, der Naturwissenschaft und der Technik ihrer Zeit, ist ja unzweideutig. Selbst wenn einige von ihnen den Optimismus der Naturwissenschaften dubios oder sogar ruchlos fanden – auf indirekte Weise waren sie kaum weniger optimistisch als die von ihnen verachteten oder verhöhnten Advokaten des Fortschritts, und gewiß nicht weniger diesseitig. Was ihnen ihren Mut zum großen Nein verlieh, war die Tatsache, daß sie das große Ja ihrer Zeit: das naturwissenschaftliche Vertrauen auf die Welt und die restlose Weltbeherrschung – kurz: das Vertrauen auf den „Fortschritt" mehr oder minder bewußt teilten. Wobei ich vor allem an die russischen Nihilisten denke.

Die Vieldeutigkeit der christlichen Frist

Obwohl sich Geschichte nur dadurch, daß die christliche Erwartung auf das Heil hin ausgerichtet war, zur „Geschichte" im modernen Sinne, nämlich zur Geschichte mit Richtungssinn ausgebildet hat; und obwohl ihre Jahre als „Jahre des Heils" zählen, hat sich doch die faktische Geschichte nicht als Heilsgeschehen abgespielt. Vielmehr lief sie, sofern man sich nicht an ihr Weitergehen gewöhnt und die Erwartung vergessen hatte, als eine Kette von Heilsenttäuschungen ab, als ein täglich neues und niemals abreißendes Nichtkommen des „Reichs", als stete Einübung im Sich-Bescheiden mit dem Weiterbestand τούτου τοῦ κόσμου.

Eigentlich, nämlich urchristlich gesehen, ist die Tatsache der zweitausend abgelaufenen Jahre ein Skandal, eigentlich hätte es diese garnicht geben dürfen – es sei denn man faßte sie so auf, wie Jesus die Zeit zwischen der Aussendung der Jünger und seinem Tode, oder wie Paulus seine apostolische Zeit aufgefaßt hatte; als *Frist;* als dasjenige Zwischenstück, das sich zwischen die Verkündigung (bzw. die Kreuzigung) und die Parusie einschiebt oder gar einschieben muß: also als letzte Zeit der Konvulsionen oder des Triumphs Satans vor der Entscheidung. Christlich, also eschatologisch gesehen, lebt das Christentum zwar post Christum natum, aber doch im Zeitalter „ante".

Eine zweideutige Situation. Die Erwartung, die für Jesus die Erwartung des morgigen Reiches gewesen war, auf Grund der Erwartungsenttäuschung einfach abzuschreiben und das Erwartete expressis verbis zu verleugnen, das war wohl nur für diejenigen möglich gewesen, die sich dazu verstanden, den Glauben als ganzen aufzugeben. Denn wer auf das „Dein Reich komme, Dein Wille geschehe auf Erden wie im Himmel" verzichtete, der gab das Christentum als ganzes auf. Aber vielleicht waren das, mindestens in der Epoche ehe das Christentum zur Staatsreligion wurde, garnicht so wenige. Und auch Paulus und Petrus werden ihre Warnungen ja nicht grundlos ausgesprochen haben. Für diejenigen, dagegen, die trotz der Parusie-Enttäuschung im Glauben beharrten, und die sich gerade durch ihre Geduld, die sich als die Christentugend der enttäuschten Christen ausbildete, ihren Glauben vordemonstrierten – für die war die Situation von einer kaum zu überbietenden, kaum zuzumutenden Vieldeutigkeit. Nicht nur in der christlichen Theologie, auch in der christlichen Seele, gab es, und zuweilen sogar gleichzeitig, einander widersprechende Überzeugungen:

Erstens die, daß die Apokalypse (bzw. Reich Gottes, Rechtfertigung) auch heute noch ausstehe;

zweitens die, daß die Parusie nicht in Form einer Weltkatastrophe vor sich gehe, sondern als ein Geschehen *im* Menschen. (Wenn Paulus und die Seinen in der Taufe Sterben und Auferstehen *mit* Christus erfahren haben, also glaubten, bereits ein Stück des Reiches Gottes zu sein, dann war der entscheidende Augenblick bereits vorweggenommen, und zwar innerhalb der Weltzeit.)

Oder drittens die, daß das Reich, wiederum ohne Apokalypse, in der Form der bestehenden Kirche, bereits dasei. – In diesem Falle ist die Apokalypse, wie paradox das auch klingen mag, obwohl sie überhaupt nicht stattgefunden hat, in die Vergangenheit relegiert.

Abgesehen von Einzelnen, die nicht darauf verzichten konnten, herauszufinden, woran sie nun eigentlich waren, und die dann auf einer bestimmten Deutung bestanden, war wohl die Geschichte des Christentums zum großen Teil eine Geschichte der Verschleifung dieser einander widersprechenden und ausschließenden Möglichkeiten.

Es besteht nun die größte Gefahr, daß eine ähnlich eschatologische Vieldeutigkeit auch diesmal zur Herrschaft komme; daß auch unsere Position so clair-obscure werde, wie es die eschatologische Situation des Christen gewesen war. Nichts wäre verhängnisvoller, als wenn Ungewißheit darüber einträte, ob wir die Katastrophe als noch vor uns stehend anzusehen (und uns dementsprechend zu benehmen) haben; oder ob wir es (z. B. auf Grund des überwundenen Atom-Monopols) uns leisten können, uns so in der Welt einzurichten, als wären wir schon über den Berg; oder ob wir gar das Ende als etwas „ständig Geschehendes" (und darum letztlich nicht so Furchtbares) betrachten dürfen. Vielleicht ist die Unverblümtheit eines Ungläubigen, eines, der so ungläubig ist wie der Schreiber dieser Zeilen, dazu nötig, um mit aller Deutlichkeit auszusprechen, daß sich die Zwielichtigkeit, wenn sie heute einträte, noch verhängnisvoller auswirken würde als die Zwielichtigkeit damals. Damals hatte es sich eben, wie die zweitausend unterdessen verflossenen Jahre beweisen, um eine bloß eingebildete Bedrohung gehandelt. Während diesmal eine unzweideutige, im alltäglich-technischen Sinne wirkliche Bedrohung bevorsteht, die wahr werden wird, wenn wir ihr nicht mit einer ebenso unzweideutig wirklichen Antwort-Aktion zuvorkommen.

Was hinter uns liegt – aber im Sinne des nun ein für alle Male Gültigen – ist die Voraussetzung, auf Grund derer die Katastrophe möglich ist.

Was vor uns liegt, ist die mögliche Katastrophe.

Was immer da ist, ist die Möglichkeit des Katastrophenaugenblicks.

Analogie: So wie man damals, und zwar mit Hinweis auf die Frist, die Gläubigen im Glauben (an das Kommen) zu halten versuchte, so versucht man heute, wiederum mit Hinweis auf die Frist, die Ungläubigen im Unglauben (an das Kommen) zu halten.

Damals hatte es geheißen: Für sofort können wir das Reich nicht erwarten, denn das Kommen stellt ein kosmisches Drama dar; der Sieg auf Erden nimmt, auch wenn er im Himmel bereits erfochten ist, Zeit; und kann erst dann eintreten, wenn Satan zuvor seinen letzten konvulsivischen Triumph genossen haben wird. „Denn er kommt nicht, es sei denn, daß zuvor der Abfall komme" (2. Thess. 2, 3). Kurz: das bisherige Nichtkommen des Reiches war geradezu als Beweis für das Kommen präsentiert worden.

Heute heißt es dagegen: „Für sofort brauchen wir das Kommen (der Katastrophe) nicht zu erwarten, nein, überhaupt nicht. Denn ihr bisheriges Nichtkommen, also die bereits durchgemachte Frist, beweist, daß wir fähig sind, mit der Gefahr (‚mit der Bombe') zu leben und dieser Gefahr zu gebieten. Das gilt mit um so größerer Gewißheit, als die apokalyptische Gefahr zu Beginn der ‚Frist', also in der Zeit der atomaren Erfahrungslosigkeit und des Atom-Monopols, akuter gewesen war als heute in der Zeit des atomaren Gleichgewichts, und selbst die damalige Gefahrenklimax hatte überstanden werden können. Ergo: Das Examen liegt bereits hinter uns."

Das Ende des Endes

Solange der Gang der Zeit als ein zyklischer verstanden wurde, galt es als unvermeidlich, daß der Ausgangspunkt immer von neuem erreicht, und die gleiche Bahn immer von neuem zurückgelegt würde. Der Begriff „Ende" war nicht möglich. Wo er, wie in der stoischen Ekpyrosis-Theorie, auftauchte, da bedeutete „Ende" stets zugleich auch „Anfang".

Durch die Erwartung des endgültigen Endes, also durch die eschatologische Angst und Hoffnung, ist die Geschichte zu einer „Einbahnstraße" geworden, die Wiederholung ausschließt. Aber da sie nicht nur keinen alten Ausgangspunkt erreichen konnte, sondern auch kein Ende erreichte, geschah es, daß gerade sie, die dem Begriff „Ende" ihr Dasein verdankte, zum Prinzip des „und so weiter" wurde; daß gerade sie dem Prinzip „Ende" sein Ende bereitete. Nichts war uns so verbürgt gewesen für alle Ewigkeit wie die ewig weitergehende Zeit. Diese Garantie ist nun zusammengebrochen.

Exkurs über christliche und atomare Apokalypse

Wiederholt ist meine Verwendung der Ausdrücke „eschatologisch" und „apokalyptisch" beanstandet worden. Es zieme sich nicht, so lautete der Vorwurf, mit den theologischen Ausdrücken herumzuspielen und durch deren metaphorische Verwendung der Darstellung einer Situation, die mit Religion nichts zu tun habe, einen falschen Ernst und eine falsche Schrecklichkeit zu verleihen.

Die einzige wahrhaftige Entgegnung auf diese Kritik wird schockierend klingen. Aber im Namen des von uns angeblich verletzten Ernstes verbietet sich jede Zweideutigkeit. Hier die Antwort:

Wie ehrfurchtgebietend alt auch die Geschichte eschatologischer Hoffnungen und Ängste, von Daniels Traumdeutungen bis zu den Reich-Gottes-Hoffnungen des Sozialismus, sein mag – eine wirkliche Weltuntergangs-Gefahr hatte natürlich, trotz des subjektiven Ernstes, mit dem die Propheten von dieser Gefahr sprachen, niemals bestanden. Erst die heutige Endgefahr ist objektiv ernst – und zwar so ernst, daß sie ernster nicht sein könnte. Da dem so ist, muß die Antwort auf die Frage, welche Verwendung der Termini „Weltende" oder „Apokalypse" unmetaphorisch, und welche nur metaphorisch sei, lauten: *Ihren ernsten und unmetaphorischen Sinn gewinnen die Termini erst heute,* bzw. erst seit dem Jahre Null (= 1945) da sie nun erst den wirklich möglichen Untergang bezeichnen. Dagegen entpuppe sich nun nachträglich der in der Theologie bis heute verwendete Begriff „Apokalypse" als bloße Metapher, richtiger: das in dem Begriff Gemeinte als eine – sprechen wir es unverblümt aus – *Fiktion.* Wie gesagt, das klingt provokant. Aber zu Unrecht. Denn wir sind durchaus nicht die Ersten, die eine Degradierung der Eschatologie zur „Fiktion" vornehmen. In gewissem Sinne ist diese Degradierung sogar fast ebenso alt wie die Eschatologie selbst, und diese hat schließlich eine lange Geschichte durchgemacht. Eigentlich datiert sie seit jenem Augenblicke, in dem die Jünger, die Jesus mit den Worten ausgeschickt hatte: „Ihr werdet mit den Städten Israels nicht zu Ende kommen bis des Menschen Sohn kommet" (Matth. 10/23), zurückkehrten, ohne daß des Menschen Sohn gekommen war, denn die alte Welt bestand ja noch, und sie funktionierte ja weiter. Die Enttäuschung über die Nichtparusie und über das Nichteintreten des Endes, bzw. über das Weitergehen der Welt, war das Modell der Enttäuschung, die Jahrhunderte anhalten sollte, bis schließlich die Parusie in etwas bereits Geschehenes umgedeutet wurde[15].

Aber schien auch die Apokalypse im Jahrhunderte währenden Kontinuum der Hoffnungsenttäuschungen zur Fiktion zu werden – mit welchen, zuweilen trickartigen, Mitteln die Hoffnungen trotz der niemals endenden Parusie-Verzögerung aufrechterhalten wurde, das kann hier nicht behandelt werden – so war sie doch nicht deshalb Fiktion, weil plötzlich, so wie heute, eine wirklich und völlig andersartige Apokalypsedrohung eingetreten wäre. Vielmehr schien die Voraussage, soweit sie nicht theologisch umgemünzt werden konnte, einfach falsche Prophetie. Schon der Kirchenvorsteher in Pontus schwächte seine Weissagung mit den Worten ab: „Wenn es nicht geschehen wird, wie ich gesagt habe, so glaubt fortan auch der Schrift nicht, sondern tue jeder von Euch, wie er will[16]."

Das heißt: Nicht nur die Frage „Wann?" war vom Anfang an lebendig, sondern auch der Zweifel daran, ob der geweissagte Untergang überhaupt eintreten würde[17]. Verursacht war der Zweifel aber nicht durch das Auftauchen einer effektiven Bedrohung von der Art, wie sie heute aufgetaucht ist, vielmehr durch den Weiterbestand der Welt, der die apokalyptischen Erwartungen täglich widerlegte, um nicht zu sagen Lügen strafte.

Was heutige Christen, sofern diese überhaupt noch an einen

---

[15] So in den Darstellungen von Auferstehung und Weltende im 3. und 4. Jahrhundert, die so gehalten waren, als *wäre* das Erwartete eingetreten, die Zukunft also bereits Vergangenheit. – Siehe dazu Martin Werner „Die Entstehung des christlichen Dogmas", Bern 1941, S. 90.

[16] Hippolyt. Danielkommentar IV, 18 ff. Zitiert nach Werner S. 107.

[17] 2. Petrusbrief, 3. Kap. 3 ff.

Untergang glauben, betrifft, so meinen diese noch immer jenes Ende, von dem sie in der Religionsstunde gelernt hatten. Womit ich meine, daß sie auf den Gedanken, in der heutigen, von uns selbst hergestellten, Situation ein Omen zu sehen, nicht kommen[18]. Aber ich sage einschränkend: „sofern überhaupt". Denn die Apokalypse als Glaubensstück ist ja eigentlich durch die Nichtparusie Christi seit 1500 Jahren unglaubhaft geworden. – Bultmanns Ersetzung des eschatologischen Christentums durch ein „existentielles" ist nur die letzte Formulierung einer Apokalypse-Neutralisierung, die eigentlich bereits seit Augustin vorliegt, da dieser ja in der Existenz der Kirche bereits die „Civitas Dei" gesehen hat, also das gekommene Reich, das, da es eben gekommen war, die Hoffnung auf das Kommen überflüssig machte. Nein, die Zweideutigkeit des Apokalypsebildes und -begriffs lag bereits bei Paulus vor, und nicht nur das Bild, das sich der Apostel von der Apokalypse machte, war zweideutig, zweideutig waren auch die (wenn man diesen Ausdruck verwenden darf) „Apokalypse-Gefühle", das heißt: die Einstellung zur Apokalypse[19]. Damit meine ich nicht nur die ziemlich rasch eintretende Ambivalenz von Hoffnung und Angst angesichts der zu erwartenden Apokalypse, die sich schließlich zur Angst vereindeutigte; sondern die Undeutlichkeit, die dadurch eintrat, daß man nicht wußte, ob man das Zugesagte als bevorstehend auffassen sollte oder als gegenwärtig.

Diese Situation – es ist die Situation der „Parusieverzögerungen", die in der heutigen, namentlich in der protestantischen Religionsgeschichte mit Recht eine entscheidende Rolle spielt –

---

[18] Heute von „omina" zu reden, ist natürlich ganz unzulänglich. Denn unsere Herstellung des Weltendes, die ja aufs direkteste und in einer keiner Exegese bedürftigen Weise mit der Gefahr droht, ist natürlich weit mehr als ein bloßes und interpretationsbedürftiges Vorzeichen.

[19] Je größer in der Geschichte des Christentums die Rolle des Sakraments wurde, um so ohnmächtiger und unüberzeugender mußte der eschatologische Gedanke werden. Denn wenn bereits das Sakrament die Kraft hat, die Entscheidung über Auferstehung oder Verdammung zu fällen, dann ist ja der Spruch des Jüngsten Gerichts bereits bei Lebzeiten vorweggenommen, das Gericht selbst also über-

ist die Situation der Generation Pauli, namentlich die Pauli selbst[20]. Sie ist für uns als Vorbild unserer eigenen Situation ungeheuer aufschlußreich. Denn diese Situation war die einzige vor der unsrigen, die, wenn sie nicht ihr Haupt-Credo aufgeben wollte, dazu gezwungen war, trotz des Ausbleibens der als sofort eintretend angekündigten Katastrophe, doch auf deren Eintreten fest zu insistieren; also zugleich einzuräumen, daß die Katastrophe zwar noch nicht da, aber dennoch gewissermaßen schon da sei. Kurz: Es war die Situation, die man als *Frist* auffassen mußte, als einen Zeitraum, der sich durch seine Begrenztheit und Bestandlosigkeit, also durch seinen „finis", de-finieren mußte; als einen finiten Zeitraum, in den der „finis" nicht nur schon seinen Schatten oder sein Licht hineinwarf, sondern als einen, der von dem „finis" bereits ausgefüllt war. Das heißt: Man hatte das Kommen (des Endes und des Reichs) als einen selbst Zeit erfordernden und Zeit ausfüllenden Vorgang aufzufassen, als einen Vorgang, innerhalb dessen man sich bereits befand – etwa so wie einen einem Abgrund unaufhaltsam entgegensausenden Schlitten, der bereits in der Katastrophe ist, ehe er in den Abgrund effektiv abgestürzt ist. Und so sehen auch wir das, was uns bevorsteht.

Synopsis der christlichen und der atomaren Apokalypse

Ein synoptischer Vergleich der Apokalypse-Erwartung im apostolischen Christentum mit der heutigen End-Erwartung wird diese deutlicher machen. Gemeinsam ist:

1. Damals war es als Hauptaufgabe erschienen, den Zeitgenossen klarzumachen, daß sie nicht in irgendeiner beliebigen Epoche leben, sondern in einer (und das bedeutet eo ipso: *in der*) *Frist*. Heute wie damals.

---

flüssig gemacht. Da aber das Gericht ein wesentliches Bestandstück des eschatologischen Dramas ausmacht, oder richtiger: da das apokalyptische Ende in gewissem Sinne mit dem Richterspruch identisch ist, bleibt nur ein unglaubhafter und verstümmelter apokalyptischer Gedanke übrig.

[20] Zuerst bei Schweitzer, dann bei Werner u. a.

2. Damals war das zu erwartende Ende auf allgemeinen Unglauben oder sogar auf Hohn gestoßen. „Und wisset ... daß in den letzten Tagen Spötter kommen werden ... um zu sagen: ‚Wo ist die Verheißung?'" – Heute wie damals.

3. Damals (für Paulus) hatte das Dasein der Welt in der Zeit zwischen Kreuzestod und Wiederkehr als bloßes Noch-Dasein gegolten. Heute wie damals. Die Welt zwischen Hiroshima und dem totalen nuklearen Kriege ist zwar noch *da*, aber nur *noch* da.

4. Damals war es erforderlich gewesen, zu verhüten, daß das Ausbleiben der Wiederkunft und des Reiches als Gegenzeugnis gegen die Wahrheit der Verkündigung mißverstanden (oder richtiger: richtig verstanden) wurde. Darum hatten alle geistigen Anstrengungen, namentlich die Bemühungen Pauli, darauf abgezielt, das Noch-sein und das Unverändert-sein der Welt abzuleugnen, die eschatologische Situation als bereits „da" nachzuweisen; und schließlich den Glaubenden zu erklären, daß die Umwälzung bereits angehoben habe, bzw. daß jeder, der bereits der Welt abgestorben sei, bereits in Christo und erlöst sei. – Heute wie damals. Denn auch heute ist es erforderlich, zu verhüten, daß das bisherige Ausgebliebensein der Katastrophe als Gegenzeugnis gegen deren reale Möglichkeit, das „Noch nicht" als Zeugnis für das Niemals mißverstanden werde. Und auch heute haben wir alle unsere geistigen Anstrengungen auf die Aufgabe zu konzentrieren, das Noch- und Unverändertsein der Welt abzuleugnen, heutige Tatsachen als omina erkennbar zu machen und nachzuweisen, daß die eschatologische Situation bereits eingetreten *ist*.

Verschieden ist:

1. Die damalige Untergangserwartung, die sich ja nicht verwirklicht hat, war, grob gesprochen, unfundiert gewesen. Die heutige ist dagegen objektiv gerechtfertigt. Neben der heutigen Untergangserwartung wird die apostolische Rede von der Apokalypse zur bloßen Einbildung. Nicht wir sprechen, wenn wir das Bevorstehende „apokalyptisch" nennen, metaphorisch; metaphorisch war, von unserer Situation aus gesehen, die damalige Rede vom „Ende".

2. Damals hatte das Ende nur als etwas vom Menschen Verschuldetes gegolten. Diesmal dagegen ist es etwas vom Menschen direkt Gemachtes. Damals galt das erwartete Ende als durch unsere Schuld verursacht. Diesmal dagegen besteht die Schuld in der Herstellung des Endes.

3. Die damalige Botschaft war eine frohe gewesen. Sie hatte gemeint: „Die Zukunft hat schon begonnen." Die heutige Botschaft ist dagegen die schlechthin schreckliche. Sie meint: „Die Zukunftlosigkeit hat schon begonnen."

4. Damals hatte die eschatologische Hoffnung „Geschichte" konstituiert, denn die alle Geschichtlichkeit unterbindende antike Zyklischkeit der Zeit war nun durch die Tatsache aufgehoben, daß, was noch ausstand, auf einer Einbahnstraße vorwärts-, nämlich dem „Reich" entgegenlaufen würde. – Wir dagegen sehen durch die Erwartung des Endes dem Ende der Geschichte entgegen. – Oder anders: Da erst der Opfertod Christi das Reich Gottes verbürgt hatte, hatte sich durch diesen Tod der gesamte, dieser Bürgschaft vorausliegende, Zeitraum nachträglich in etwas Altes verwandelt. Geschichte war deshalb möglich geworden, weil sich das Weltgeschehen nun in zwei Zeitalter artikulierte (oder, wenn man die Frist bis zum Gericht selbst noch einmal als Zeitalter zählt, sogar in drei Zeitalter). Für uns wird dagegen die bereits absolvierte Vergangenheit durch die Möglichkeit des Endes zu etwas, was so dawar, als wenn es nie gewesen wäre. Das heißt: Es wird nachträglich dehistorisiert, wenn nicht sogar – sit venia verbo – *„de-ontisiert"*.

5. Damals war es (s. o.) erforderlich gewesen, den durch das Nichteintreten des Endes enttäuschten „Brüdern" zu versichern, daß, wer heute schon der Welt abgestorben sei, deren Ende bereits hinter sich habe, bereits in Christo lebe und erlöst sei. – Unsere heutige Aufgabe ist es dagegen, durch die Information darüber, daß wir uns wirklich schon in der eschatologischen Situation befinden, zu verhüten, daß das „eschaton" wirklich eintrete.

6. Heute stellt sich durch die Tatsache, daß wir unter der Drohung der selbstgemachten Apokalypse zu leben haben, das Moralproblem auf völlig neue Weise. Nicht deshalb stehen wir vor einer moralischen Aufgabe, weil wir (wie es von Daniel

an alle Apokalyptiker erwartet hatten) mit dem Abbruch des zu erwartenden Reiches das Gericht Gottes oder Christi zu gewärtigen hätten. Sondern deshalb, weil wir selber, und zwar durch unser eigenes Tun, über das Bleiben oder Nichtbleiben unserer Welt (zwar nicht zu Gericht sitzen, aber doch) die Entscheidung fällen. Über das Bleiben oder Nichtbleiben unserer Welt, hinter deren Ende wir – das ist, wie gesagt, erstmalig – kein Reich Gottes, sondern einfach nichts erwarten.

Solange die eschatologische Erwartung bloße „Einbildung" gewesen war, solange hatte die Apokalypse, gleich ob man sie als kurze Frist oder als Millenium auffaßte, nur als Vorspiel des Reiches Gottes gegolten. Heute, da die Apokalypse technisch möglich und sogar wahrscheinlich ist, steht sie vereinsamt vor uns: mit einem auf sie folgenden „Reich Gottes" rechnet niemand mehr. Selbst der christlichste Christ nicht.

Oder anders: Moralisch ist die Situation deshalb neuartig, weil die Katastrophe, wenn sie einträte, Menschenwerk wäre. Wenn sie eintreten wird, Menschenwerk sein wird. Bisher hatten Apokalypsen stets nur als Folgen menschlichen Tuns gegolten (z. B. als Strafe für Korruptheit); oder eben als die (dem Ausbruch des Reiches im Himmel wie auf Erden vorausgehende) Endkatastrophe. Die heutige Apokalypse wäre dagegen nicht nur die Folge unseres moralischen Zustandes, sondern direktes Ergebnis unseres Tuns, unser Produkt.

*

Ob wir das *Ende der Zeiten* bereits erreicht haben, das steht nicht fest. Fest dagegen, daß wir in der *Zeit des Endes* leben, und zwar endgültig. Also daß die Welt, in der wir leben, nicht fest steht.

„In der Zeit des Endes" bedeutet: in derjenigen Epoche, in der wir ihr Ende täglich hervorrufen können. – Und „endgültig" bedeutet, daß, was immer uns an Zeit bleibt, „Zeit des Endes" bleibt, weil sie von einer anderen Zeit nicht mehr abgelöst werden kann, sondern allein vom Ende.

Von einer anderen Zeit kann sie aber deshalb nicht mehr abgelöst werden, weil wir unfähig sind, dasjenige, was wir heute können (nämlich einander das Ende bereiten) morgen oder jemals plötzlich nicht-zu-können.

Möglich, daß es uns gelingt – auf ein schöneres Glück zu hoffen, haben wir kein Recht mehr – das Ende immer von neuem vor uns her zu schieben, den Kampf gegen das Ende der Zeit immer neu zu gewinnen, also die *Endzeit endlos* zu machen. Aber gesetzt selbst, dieser Sieg gelänge uns, fest steht, daß die Zeit auch dann bliebe, was sie ist: nämlich Endzeit. Denn verbürgt wäre immer nur das Heute, niemals das Morgen. Und selbst das Heute nicht, und noch nicht einmal das Gestern, weil mit dem stürzenden Morgen das scheinbar verbürgte Heute mitstürzen würde, und mit diesem auch das Gestern.

Fest aber steht trotz allem Nichtfeststehenden, daß die Gewinnung des Kampfes zwischen Endzeit und Zeitende *die* Aufgabe ist, die uns heute, und von nun an unseren Nachkommen in jedem noch kommenden Heute, gestellt ist, und daß wir keine Zeit haben, diese Aufgabe aufzuschieben, und daß auch sie dafür keine Zeit haben werden, weil (wie es in einem früheren, aber nun erst völlig wahr gewordenen Text heißt[21]), „in der Endzeit die Zeiten schneller laufen als in früheren Zeitläuften, und die Jahreszeiten und die Jahre ins Rennen geraten".

Fest also steht, daß wir schneller laufen müssen als die Menschen früherer Zeitläufte, ja sogar schneller als diese Zeitläufte selbst; damit wir diese überholen und ihre Plätze im Morgen immer schon gesichert haben, ehe sie selbst diese Plätze noch erreicht haben.

[21] IV Esra 4/26.

Buchanzeigen

Weitere Werke von Günther Anders
bei C. H. Beck

Die Antiquiertheit des Menschen

Band 1: Über die Seele im Zeitalter
der zweiten industriellen Revolution
Nachdruck 1992 der 7. Auflage. 1987. XII, 353 Seiten
Beck'sche Reihe, Band 319

Band 2: Über die Zerstörung des Lebens im Zeitalter
der dritten industriellen Revolution
Nachdruck 1992 der 4. Auflage. 1988. 465 Seiten
Beck'sche Reihe, Band 320

Beide Bände sind auch in Leinenausstattung lieferbar

Philosophische Stenogramme

2. Auflage. 1993. 150 Seiten. Paperback
Beck'sche Reihe, Band 36

Hiroshima ist überall

Herausgegeben und eingeleitet von Robert Jungk
1982. XXXVI, 394 Seiten, 3 Abbildungen. Broschiert

Besuch im Hades

Auschwitz und Breslau 1966. Nach „Holocaust" 1979
2. Auflage. 1985. 218 Seiten. Paperback
Beck'sche Reihe, Band 202

Wir Eichmannsöhne

Offener Brief an Klaus Eichmann
2., durch einen weiteren Brief ergänzte Auflage. 1988
100 Seiten. Paperback
Beck'sche Reihe, Band 366

Weitere Werke von Günther Anders
bei C. H. Beck

Mensch ohne Welt

Schriften zur Kunst und Literatur
2. Auflage 1993. XLIV, 249 Seiten mit 15 Abbildungen. Paperback
Beck'sche Reihe, Band 1011

Tagebücher und Gedichte

1985. VIII, 394 Seiten. Broschiert

Lieben gestern

Notizen zur Geschichte des Fühlens
2., durchgesehene Auflage. 1989. 138 Seiten. Paperback
Beck'sche Reihe, Band 377

Der Blick vom Turm

Fabeln
Mit 12 Abbildungen nach Lithographien von A. Paul Weber.
3. Auflage. 1988. 104 Seiten. Gebunden

Ketzereien

Durch ein Register ergänzte Auflage. 1991
358 Seiten. Broschiert

Die molussische Katakombe

Roman
1992. 323 Seiten. Leinen

Mariechen

Eine Gutenachtgeschichte für Liebende, Philosophen
und Angehörige anderer Berufsgruppen
1993. 86 Seiten. Paperback
Beck'sche Reihe, Band 1013